두려움 버리기

언젠가 만나야 하는 죽음, 더 이상 두렵지 않다.

지은이 | 정혁규
펴낸이 | 김원중

편　집 | 김민주
디자인 | 김윤경
마케팅 | 최금순, 허석기
관　리 | 차정심

초판인쇄 | 2012년 10월 23일
초판발행 | 2012년 10월 30일

출판등록 | 제313-2007-000172(2007.08.29)

펴낸곳　| (주)상상나무
　　　　　도서출판 상상예찬
주　소 | 서울시 마포구 상수동 324-11
전　화 | (02)325-5191
팩　스 | (02)325-5008
홈페이지 | http://smbooks.com

ISBN　978-89-93484-47-2 (13300)

값 14,000원

* 잘못된 책은 바꾸어 드립니다.
* 본 도서는 무단 복제 및 전재를 법으로 금합니다.

죽음을 받아들이는 법

Well-dying

두려움 버리기

언젠가 만나야 하는 죽음, 더 이상 두렵지 않다.

|정혁규 지음|

상상나무

■ 프롤로그

영원한 여행을
준비하며

    어느 결혼식에서 주례는 "하느님께서 정하신 결혼은 떠남과 만남이 있어야 합니다. 딸을 사위에게 떠나보내야 하고, 아들은 며느리에게 떠나보내야 하며, 신랑 신부는 새로이 만나야 합니다. 그러므로 떠날 준비와 떠나보낼 준비, 그리고 만날 준비가 되어야 합니다."라고 말을 했다. "그래 참 맞는 말이야."하고 나는 머리를 끄덕였다.
    우리는 살아가면서 수없이 많은 새로운 만남과 떠남을 맞이한다. 어머니의 자궁으로부터 떨어져 나와 나의 탄생이라는 만남을 맞이하고, 가정과 부모의 품을 떠나 학교라는 새로운 만남을 맞이한다. 그리고 학교를 떠나 직장과 사회라는 만남을 맞이하고, 부모의 품을 떠나 사랑하는 사람과 결혼이라는 새로운 만남을 맞이한다. 청춘을 떠나보내고 노년이라는 만남을 맞이한다. 마지막으로 삶을 떠나보내고

죽음을 맞이한다.

　이것이 우리의 삶이다. 결코 만만한 것이 하나도 없다. 떠나보내고 새로운 만남을 맞이하는 데는 많은 준비가 필요하다. 떠남의 상실과 익숙하지 않은 만남에서 오는 두려움에 대하여 우리는 준비하고 공부한다. 출산계획, 학업계획, 취업계획, 결혼계획, 노후대책 등이 그것이다. 이 모든 것 중 우리의 삶에 있어서 중요하지 않은 것은 하나도 없다. 그러나 삶을 보내고 죽음을 맞이하는 것처럼 중요한 것이 어디 있겠는가? 그러면 우리는 아무도 경험하지 않고 가보지 않은 죽음을 위하여 얼마나 준비하며, 공부하고 있을까? 우리 각자 이 물음에 대하여 나 자신은 어떻게 해 왔는지 한 번 생각해 보자.

　사람들은 '죽음'을 외면하려고 한다. 귀 기울이지 않으려 한다. 입에 올리는 것조차 꺼린다. 그러나 돌아서면 누구나 '죽음'에 대하여 관심을 가지고 있으며 자세히 알고 싶어 한다. 그것은 '죽음'이 피하고 싶고 두려운 것이지만 언젠가 나 자신의 문제이자 내가 사랑하는 사람에게 다가오는, 누구도 피해갈 수 없는 죽음의 본질 때문일 것이다.

　그러나 우리는 죽음의 본질을 알기도 전에 죽음은 '어둠', '두려움', '고통', '종말' 등과 같이 부정적인 것으로 우리의 생각 속 깊이 자리 잡고 있다. 이는 '죽음'에 대한 논의 자체를 금기시 하는 뿌리 깊은 유교사상에 기반을 둔 우리의 사회, 문화적 배경과 그 외에도 많은 복합적 요인 때문일 것이다.

　죽음을 외면하고 모른 척한다고 해결 되는 문제인가? 우리나라의 일 년 사망자 수는 약 255천 명으로 하루 평균 약 700명이 죽음을 맞는다. 그러고 보면 죽음은 멀리 있는 것이 아니고 바로 내 앞에 있는 나의 문제이다.

우리는 누구나 어느 날 갑자기 의사로부터 시한부 인생을 선고받을 수도 있고, 사랑하는 사람이 쓰나미와 같은 재난을 당해 상처입거나 죽는 것을 지켜봐야 할 수도 있다. 그리고 어느 순간 삶의 종착점에 서서 자신의 죽음을 맞이해야 하는 상황을 만나게 될 것이다.

살아있는 모든 것은 언젠가 생을 마감하게 되어있다. 이것은 누구도 비켜갈 수 없는 생명의 질서이며 신의 신비이다. 만약 삶에 죽음이 없다면 삶은 그 의미를 잃을 것이다. 죽음은 삶을 비춰주는 불빛과 같은 것이다. 죽음이 삶을 비춰주어야 우리는 삶을 바로 볼 수 있게 된다. 죽음이 없는 삶은 빛이 없는 삶이며, 지금 내가 여기서 이렇게 희망을 가슴에 품고 살아가야 할 이유가 없는 삶이다.

사람들은 제대로 잘 죽고 싶어 한다. 그러나 어떻게 죽는 것이 잘 죽는 것인지 가르쳐 주는 곳도, 선생님도 없다. 왜 그럴까? 아마도 죽음을 경험했거나 죽어서 살아 돌아온 사람이 없기 때문일 것이다. 우리는 죽음을 앞둔 사람들로부터 그것을 배워야 한다. 죽음을 눈앞에 둔 사람들은 위대한 가르침을 주는 선생님들이다.

그들이 들려주는 교훈들은 삶에 대한 진실이다. 그것은 죽음에 대한 것이 아니라 삶에 대한 지혜이다. 죽음을 앞둔 사람들이 가르쳐 주는 가장 놀라운 배움 중 하나는 불치병 선고를 받는 순간에 모든 것이 끝나는 것이 아니라, 바로 그때 진정한 삶이 시작된다는 것이다. 당

신은 죽음의 실체를 인정하는 순간, 삶의 실체를 인정하게 될 것이다. 또 당신은 자신이 아직 살아있고, 지금 자신의 삶을 살아가야 하며, 당신에게 있는 것이 자신 앞에 놓인 이 삶뿐임을 깨닫게 된다. 죽음을 앞둔 사람들이 우리에게 가르쳐 주는 가장 중요한 교훈은 모든 날들을 생의 최고의 날로 살라는 것이다.

천년만년 살 것 같을 때는 반드시 해야 할 일을 너무도 쉽게 미룬다. 내일을 준비하면서 살거나 어제를 기억하면서 살기 때문에 제일 중요한 오늘 하루는 우리 삶에서 사라지고 만다. 그러나 이와 정반대로 아침에 눈을 떠 맞이하는 하루하루가 생의 마지막 날일 수 있다는 사실을 온전히 이해한다면, 매 순간을 진정한 자신의 시간으로 만들고 다른 사람들에게 사랑의 손을 내밀 수 있게 될 것이다.

그러나 불행하게도 많은 사람들이 자신의 죽음에 대해 아주 늦게, 실제 자신이 죽어가고 있을 때에야 비로소 생각하기 시작하고 지나간 삶을 후회하면서 죽음을 맞이하고 있다. 죽을 때 땅을 치고 후회하기보다 죽음이 찾아오기 전에 평소 자신의 삶 속에서 죽음을 생각하고, 현재의 삶을 보다 충실하게 살아야 한다. 죽음준비란 자기의 삶을 제대로 영위하고 있는지 점검해 보라는 말이다. 또 언제든지 찾아올 수 있는 죽음을 편안히 맞이할 수 있도록 평소에 준비하라는 의미이다.

우리는 누구를 위해서 죽음 준비를 해야 하는 것일까? 자신을 위하여 죽음 준비를 해야 한다. 그리고 내가 사랑하는 사람들을 위하여 죽음 준비를 해야 한다. 죽음을 잘 준비해서 자신이 원하는 죽음을 맞이할 때, 행복한 인생이 될 수 있다. 또 내가 사랑하는 부모, 형제와 이웃을 위해 죽음을 준비하는 것은 내가 그 사람들에게 받은 사랑을 되갚아 드리는 일일 것이다.

그러면 내가 원하는 죽음은 어떤 죽음일까? 말기 환자나 임종기 환자는 어느 시점에 가면 연명치료를 계속 받을 것인지 완화·호스피스 치료를 받을 것인지 결정해야 할 상황에 놓이게 된다. 사랑하는 가족과 함께하는 가운데 자신이 원하는 마지막 삶을 보내는 그런 영원한 여행을 할 것인지 아니면 마지막까지 생명연장을 위해 매달리다가 아무도 없는 중환자실에서 쓸쓸히 혼자 죽을 것인지는 각자 자신이 선택해야 한다는 사실을 알아야 한다.

죽음을 환영하는 이야 없겠지만 죽음을 예측하고 준비하여 이를 삶에 긍정적으로 녹여내는 사람도 있다. 그런데 우리 사회는 왜 그렇게 하지 못하고 죽음을 이토록 어렵게만 여기는 것일까? 우리가 죽음을 쉽게 받아들이지 못하는 이유는 아마 그것이 낯설고 아는 것이 너무 없기 때문일 것이다.

죽음을 준비한 사람은 기꺼이 맞이할 수 있지만, 준비하지 않은 사람은 아무도 경험하지 못한 새로운 변화이기에 죽음을 맞는 것은 참 어려운 일이다. 그러나 죽음은 누구에게나, 언제나, 어디서나 찾아온다. 그것이 바로 지금 이 순간에 죽음 준비를 해야 하는 이유이기도

하다. 지금 죽음 준비를 위해 출발한다면 분명히 행복한 삶의 마무리, 품위 있는 죽음을 맞이할 길을 찾을 수 있을 것이다.

저자가 죽음의 실체를 처음 본 것은 여덟 살 때, 저수지에서 멱을 감다 물에 익사한 여섯 살 된 여동생의 죽음이었다. 이 여동생의 죽음이 나의 첫 죽음과의 만남이었고, 나는 이로 인해 한동안 죽음의 트라우마를 겪었다. 그 후 아버지, 할머니, 장인, 장모님, 삼촌, 누나와 매형 등 많은 가족들의 죽음과 마주했다. 내가 맡고 있었던 업무와 관련된 죽음, 죽어간 분들과도 인연이 많았다. 그리고 봉사로 인연을 맺었던 수많은 분들과도 마지막을 함께 했다. 사회생활과 신앙생활 중 마지막을 보내는 수많은 형제, 자매들과도 함께 했다. 또 세계 이십여 나라를 다니면서도 많은 죽음과 죽어감을 접해 왔다.

나는 한 사람 한 사람의 죽음을 대할 때마다 상실의 슬픔과 연민을 느꼈다. 그러던 중 지난해 아흔이 되신 나의 어머니가 대장암 말기 선고를 받았다. 그리고 백일 동안 투병하다가 9월 20일에 돌아가셨다. 어머니가 투병하는 백일 동안, 어머니와 우리 가족은 죽음에 대한 모든 것에 대하여 숨김없이 드러내 놓고 의논했다. 그리고 어머니의 아름다운 마무리를 위하여 죽음계획을 세우고 그대로 실행했다. 어머니가 암과 투병하며 죽어가는 기간이 우리 가족에게 결코 행복한 시간이었다고 말할 수 없다. 그렇지만 우리는 그때 한 가족의 구성원으로서, 그 이전 어느 때보다도 더욱더 진한 친밀감과 솔직함 그리고 숨김없는 진솔한 사랑을 나누었다.

죽을 때, 더 바랄 것 없이 행복해 보이는 삶을 살았는데도 "난 이 세상에서 가장 불행한 사람이었다."고 한탄하며 떠나는 사람도 있고, 세상 누구보다 가혹한 삶을 산 것처럼 보였는데도 "그래도 삶이 행복했어요."하고 웃으며 떠나는 이들도 있다. 세상을 살다 떠나는 사람들을 보면, 행복과 불행은 마음먹기에 달린 거라는 진리를 다시금 깨닫게 해준다. 죽음의 지혜를 배우고 깨달아 행복하게 삶을 마감하고 웃으며 떠날 수 있도록 지금 공부하고 준비하자.

우리 모두는 언젠가 죽는다는 사실을 받아들여 아직 건강할 때 할 수 있는 일들을 해둬야 한다. 인간의 유한함을 인정하고 죽음을 받아들이면 두려울 것은 아무것도 없다. 죽음의 지혜를 받아들인 우리가 해야 할 일은 행복한 삶을 위해 더 많이 용서하고 사랑하는 것뿐이다.

이 책을 쓰리라 마음을 먹은 것은 죽음을 준비하고 공부하는 사람들을 위해서였지만, 한편으로는 나 자신을 위한 것이기도 하다. 이 책은 나의 어머니의 삶과 죽음의 기록이고 나의 "영원한 여행을 위한 선택"을 위해 공부한 자료들이다. 미흡하지만 삶과 죽음을 공부하는 분들에게 도움이 되었으면 한다. 각자 자신이 생각하고 바라는 영원한 여행을 위한 최고의 선택을 하길 간절히 바란다.

많이 부족한 원고를 정성스럽게 정리하여 책으로 엮어준 상상나무 출판사 사장님과 관계자 여러분께 감사를 드린다.

마지막으로 지난해 죽음을 맞이하여, 죽음에 의연하게 대처하시고 끝까지 이 불효를 지지해 주신 하늘나라에 계신 어머님께 이 책을 바

친다. 그리고 고집스럽고 엉뚱한 나의 방식을 언제나 지지해주는 나의 아내 又좁에게 고마움을 전하며, 사랑하는 딸과 아들에게도 믿음과 사랑을 보낸다. 그리고 나의 어머님께서 투병하는 동안 수고해준 가족들과 기도와 격려를 보내주신 모든 분들에게도 고마움을 전한다.

2012. 10. 20
정 혁 규

■ 차례

• 프롤로그

PART 1 엄마의 하늘 가는 길

어느 날 찾아온 죽음 19
죽음에도 계획이 필요해 32
죽음을 앞둔 나눔 49
죽어감의 단계를 겪다 51
삶을 차례로 마무리 하다 53
마지막으로 엄마가 준 선물 71
신앙의 마무리 78
마지막 이별의 장소 80
마지막 식사 82
엄마의 환영(幻影) 84
마지막 이별 의식 86
마지막 고통과 이별 준비 88
영원한 이별의 시간 90
엄마의 장례 92

PART 2 나의 삶과 죽음계획

나의 삶 109
내가 만난 죽음의 현장 114
내가 죽기 전에 하고 싶은 것 127
나의 죽음 계획 131
나의 추도사 137

PART 3 죽음의 이해

죽음이란 무엇인가? 145
의학이 보는 죽음 148
종교가 보는 죽음 152
심리 · 사회 · 문화가 보는 죽음 159
죽음은 어떤 모습일까? 161
죽음은 억울한 것일까? 163
죽음! 다음 세대를 위하여 자리를 비워 주는 것 167
죽음은 무섭고 어두운 것일까? 169
죽음은 고통스럽고, 좋지 않은 불길한 것일까? 172
죽음은 우리 삶의 일상 175

PART 4 죽음에서 배우는 삶의 지혜

죽음 앞, 삶의 지혜 181
진정한 자아 183
사랑 187
관계 192
상실 196
용서 199
화 204
두려움 209
인내 212
받아들임 215
행복 218
놀이 221

PART 5
영원한 여행을 위한 선택

치료의 종류 227
호스피스 치료 선택 시기 229
사전의료의향서 232
연명치료 수단들 236
연명치료의 중단 242
장기 기증 246
시신 기증 250
임종기에 나타나는 증상들 252
임종의 징후 256

PART 6
죽음 준비교육

죽음 준비교육이란? 263
죽음 준비교육의 목적 265
죽음 준비교육의 과정 및 내용 268
죽음을 맞이하는 방식 276
품위 있는 죽음을 위한 준비 282
죽음의 공포와 불안 287
죽음에 대한 공포를 극복하는 길 291
자신의 죽음에 대해 알 권리 293
유언장 297
비탄 극복 304
죽음은 마지막 성장의 기회 309
자살 311
호스피스는 무엇인가? 319
장례 325

PART 7 죽음 이후의 저편

- 죽음 이후의 저편 세계 333
- 철학이 보는 사후세계 336
- 종교가 바라보는 사후세계 338
- 티벳 사자의 서 340
- 임사 체험 346
- 빙의(憑依) 354
- 환영(幻影) 357
- 영혼의 과학적 탐구 362

부록

- 사전의료의향서 369
- 존엄사 선언서(living will) 372
- 의료대리인 지정서 374
- 장기기증 희망등록 서약서 376
- 유언장 377
- 엄마의 장례 계획서 379
- 노제축문(路祭祝文) 384

PART 1

엄마의 하늘 가는 길

Well-dying

어느 날 찾아온 죽음

■ 예고 없는 죽음의 사신

　어느 날 오후, 시골에 있는 여동생으로부터 전화가 왔다. 2011년 6월 9일이었다. 엄마가 식욕과 기운이 없어 링거주사도 맞고 또 검사도 할 겸 병원에 입원했다는 것이었다. 나의 엄마 유차덕 안나는 1922년 6월 10일생으로 지난해 아흔 살이었다.
　나는 그 다음 날 엄마를 만나 보기 위해 진주행 첫 고속버스를 타고 엄마가 입원하고 있는 H 병원으로 갔다. H 병원은 진주시 입구에 있는 병원으로 크지는 않지만 종합병원이었고, 여동생의 친척 중 한 사람이 원무과장으로 있어 엄마가 가끔 이용하는 병원이었다. 어제는 피 검사와 초음파 등 다른 검사를 했고, 오늘은 대장내시경 검사를 하기로 되어 있다고 했다. 엄마의 얼굴을 보니 오늘 검사를 위하여 금식해서 그런지 얼굴은 조금 수척하신 것 같았으나 정신은 아주 맑았다. "아이고, 애비가 왜 왔냐? 내가 기운이 없어 링거 하나 맞고 가면 되는데 괜히 검사하고 난리를 하네." 하시며 미안해하셨다.

간호사로부터 대장내시경을 할 시간이라는 안내를 받고 휠체어에 엄마를 태워 검사실로 갔다. 엄마와 내가 검사실 앞에서 잠시 기다리고 있으니 간호사가 검사용 이동 침대를 가지고 나와 "유차덕 할머니"하고 엄마의 이름을 불렀다. 엄마는 그 침대로 올라갔고 간호사와 함께 검사실로 들어갔다. 약 십 분 후 엄마는 검사를 마치고 나왔다. 나는 엄마에게 "검사할 때 아프지 않으셨어요?"하고 물었다. 엄마는 "아무렇지도 않던데"라고 하셨다. 엄마를 병실로 모시고 올라가서 누워서 좀 쉬게 하시고 나는 담당 의사를 면담하러 갔다.

담당 의사는 검사 과정 및 진찰에 대해 차근차근 설명해 주었다. 대장 우측 부분이 폐쇄되어 일부는 내시경 검사를 할 수 없었고, 종양 배양 검사를 위해 조직의 일부를 채취 했다고 했다. 그러면서 자기 생각으로는 90퍼센트 이상 대장암이라고 말했다. 검사 종합 결과는 조직검사 결과가 나오는 이틀 후에 알려 주겠다고 했다. 나는 갑자기 정신이 멍해지고, 앞이 캄캄해져 무엇을 어떻게 해야 하는지 아무 생각도 나지 않았다. 나는 병원 벤치에 한참 앉아 있다가 의사가 말한 내용을 누나와 동생들에게 전화로 이야기했다.

나는 그 다음 날 외국 손님과의 미팅이 예정되어 있어, 그날 오후 고속버스를 타고 서울로 돌아 왔다. 돌아오는 고속버스 속에서 엄마

와 함께 살아왔던 지난 일들이 영화 필름처럼 차례로 떠올랐다. 뭐가 뭔지 정신이 혼미했다. 언젠가 이때가 올 것이라고 생각은 해 왔지만 지금이 그때라고는 믿어지지가 않았다. 참 이상하다. 엄마는 항상 소식(小食)을 하고 고기도 별로 좋아하지 않으신데, 왜 이런 병이 걸렸을까?

엄마는 지금까지 다리가 약간 불편했지만 그래도 건강한 편이었다. 물론 이것은 내 기준이다. 엄마는 젊었을 때 하도 많이 아파, 내가 늘 손수레에 태우고 병원에 다니던 기억이 떠올랐다. 다리는 좌골신경통으로 잘 걷지도 못하였고, 항상 위가 아파 식사를 제대로 할 수도 없었다. 그러나 환갑이 지나고 나서는 그런대로 건강을 유지하고 있었다.

옛날 여섯 살 된 여동생 경옥이가 죽었을 때 많이 울어 퉁퉁 부은 얼굴, 남동생이 경기(驚氣)로 심하게 아파 사경을 헤매고 있었으나 치료할 방법이 없어 낭패할 때의 모습, 아버지가 위암으로 투병 시 고통스러운 모습을 곁에서 지켜보고 있으면서 안쓰러워하던 모습, 내가 결혼하여 첫 손녀가 태어날 때 좋아하시던 환한 모습, 교통사고로 사경을 헤매다 처음 눈을 뜨고 나를 보던 모습, 자신의 큰딸이 뇌출혈로 쓰러져 식물인간으로 있던 마지막 모습을 보고 휘청거리며 중환자실을 나올 때의 모습 등 지난 일들이 파노라마처럼 스쳐 지나갔다.

■ **언젠가 일지 모르지만, 누구나 맞이하는 이 순간**

　나는 엄마가 대장암에 걸렸다는 것에 대하여 큰 충격을 받고, 뭐가 잘못되어 이렇게 되었고, 앞으로는 어떻게 해야 하나 고민을 하며 서울행 버스에 몸을 실었다. 하루 만에 세상의 모든 것이 뒤엉켜 버린 것처럼 나는 어쩔 줄을 모르고 허둥거리고 있었다. 그래도 시간은 흘러 버스는 서울에 도착했다. 그러나 서울에 돌아와 보니 세상은 언제나 그렇듯 똑같이 잘 굴러가고 있었고, 세상은 누가 죽고, 누가 태어나는지에 아무 관심 없이 톱니바퀴처럼 잘 돌아가고 있었다.

　나는 정신을 차리고 앞으로 어떻게 해야 할지를 걱정하며, 엄마가 걸렸다는 대장암에 대하여 생각해 보았지만 나는 그 병에 대하여 아는 것이 없었다. 나는 인터넷에 대장암을 찾아보았다. 그곳에는 최근 식생활의 서구화 영향으로 우리나라 사람에게 급격히 늘어나는 질환이라고 소개되어 있었다. 그리고 암으로 죽는 사망자 중 위암 다음으로 높다는 것과 대장암 검사에서 암 부위를 찾아내려면 암세포의 크기가 1센티 이상이 되어야 하고, 그 정도가 되려면 최소 5~10년이 걸리고, 장 폐쇄가 있으면 거의 말기로 특별한 치료법이 없다는 등이었다. 그 이외 다른 자료를 찾아보았지만 내가 엄마를 위해 할 수 있는 것은 아무것도 없었다.

　그날 예정되어있던 미팅을 마치고 저녁에 다시 엄마가 입원하고 있는 병원으로 갔다. 그 다음 날 담당 의사를 만났고, 검사 결과는 그 의사가 생각한 대로 대장암 말기이고 림프샘으로 전이되어 있다고 했다. 나는 의사에게 엄마를 위해 할 수 있는 어떤 방안이 없느냐고 물어보았다.

의사는 엄마가 고령에다 고혈압이 있고 현재 몸이 너무 허약하며, 대장암 말기라 수술이 좀 어려울 것 같다고 했다. 나는 "선생님, 수술하지 않고 그냥 있으면 앞으로 남은 시간이 얼마나 됩니까?"하고 물었다. 의사는 "대략 삼 개월 정도 될 것 같습니다."라고 말했다. 나는 아무런 대책도 없이 검사 결과만 말하는 의사를 마음속으로 원망하면서도 그냥 "알겠습니다."라고 말했다. 조금 있다 "그러면 선생님, 저의 어머니께 암이라는 것을 어떻게 알려드리는 것이 좋겠습니까?" 하고 물었다. 의사는 "저가 알려드려도 되고, 가족이 알려도 됩니다."라고 했다. 나는 내가 엄마에게 알리는 것이 낫겠다고 생각되어 "저의 어머니에게 암이라는 사실을 제가 말씀드리도록 하겠습니다." 하고는 진료실을 나왔다.

■ 엄마가 살아온 삶의 여정

엄마의 아버지는 한학자로 서당훈장을 하고 있어 일제치하였지만 엄마는 경제적으로 큰 어려움이 없이 자랐고, 시집오기 전에는 농사일이나 다른 일을 해 본 적이 없을 정도로 유복하게 자랐다.

그러나 외할아버지가 고혈압으로 갑자기 쓰러져 돌아가시고 외할머니와 일남 사녀가 남게 되었다. 그 중 큰딸 엄마는 열일곱 살, 막내

이모는 두 살이었다. 엄마는 큰 딸이었기에 서둘러 결혼을 할 수밖에 없었고 집안의 중매로 결혼하게 되었다. 엄마는 열일곱 살에 스물세 살 먹은 총각, 아버지와 결혼을 했다.

　차디찬 섣달 엄동설한에 결혼식을 마친 열일곱 살 신부 유차덕은 희망의 부푼 꿈을 안고 칠십 년 삶을 살게 될 굼실 땅을 처음으로 밟았다. 그때부터 엄마의 이름은 '금곡 댁'으로 불리게 되었고, 나이가 들어서는 '금곡 아지매'로 바뀌었고 나중에는 '금곡 할매'로 평생을 살아왔다. '금곡'은 엄마의 친정 면 소재지 이름이다.

　결혼 후 엄마의 생활은 힘든 나날의 연속이었다. 시부모와 성질이 고약한 시동생 둘과 시누이 둘이 있었고, 제대로 된 논밭은 하나도 없었으며 양식이 없어 매끼 끼니를 걱정하는 등 가정형편은 말할 수 없을 정도로 어려웠고, 하루하루를 견디는 것은 전쟁 같았다.

　엄마가 결혼 후 삼 개월쯤 되었을 때 어느 날, 아버지는 방앗간에 방아를 찧으러 갔고, 그곳에서 바로 강제 징집되어 일본으로 갔다. 아버지가 일본에 가고 난 후 엄마는 나이 어린 며느리였지만 집안의 생계를 책임질 수밖에 없는 형편인지라, 농사철엔 삯일하기, 농한기엔 삯 베짜기 등 억척같이 일했지만 가난을 벗어나지 못했다. 그러다 8년 후 아버지가 일본에서 돌아왔고, 엄마는 아버지와 함께 처음으로 행복한 시간을 보냈다. 경제적으로는 힘들었지만 결혼 후 처음으로 맛보는 행복한 나날이었다. 그러나 그것도 잠시, 엄마는 나이 51살에 위암으로 아버지를 먼저 하늘나라로 보냈다. 아버지를 잃은 엄마는 슬퍼할 여유도 없이 남은 자식 6남매 뒷바라지에 하루하루 칼날 같은

시간을 보냈다. 숨쉬기도 힘든 나날이었지만 그래도 시간은 흘러 2남 4녀를 공부시키고 차례로 결혼을 시켰다.

엄마는 자식들이 모두 결혼하고 나서도 계속 농사일을 했다. 나이 들고도 힘들게 일을 하는 엄마에게, 자식들은 "엄마 이제 일 그만하고 좀 편히 쉬세요."라고 하면, 엄마는 "내가 일하지 않으면 몸이 아파서 안 된다. 내가 아파 드러눕지 않는 한 내 먹을 것은 내가 해야지, 놀면 되나? 일하는 게 내 운동이고 취미인데" 하시며 팔십이 넘도록 일을 했다. 그 이후에도 돌아가실 때까지 텃밭을 가꾸시며 일생을 일하는 것으로 보내셨다. 낮에는 주로 텃밭에 일하시고 저녁에는 주로 마을 회관에서 친구들과 놀 때가 많았고, 가끔은 혼자서 책을 읽고 시간을 보냈다. 주일에는 성당에 가서 신앙생활을 하고 시간이 나면 친구들과 같이 병원과 시장에도 가시곤 했다. 엄마는 어려운 가운데서도 일상에서 행복의 길을 찾고 즐기셨다.

■ 엄마의 남편

아버지는 아들 셋, 딸 둘, 다섯 남매의 빈농의 장남으로 태어났고, 일제 치하에서 소학교를 2년쯤 다니다 그만두고 남의 집 머슴살이로 집안 식구들의 끼니를 해결해 왔다. 그러다 어머니와 결혼했고, 결혼 후 삼 개월쯤 되었을 때 강제노역을 당하여 일본으로 갔다.

아버지는 일본에서 5년, 인도네시아에서 3년 합하여 8년을 죽음의 사선에서 보냈다. 일본에서 있었던 5년 중, 처음 3년은 탄광에서 일했고 나중 2년은 부두에서 전쟁 물자 선적 및 하역작업을 했다. 그러다 인도네시아로 가게 되었다. 인도네시아로 가던 배 위에서 갑자기 배가 심하게 아파 고생을 많이 했다. 나중에 맹장으로 밝혀졌고 의료시설이 제대로 없는 선상에서 경험 없는 군의관이 수술했다. 수술 상처가 다 아물지도 않은 채 인도네시아에 도착했고, 현지에서 수술부위에 염증이 재발하여 엄청나게 고생을 했다. 3년 동안 인도네시아 보르네오 섬에서 전쟁용 군수 물자를 운반했는데, 낮에는 미군 폭격기를 피해 정글에 숨어 있다가 주로 야간을 이용하여 작업했다.

　아버지는 전쟁이 끝날 무렵 인도네시아에서 배를 타고 일본으로 돌아가는 중, 태평양에서 미군기의 폭격을 받았다. 그리고 그 배는 폭파되었다. 아버지는 파산된 선체 조각을 잡고 사흘 만에 구조되어 일본으로 갔고, 그 후 얼마 있다 형편없는 모습으로 한국에 돌아왔다. 그러나 살아온 것만으로도 기적이었다. 아버지가 타고 있던 폭격을 맞은 배에는 수백 명이 타고 있었으나 살아남은 사람은 수십 명에 지나지 않았다. 한 마을에서 같이 징집되어 갔던 아버지의 친구는 그 때 그곳에서 죽었다. 아버지가 일본에서 돌아온 후 엄마는 결혼 한지 팔 년 만에 첫 아기를 가질 수 있었다. 그 아기가 나의 첫째 누나다. 그 아래 남자가 태어났으나 일 년이 못되어 죽었다. 살아남은 아이들은 이남 사녀였고 나는 그 중 셋째고 엄마의 큰아들이다.

　아버지와 엄마는 밤낮없이 억척스럽게 일했다. 그 결과 자신들의 논과 밭을 조금 마련했고 그럭저럭 밥은 먹을 수 있었다. 그러다가 어

느 날 병원 검사에서 아버지는 위암에 걸린 것을 알았고, 결국 그 병으로 죽음을 맞이했다. 그때 아버지의 나이는 오십 일곱, 엄마는 오십 하나였다.

내가 아는 아버지는 소문난 효자였다. 가끔 시장에 가서 친구들과 술 한잔하고 술에 취해 한밤중 늦게 올 때도 꽁치나 갈치 꾸러미는 잊지 않고 꼭 들고 왔다. 엄동설한에는 할머니가 주무시는 방이 새벽에 추울까 봐 새벽에 꼭 군불을 지폈다. 아버지는 주변의 모든 사람에겐 좋은 친구이자 자상하고 편안한 이웃이었지만 아들인 나에게는 엄한 아버지였다. 그리고 나는 주로 사랑방에서 할머니와 지내다 보니 잘 기억나지 않지만, 누나들과 여동생들은 "아버지는 엄마에게 엄청 잘하셨다, 욱이 애비(오빠)도 올케한테 잘하지만 아버지에 비하면 아무것도 아니다."라고 자주 말하곤 했다.

2006년 한국 정부는 일본정부와 일제 강제노역자 피해보상을 위한 협상을 추진하였고, 한국 정부에서는 일본 강제노역 피해자 신청을 받기 시작했다. 나는 엄마가 기억하고 있는 아버지의 편년들을 모으고, 주변 증인들을 찾아 정부에 일본 강제노역 피해자 확인 신청을 하였으나 1차 반려되었다. 그 뒤 다시 증거자료를 보완하여 신청하였고, 2007년 대한민국 정부로부터 그 인정을 받았다. 나는 아버지의 일본 강제노역피해자 지정 사실을 엄마에게 바로 알렸다. 그 소식을 들은 엄마는 자신의 한 많은 지난 과거를 인정받은 것으로 생각하며, 아버지를 다시 만난 것처럼 좋아했다. 나는 엄마가 살아 있을 때 보상이 있었으면 하고 기다렸지만 돌아가실 때까지 정부로부터 아무 연락이 없었다. 이제는 아버지도 엄마도 그 증인들도 모두 하늘나라로 가고 아무도 없다.

■ 엄마가 만난 첫 번째 죽음

엄마는 이십여 년 전 마을 앞에서 큰 교통사고를 만났다. 그때 주변 사람들 모두가 엄마는 더 살 수가 없을 것이라고 했지만 몇 달 만에 기적적으로 살아났다.

그때의 교통사고는 이러했다. 어느 일요일, 집안 동생으로부터 다급한 전화가 왔다. "형님, 저 혁규입니더, 형님 준비해가지고 내려 오셔야 겠심니더. 아지매가 아무래도 안 될 것 것심니더." 나는 "왜 무슨 일이고?"하고 물었다. 그는 "우리 가게 앞에서 아지매가 버스에 치여 지금 병원으로 갔심니더."라고 말했다. "그래 어느 병원이고?" 하고 물었더니 "경대병원 응급실로 갔심미더."라고 말했다. 나는 "알았다, 고맙다."하고 전화를 끊었다.

나는 아내와 급히 진주행 고속버스를 타고 서울에서 출발했다. 평소에 그렇게 빨리 가던 고속버스는 어찌 그렇게도 느린지, 나는 마음속으로 고속버스 안에서도 계속 뛰었다. 진주에 도착하여 택시를 타고 병실에 들어서니 누나와 동생들이 기다리고 있었다.

엄마는 전신을 붕대로 감고 있어 사람을 알아볼 수 없었다. 엄마는 그때까지 의식이 돌아오지 않았다. 그러나 내가 "엄마, 엄마, 눈떠 보

이소, 저 혁규입니다"하고 불렀더니, 엄마는 가늘게 눈을 떠시고 가느다란 목소리로 "애비가 바쁜데 뭐하려 왔노? 난 괜찮다."하고 말하며 의식이 돌아왔고, 우리 형제들 모두는 감사의 눈물을 흘렸다. 이렇게 해서, 엄마는 죽음에서 돌아왔다. 그 뒤 엄마가 퇴원하고 나서 누나들과 동생들은 "엄마한테는 혁규(오빠)만 있으면 되지, 우리는 필요 없다, 혁규(오빠)가 부르면 엄마는 저승에서도 돌아온다."라고 웃으면서 엄마에게 말하곤 했다.

그날 밤 나와 아내는 엄마와 같이 병실에서 있으면서, 많은 생각을 하고 엄마에 대해 많은 것을 느꼈다. 엄마는 생사를 넘나드는 와중에서 의식이 돌아올 때마다 "애비야 배고프제, 밥 먹고 오너라." 또는 "아이고 내가 도와주지 못하고 맨날 너희들에게 짐만 되어서 미안하다."라고 하셨다. 자신은 사경을 헤매면서도 의식이 돌아오면 오로지 자식 걱정이었다.

엄마는 시장에 갔다 오다 사고를 당했다. 버스에 정면으로 부딪쳐 십여 미터 밖으로 떨어졌다. 다행히 생명은 건졌지만 얼굴, 다리, 가슴 등에 난 큰 상처로 진단 육 개월의 중상이었다. 몇 일 후 의식은 완전히 돌아왔지만, 치료 중 엄청난 고통으로 혼수상태가 반복되었다. 그 후 엄마는 오랫동안 병원 생활을 한 뒤, 완치 후 퇴원했다. 그 후 몸에 박힌 철심을 빼어내야 하는 이차, 삼차 수술을 해야 했지만 엄마는 철심을 뽑을 때의 고통이 무서워, 생활에 지장이 없다고 하시면서 그대로 두셨다. 그때 수혈한 피의 영향으로 고혈압에 걸리셨고 그 때문에 그 후 돌아가실 때까지 고혈압 약을 복용 하셔야 했다.

■ 내 병은 내가 알아야 해

나는 의사를 만나고 나와 병실로 돌아와서, 엄마에게 대장암이라는 검사결과를 언제 어떻게 알려야 하나 걱정을 하면서, 엄마와 다른 이야기를 하고 있었다. 그렇지만 엄마는 나의 표정으로 나를 이미 다 읽고 있었던 것이다. 엄마는 다른 이야기를 하다가 자신이 먼저 자신의 병에 대해 물었다. "애비야 내 병이 무엇이라 쿠더노?" "예, 엄마 그런데, 그게 대장에 좀 나쁜 종양이 있대요."라고 대답했더니, 엄마는 "그게 뭣인데?" 하고 다시 물었다. "엄마, 그건 대장암의 일종인데, 조금 많이 진행되었다고 합니다."라며 나는 엄마 병의 검사 결과에 대하여 자세히 설명했다. 그리고 "엄마, 다른 병원에 가서 다시 진찰해 보고 수술을 하도록 해 볼까요?" 하고 물었다. 엄마는 내 설명을 듣고 가만히 있었다. 그리고 한참 동안 말이 없었다. 한참 후 엄마가 먼저 말했다. "아이고 수술은 무슨, 내 살 만큼 살았다. 내 병은 내가 잘 안다. 수술해서 될 병이 아니다. 부품 몇 개 바꾼다고 될 문제가 아니다. 쇠로 만든 기계도 구십 년 쓰면 다 낡아 더는 못쓴다. 이 몸 동아리도 주인 잘못 만나 그동안 고생 많이 했다." 하시며, 수술을 거부하셨다.

엄마도 분명 많이 놀라셨을 텐데 나에게 아무렇지 않은 듯이 말씀하셨다. 평생을 두고 해 오던 "나는 괜찮다."의 또 다른 표현인 것을 나는 알고 있었다.

엄마는 병원에 있으면서 링거를 계속 맞고 있었기 때문인지 그래

도 기운이 좀 회복되었다. 사실 링거는 별 효과가 없겠지만, 플레시보 효과(placebo effect)인지 엄마는 식사도 좀 하시고 기분도 좋으셨다. 낮에는 누나와 매형이 주로 엄마를 도왔으며 저녁에는 동생과 매제가 보살펴 드리고 있어 간병인을 따로 두지 않았다. 나는 엄마에게 "엄마 서울에 가서 좋은 약이 있는지, 좀 알아보고 금요일에 다시 올게요."라고 인사를 하고 일요일 오후 서울로 돌아왔다.

죽음에도 계획이 필요해

■ **받아들일 수밖에 없는 죽음**

　서울로 돌아와 나는 아내와 가족들에게 엄마의 병원 검사 결과에 대하여 이야기했다. 엄마는 대장암 말기이고, 몸이 너무 허약하고 고혈압이 있어 수술할 수 없으며, 엄마가 살 수 있는 시간이 앞으로 약 삼 개월밖에 남지 않았다는 것 등 현실과 내 생각을 전부 이야기했다.
　나는 성당에서 함께 봉사활동을 했던 의사 친구에게 전화해서 만났다. 나는 의사 친구를 만나 엄마의 병세에 대하여 이야기하고 의논을 했다. 엄마의 나이, 고혈압 그리고 검사 결과 등 전반에 대하여 말했다. 지금 엄마의 체력이 너무 떨어져 있으며 대장에서 림프샘으로 전이되어 수술이 어렵다는 담당 의사의 말도 이야기했다. 우리는 여러 가지에 대해 오랫동안 이야기를 나누었다. 그 친구의 생각은 말기 대장암을 수술해서 고생하는 것보다 엄마가 하고 싶은 것 하게 하시고, 삶을 잘 마무리 하도록 도와 드리는 것이 좋겠다고 말했다.

나는 그 친구와 헤어져 집에 돌아와 그 친구에게서 들은 이야기를 아내에게 전하며, 내 생각도 이야기했다. "지금부터는 모든 것을 엄마의 생각대로 따라야겠다."라고 나는 말했다. 나와 아내는 현실을 있는 그대로 받아들여, 엄마를 하늘나라로 보내드리기로 하고 그에 따르는 계획을 수립하기로 했다. 그러나 한편으로는 그렇게 하는 것이 자식으로서 무책임한 것은 아닌지 하는 고민과 갈등도 있었다. 그러나 계획을 세우되 엄마의 생각대로 하고, 우리는 도와드린다고 마음을 바꾸니 죄스런 마음은 조금 줄어들었다.

그래 지금부터 엄마를 편히 보내 드리는 계획을 세워, 후회와 미련이 없게 마무리하도록 도와드리자 하고 내 생각을 정리했다.

■ 죽음 계획 무엇을 해야 하나?

'엄마의 후회 없는 삶'을 위하여 죽음 계획을 세우기로 하였으나, 무엇을 어떻게 세워야 하는지 막연했다. 한참 고민을 하다가 오츠 슈이치박사가 쓴 "죽을 때 후회하는 25가지"가 생각났다.[1] 그 스물다섯 가지를 기본으로 엄마의 삶을 정리하고 엄마의 의견을 물어보기로 했다.

- 사랑하는 사람에게 고맙다는 말을 많이 했는가?

엄마가 공부하지 않아도 가장 잘하는 것 중의 하나이다. 일생을 살아오면서 함께 했던 모든 사람에게 "고마웠다, 감사했다"를 늘 입에 담고 계셨다. 자식들, 손자들, 친척들, 친구들, 의사, 간호사, 간병인, 병문안 오는 모든 사람에게 진정을 담아 감사를 표시했다.

- 진짜 하고 싶은 일을 했더라면

엄마가 하고 싶었지만 하지 못한 것으로 엄마의 친정 마을 '점지미'를 한번 다녀오는 것으로 생각했다. 점지미 마을은 가끔 엄마가 "아이고 그 동네는 어떻게 됐을까?" 하며 말씀하시던 것이라 그렇게 생각한 것이다. 엄마가 친정마을을 가본 것은 50년이 조금 더 지났다.

- 진짜 겸손했더라면

엄마의 일생은 자신을 낮추는 일생이라고 할 정도로 이 부분은 정말 잘했을 것이라 믿는다. 물론 엄마는 아니라고 하시겠지만 엄마의 말과 편지에는 하대가 없고 존칭을 사용했다. 이 부분은 우리 가족 모두가 배워야 할 덕목이다.

- 친절을 베풀었더라면

내가 살아오면서 보와 온 엄마는 잘해 오셨다. 특히 약하고 어려운 분들에게 베푸는 것은 몸에 배어있었고, 엄마의 베풀기에는 남녀노

소가 없었다.

• 나쁜 짓을 하지 않았더라면

엄마가 나쁜 짓을 했는지, 하지 않았는지는 잘 모르지만 엄마가 일생을 살아오면서 만났던 사람들을 만나보면 참 잘 사신 것 같다. 마지막 무의식 상태에서도 착한 자신의 삶을 그대로 보여 주셨다.

• 꿈을 꾸고 그 꿈을 이루려 노력했더라면

엄마의 꿈이 이루어졌는지는 모르지만 평생을 두고 노력하셨고, 그리고 만족해 하셨다. 끝까지 책을 놓지 않고 부족한 부분을 채우려 노력한 것은 자신의 또 다른 꿈이 있었으리라 생각한다.

• 감정에 휘둘리지 않았더라면

엄마의 일생은 놀라울 정도로 침착했다. 평생, 어려움과 고난의 연속이어서 그런지 철저한 자기 관리로 남녀노소를 막론하고 자신의 감정표현을 최소화하고 이웃을 사랑했다.

• 만나고 싶은 사람을 만났더라면

엄마가 말하지 않은 분들이 있는지 모르지만 만나고 싶다고 하는 분은 다 만나고 가신 것 같다. 엄마에게 물어보아야 할 내용이다.

• 기억에 남는 연애를 했더라면

엄마는 오십 한 살에 남편을 여의고 혼자 되셨는데, 연애 감정에 대한 배려를 해드리지 못한 것이 죄송스럽다. 내가 나이가 들고 나서 엄마에게 가끔 좋은 분을 이야기하면, 웃으면서 그냥 넘기셨고, 성당 세례 후에는 "하느님이 내 애인인데, 무슨 영감!" 하시곤 했다.

• 죽도록 일만 하지 않았더라면

내 생각에 엄마는 평생 일만 하신 것 같다. 그렇게 생각하고 엄마에게 농사일을 그만두시라고 말하면, 엄마는 당신이 좋아서 하는 것이라고 말씀하셨다. 노년을 시골에서 지내시며, 텃밭에 무엇이든 심고 가꾸어 남에게 베풀기를 즐기셨다.

• 가고 싶은 곳으로 여행을 떠났더라면

이 부분은 자식으로서 가장 죄스럽게 생각하는 부분이다. 나는 수없이 외국을 다녀왔으면서도 단 한번 모시고 가지 못해 엄마에게 항상 미안했다. 돌아가시기 전에 용서를 구해야 할 문제다.

• 내가 살아온 증거를 남겨 두었더라면

엄마는 큰 발자취를 남기지 않으셨지만 나는 자신이 할 수 있는 최선의 증거를 보여주고 가셨다고 생각한다. 자신의 힘으로 하느님을 영접하고 자신으로 인하여 자신의 주변 몇 분에게 선교하고 가신 것이 그 증거일 것이다.

• 삶과 죽음의 의미를 진지하게 맛보았더라면

엄마의 일생이 죽음과 함께였지만 삶과 죽음의 의미를 본격적으로 깊이 생각하게 된 것은 큰교통사고 이후로 생각되며 하루하루를 의미 있고 뜻있게 보내려고 노력하는 삶을 사셨다. 매일 그날이 마지막이라 생각하고 사는 것이 엄마의 삶이었다.

• 고향에 찾아가보았더라면

엄마는 일생을 자신이 태어난 점지미와 현재 살고 있는 굼실 마을에서 머무셨다. 돌아가시기 전에 자신이 어린 시절을 보냈던 점지미를 다녀오시도록 해야겠다.

• 결혼 했더라면 • 자식이 있었더라면 • 자식을 혼인시켰더라면?

이들 항목은 엄마가 다 잘하고 가신 것으로 후회가 없을 것으로 생각된다.

• 유산을 미리 염두에 두었더라면

엄마는 큰 재산을 남기신 것은 없지만, 엄마의 생각대로 깔끔하게 정리하고 가셨다.

• 내 장례식을 생각했더라면

엄마는 자신의 장례를 이십여 년 전부터 준비해 오셨다. 평소 엄마 자신이 원하시던 대로 하면 될 것 같다.

• 건강을 소중히 여겼더라면

　엄마는 젊었을 때는 자신의 건강을 돌볼 틈이 없어 혹사하여 병을 달고 있었다. 아버지 돌아가시고 난 후 철저한 건강관리로 장수하신 것으로 생각한다. 노년에 엄마가 다리가 아파 지팡이를 짚고 다니셔서, 내가 전동기 한 대를 보내 드렸더니 그것만 타고 다니면 다리에 힘이 없어 좋지 않다고 하고, 대부분 걸어 다니셨다. 교통사고 때 수혈로 고혈압에 걸리신 후에도 철저한 관리로 그런대로 건강을 유지하셨다.

• 담배를 일찍 끊었더라면

　젊어 위장병이 있었으나 치료할 약이 없어 고생을 많이 했다. 어른들이 권유하여 약 대용으로 담배를 배워서 이십여 년 동안 피웠으나, 예순 살이 지난 후 우연한 기회에 담배를 끊고 다시는 피우지 않으셨다.

• 건강할 때 마지막 의사를 밝혔더라면

　자신의 마지막에 대하여 평소 시간이 나는 대로 자신이 원하는 바를 말씀해 주셨다. 우리는 엄마의 말씀에 따르기만 하면 될 것이다.

• 치료의 의미를 진지하게 생각했더라면

　자신의 건강에 뚜렷한 소신이 있었고, 마지막에 대하여 자식들에게 분명히 말씀해 주셨기에 이 부분은 엄마의 생각대로 따르기만 하

면 될 것이다.

스물다섯 가지를 참고하여 엄마의 하늘 가는 길 계획 수립에 꼭 필요한 검토 사항을 다음과 같이 정리했다.

- 엄마가 살 수 있는 기간은 구십일
- 엄마의 신앙적 마무리
- 엄마가 가장 하고 싶은 것이나 마무리가 안된 것?
- 엄마가 가고 싶은 곳?
- 재산 상속에 관한 것
- 생명 연장 장치에 대한 엄마의 생각
- 엄마가 좋아하는 음악
- 엄마가 화해나 용서해야 할 일
- 엄마가 원하는 장례방식(장지, 장례 예식)
- 엄마가 원하는 병원
- 엄마가 원하는 장례식장
- 영정, 상복
- 마지막으로 친구들에게 해주고 싶은 것

이러한 사항들이 죽음 계획 수립을 위하여 엄마와 의논해야 할 기본적인 것이라고 정리했다. 자료가 확보되기 전이지만 우선 노래 몇 곡을 구입해서 유에스비(USB)에 담았다. 엄마가 좋아하는 음악을 잘 몰라 내가 적당히 선곡했다. 조수미의 '나가거든', 장사익의 '하늘가는 길', 인순이의 '아버지', 조성우의 '그리운 어머니', 김영임의 '회심곡', 성가로는 '말씀 안에 살리라', '주만 바라 볼찌라' 등을 담았다. 엄마가 들려 드리고, 원하는 노래가 있으면 추가하기로 했다.

이 노래들은 당시 나의 감정을 반영하여 선곡한 것으로 엄마의 취향과는 무관했지만 뒤돌아보니 엄마와 나는 백일 동안 이 노래들을 참 많이 들었다.

■ 엄마와 함께 죽음 계획을 세우다

한 주가 지나, 금요일 오후 나는 아내와 함께 차량으로 엄마가 계시는 병원으로 갔다. 엄마 병실 침대 옆에는 보호자용 보조침대가 하나밖에 없어 아내는 병실에서 그리고 나는 차에서 잠시 눈을 붙였다.

아침 식사 후 엄마에게 "엄마, 오늘 우리 삼천포와 남해로 구경 가시지요?"라고 했더니 "아이고 나는 좋지만 애비가 시간이 있냐?" 하셨다. 나는 "엄마 이제부터 저한테 있는 게 시간밖에 없어요."하고 웃으면서 대답했다. 우리는 삼천포로 가기로 결정하고는 간호사에게 부탁해서 외출 허락을 받고 병원을 나왔다.

우리는 삼천포대교를 지나 남해에 들렀다. 가는 도중에 내가 준비해 온 음악을 들려 드리고 "엄마 이 노래 어때요?"하고 물었다. 엄마는 "그래 참 좋네." 하셨다. "그런데 옛날에는 회심곡을 다 알았는데 다 잊어버려 이제 할 수가 없다"고 말씀하셨다.

엄마는 젊었을 때 회심곡을 완벽하게 외우고 노래했다. 평소에는 엄마의 회심곡 전부를 들을 수 없었고 그 일부만 가끔 듣곤 했다. 그런데 아버지의 주검을 앞에 두고 그 회심곡 전부를 들을 수 있었다. 아버지는 집에서 죽음을 맞이하였고, 그때 아버지의 염습은 동네 어른 두 분이 하였다. 엄마는 그분들이 아버지 염습을 하는 동안 회심곡을 불렀다. 나는 세상 어떤 누구의 회심곡도 엄마의 그 회심곡보다 진심이 담긴 회심곡을 들어본 적이 없다. 내가 들어본 회심곡 중 세상에서 제일 훌륭한 회심곡이었다. 나는 회심곡 완창을 하는 데에 삼십여 분이 걸린다는 것을 그때 처음 알았다. 그러나 나는 이제 그 회심곡을 영원히 들을 수 없게 되었다.

삼천포 어시장에 들러서 생선을 골라 횟집으로 갔다. 우리는 함께 식사하는 동안, 지금까지 살아오면서 있었던 여러 이야기를 하면서 아주 즐거운 시간을 보냈다. 엄마도 회를 아주 맛있게 드셨고 기분도 좋으셨다.

나는 분위기가 한창 좋을 때, 조심스럽게 엄마의 하늘 가는 길에 대하여 간단히 묻고는 엄마의 표정을 살펴봤다. 그런데 엄마는 내 걱정과는 달리 심각하게 받아들이지 않고 언젠가는 이런 일이 있을 것으로 예상한 듯 편안하게 말씀하셨다. 엄마는 오히려 자신의 생각대로 해주면 고맙겠다고 하면서 자신이 생각하는 삶의 마무리와 장례에 대하여 말했다.

■ 엄마가 만난 하느님

엄마는 장례 방식에 대해 "내가 가톨릭 신자이니 천주교 방식으로 성당에서 장례를 치러야 하고, 성당에서 하는 절차에 따라야 한다." 라고 말했다.

엄마가 성당에서 세례를 받는 데는 참 오랜 시간이 걸렸고, 몹시 어려운 결정이었다. 엄마는 평소 자신의 신앙에 대하여 "여자는 결혼 전에는 부모와 함께하고, 결혼 후에는 남편과 함께하고, 늙어서는 자식과 함께한다."라고 늘 말씀하셨다. 내가 학교 다닐 때 성당에 가겠다고 했을 때 "니가 알아서 해라, 내가 지금 성당에 나가면 다른 사람들이 제사 지내기 싫어서 간다고 안 그러겠니. 나는 나중에 가면 된다."라고 하셨다.

엄마는 처음 시집왔을 때부터 마을 앞에 머리 없는 무덤이 있고, 그 무덤은 천주교를 믿다 죽은 사람의 것이라는 것을 알고 있었다. 밤에 아무도 몰래 묘를 쓰고 난 이후 동네 사람들은 그 무덤에 관하여 서로 이야기를 하지 않았고, 설사 그 무덤에 대하여 이야기가 나오면 누구 할 것 없이 피하고 있었다. 그냥 천주교를 믿다 죽은 자의 머리 없는 무덤으로만 기억하고 있었다. 오랜 시간이 지난 뒤 그 무덤은 천주교 마산교구에 의하여 순교자 성지로 지정되었다. 그 무덤의 주인공은 정찬문 안토니오로, 진양 정씨 우곡공파 18세손으로 밝혀졌다. 순교 당시 나이는 마흔한 살이었다. 내가 우곡공파 21세손이니 나의 증조부 벌이다. 족보에는 그 할아버지 내외가 언제 죽었는지, 묘지가 어디에 있는지 등 아무 기록이 없다. 순교 후 집안에서는 "그 집에 귀신이 붙어 사학죄인(邪學罪人)이 되었으며, 그로 인해 집안이 망하게 되었다" 하고는 족보에서 제외해 버렸다. 그때 그 할아버지는 앞으로 다시는 천주교를 믿지 않겠다는 한마디만 하면 살려주겠다고 했는데도 거부하고 참수를 선택했다. 참수 후 머리는 효수되었고 시체는 3일 후 집안 동생 한 사람이 밤에 몰래 수습하여 그 자리에 묻었다. 그리고 후세 사람들에게는 머리 없는 무덤으로 기억돼 왔다.

그 할아버지가 순교한 후 일백이십여 년이 지나, 정씨 집안에서는 정요한 신부와 정마르꼬 신부형제가 신부 서품을 받았다. 신부님의 집은 엄마가 사시던 집 바로 옆집이었다. 두 분 신부님은 경조사 때나 부모님 연도(煉禱)에는 매번 참석하였다. 그때마다 엄마를 부르셨고 엄마는 성당에 나가지 않았지만, 부담 없이 미사나 연도에 참석하시곤 했다

그리고 약 삼 년 전인 2007년에 몹시 어려운 결단을 해서 교리공부를 하고 세례를 받으셨다. 나이 여든 여섯에 맑은 정신을 소유한 상태에서, 자신의 결정으로 하느님을 영접한 것은 대단한 일이다. 나는 엄마 자신이 믿는 천당 가는 길을 스스로 찾는 낸 용기에 대해서 정말 찬사와 존경을 드리고 싶다. 이것은 누구나 할 수 있는 일이 아니다. 그 나이가 되도록 건강과 맑은 정신을 유지할 수 있었던 것은 자신의 노력도 있어야겠지만 하느님의 도움이 없었다면 불가능한 일이라고 생각한다. 하느님에게로 다가서는데 주변에 많은 분들이 도와주셨지만 본인의 결심이 없었다면 가능한 일이겠는가? 그저 머리 숙여 감사

를 드릴 뿐이다.

■ 엄마가 생각한 삶의 마무리와 장례

"장례는 천주교식으로 하되, 삼일장으로 해라. 장사 방법은 화장하고, 진주에서 집으로 오는 월하산 자락과 동네 입구 그리고 할머니 산소 부근에 뿌려라. 영정 사진은 내가 준비해 둔 것을 쓰라. 수의는 내가 만들어 두었으니 그것이면 충분하다. 그리고 여자들 상복은 다 준비해 두었다. 그것이면 될 것이다. 남자들은 요즘 굴건제복을 하지 않으니 그냥 검정 양복을 입어라."

"인공호흡기 달아서 죽지도 못하게 하지 말고 그냥 보내 주어라. 주사기 많이 달지 마라, 못 죽게 하는 것도 죄짓는 것이다. 마지막에 내가 죽을 곳은 장례식장이 있는 곳이면 아무 곳이나 괜찮다. 세상이 변해 내가 병원에서 죽더라도 칠십 년 동안 동고동락한 동네 사람들과 고향 산천에 인사는 하고 가야 하지 않겠냐? 간단하게 노제를 지내주면 좋겠다. 병원비와 장례비는 네 누나가 가지고 있는 내 통장에 돈이 있다, 그것으로 쓰라."라고 말했다.

나는 "모든 것은 엄마가 원하는 대로 하겠습니다."라고 말했다. 그리고 "엄마 특별히 하고 싶거나 가고 싶은 데 있으셔요?"라고 물었으나 엄마는 그냥 웃고만 계셨다.

그래서 나는 "엄마 다음 주에 엄마의 고향, 친정 '점지미'에 한번

가시는 것은 어떠세요?"라고 물었다. 그리고 그다음 주에는 부산 외숙모 집에도 모시고 갈게요." 했더니 "그러면 나는 좋지만 애비, 에미 시간이 되겠나?"라고 하셨다. 나는 "우리도 어무이 덕택에 외가에 가게 되어 좋지요, 다음 주에 모시고 갈게요."라고 말했다.

일요일 오후 서울 집으로 돌아오는 도중 엄마가 한 말씀에 대하여 나는 여러 가지 생각을 했다. 엄마가 바라는 대로 해 드리는 것이 당연하고 옳은 일인데, 그러나 엄마를 화장하여 세 곳에 뿌려 버리면 엄마의 묘는 어디가 되는가? 지금까지 우리 형제자매들이 명절이나 무슨 때가 되면 모일 수 있는 곳이 엄마 집이었는데, 엄마가 계시지 않는다면 우리는 언제, 어디서, 어떻게 만나게 될까? 하는 걱정이 들었다.

그래서 나는 누나와 동생들에게 전화로 의논했다. "엄마는 화장해서 세 곳에 산골장(散骨葬) 하는 것을 원하시는데, 그러면 우리가 엄마 산소 갈 때 어디로 가야 할지 걱정이다."라고 말하면서, 엄마와 의논해서 수목장 한 곳으로 정했으면 하는데, 누나(너희들)의 생각은 어떤가? 하고 물었다. 누나와 동생들은 '수목장으로 바꾸는' 나의 생각이 좋다고 하면서 동의해 주었다.

그다음 주 금요일 나와 아내는 다시 병원에 갔다. 엄마의 건강은 지난주와 별 차이가 없었다. 나는 "지난주 엄마가 하신 말씀을 많이 생각했습니다. 모든 것을 엄마 말씀대로 하겠습니다. 그러나 그중 한 가지는 엄마가 양보해서 수목장으로 바꾸었으면 좋겠습니다."라고 엄마에게 말했다. 엄마는 "왜 그렇게 하려고 그러느냐? 내가 6대 종부로서 조상 봉양을 해 왔는데 산소 관리하는 것도 쉬운 일이 아니더라. 그래서 애비나, 준이를 위해서 그렇게 생각했다."라고 말씀하셨다. 나는 "저희들을 위한 엄마의 마음은 다 알겠습니다. 그러나 엄마의 자식들인 저나 누나와 동생들이 모이고 만날 수 있는 구심체가 필요합니다. 그러니 수목장으로 바꾸는 것이 좋을 것 같습니다. 그래야 엄마 안 계시더라도 엄마 생각나면 산소에 한 번씩 찾아갈 수 있지 않겠습니까?"라고 말했다.

엄마는 "어디, 생각해 둔 다른 게 있느냐?"라고 물었다. 나는 이십여 년 전에 잡아둔 엄마 산소 자리에 소나무가 하나 있는데 거기가 좋겠다고 했다. 조금 생각하시더니 엄마는 "애비 이야기 듣고 보니 그것도 괜찮겠네, 그러면 그렇게 하지 뭐" 하시며 수목장으로 바꾸는 것에 동의해 주셨다.

■ 엄마에게 한 거짓말

엄마가 사는 굼실 마을에는 상포계라는 장례를 위한 상조회가 있었다. 그런데 십여 년 전에 동네에 살던 엄마 친구 중에 한 분이 돌아가셨는데, 그 장례를 치를 때 상여를 운구차에서 내려 묘지까지 운구하는 동안 상여꾼들과 상가와의 마찰이 조금 있었다고 했다. 그 원인은 그날 장례를 하는 망자의 자손들이 평소 상조회 참여가 소홀했었

다는 것이다. 그에 대하여 일부 상포계 계원들이 장례 시 불만을 표출하여 장례 분위기가 좋지 않았다는 것이었다. 엄마는 그것을 보고 마음이 편하지 않으셨던 것 같았다. 엄마는 나와 둘이 있을 때 그냥 지나가듯 "장사 지내는 날 소리가 나니까 모양이 좋지 않데"라고 말했다. 그때 나는 엄마가 걱정할까 봐 미리 상조회에 가입해 두었다고 말했다. 그랬더니 엄마는 좋아하셨다. 사실 당시 나는 상조회 가입을 하지 않았었다. 그 뒤 바로 상조회에 가입했다. 엄마는 이 사실을 모르고 돌아가셨다. 엄마는 내 거짓말을 알고 있었을지도 모른다. 그러나 엄마는 용서하실 것이다.

■ 엄마의 천국 가는 길 기본계획

엄마의 하늘 가는 길 계획을 위한 자료 확보가 되었다. 이를 기초로 한 계획은 다음과 같다
- 장례 방식 : 삼일장으로 천주교 방식(장례미사 장소 : 문산 성당)
- 병자성사 : 문산 성당과 협의
- 장사 방식 : 화장 후 수목장으로 하고 장지는 엄마가 정해 둔 산소자리
- 임종 장소 : 진주 도립병원
- 엄마가 하고 싶은 일 : 엄마의 옛날 친정(점지미), 친정(부산 외숙모 댁) 방문 등

- 생명연장 장치 : 인공호흡기 등 생명연장 장치는 하지 않고 고통 완화 시술을 한다.
- 음악 : 장사익의 '하늘 가는 길', 인순이의 '아버지', 조성우의 '그리운 어머니', 김영임의 '회심곡', 성가로는 '말씀 안에 살리라', '주만 바라 볼찌라' 등
- 노제는 동네 입구에서 하기로 하고, 큰아들이 한다.
- 용서, 화해와 감사의 인사 : 작은 매형과 기타
- 수의, 상복, 영정 : 엄마가 준비해 둔 것
- 부고 : 신문 부고, 각자 부고

죽음을 앞둔 나눔

　토요일 아침, 시골에서 엄마와 한동네에 사는 숙모가 병원에 왔다. 숙모는 일찍 삼촌을 여의고 엄마와 한 동네에서 육십여 년을 서로 의지하며 살아오셨다. 엄마는 그동안 이십여 일을 계속 병원에 있다 보니 많이 갑갑해하셨다. 엄마는 "병원에 있으나 집에 있으나 똑같다. 그리고 퇴원했다가 몸이 좋지 않으면 다시 병원에 오면 되지 않느냐?" 하시며 퇴원을 원하셨다. 나도 엄마의 생각이 좋다고 생각되어 우리는 퇴원하기로 했다. 병원에서 퇴원을 결정하고 나서 엄마는 마치 자신의 병이 완쾌되어 퇴원하는 것처럼 좋아하셨다.

　엄마 그리고 숙모님과 우리 부부는 남해와 삼천포로 가기 위해 병원을 출발했다. 우리는 남해를 한 바퀴 돌고 삼천포 어시장으로 가서, 여러 가지 맛있는 고기를 골라 생선회로 식사했다. 식사하는 동안 살아오면서 겪었던 많은 이야기를 나누면서 아주 즐거운 시간을 보냈다.

식사 도중 나는 "숙모님, 요즘 마을 회관에 모이는 할머니가 몇 분이나 됩니까?"라고 물었고, 숙모는 보통 스물다섯 분 정도 모인다고 하셨다. 그래서 내가 "엄마 다음 주가 엄마 생신인데 올해는 엄마가 아파서 생신잔치를 할 수 없으니, 오늘 회를 준비해서 동네 할머니들에게 드리는 것으로 생신잔치에 가름합시다."라고 했더니 엄마도 웃으면서 좋아하셨다.

우리는 삼십 명쯤 먹을 수 있는 회와 매운탕거리와 야채를 준비해서 엄마가 사는 시골집으로 갔다. 준비해간 회와 매운탕거리와 내가 외국에서 가져온 커피와 차, 과자 등을 챙겨 마을회관으로 가져갔다. 마침 그날은 비가 내렸고, 그러다 보니 평소보다 많은 사람이 모여 있었다. 나는 할머니들에게 적지만 맛있게 드시라고 인사를 하고 왔다. 그 뒤 모두 맛있게 먹었다는 이야기를 들었다. 나는 그 이전에도 마을 회관에 있는 엄마 친구들에게 가끔 이런 접대를 한 적이 있었다. 하지만 이번은 엄마가 정들었던 친구들에게 살아생전 음식을 나누는 마지막 기회가 될 수도 있다고 생각하니 마음이 우울하고 허전했다. 엄마도 이것이 마지막이라는 것을 어렴풋이 알고 있었을 것이다.

죽어감의 단계를 겪다

엄마가 퇴원을 원하신 것은 또 다른 이유가 있었다는 것을 나는 나중에 알았다. 엄마가 사는 집에서 가까운 시골 병원에 있는 의사 한 분이 있었는데, 엄마는 그 어떤 의사보다도 그 의사를 신뢰하고 있었다. 엄마는 한 달에 한 번 정기적으로 고혈압을 체크하거나 기운이 없으면 가끔 링거를 맞으러 그 병원에 가곤 했다. 엄마가 계속 그 의사에게 진료를 받아서 진료기록이 오랫동안 쌓여, 엄마의 병에 대하여 잘 아는 점도 있었겠지만 그보다 엄마는 그 의사가 자신을 제일 잘 안다고 믿고 있었다. 그 의사가 엄마의 얘기를 들어주고 함께 대화함으로써 서로 신뢰를 쌓아 왔기 때문일 것이다. 엄마를 비롯한 대부분의 시골 노인들은 자신의 이야기를 들어주는 것만으로도 병이 호전될 정도로 평소 자신이 찾던 의사를 신뢰하고 있다.

엄마는 큰 병원의 의사가 검사하고 진찰한 결과, 자신에게 병이 있다고 하는 의사의 말을 그대로 받아들였지만, 혹시 그 병원의 검사가 잘못된 것일 수도 있다고 생각했던 것이다. 엄마는 쿠불로 로스 박사가 말한 죽어감의 단계 중 제 1단계인 부정의 단계를 거치신 것이다.

누나가 엄마를 모시고 시골의 병원 의사에게 갔다. 그 의사는 "할머이 거의 한 달 만에 오셨네요, 그동안 할머이를 안 보았더니 얼굴에 축이 많이 났네요? 할머이 무슨 일이 있었습니까?" 하고 물었고, 엄마는 "의사 선생님, 애들이 괜히 나를 병원에 데리고 가서 검사한다고, 나를 병원에 근 스무날이나 두어 내가 이렇게 되었습니다."라고 대답했다. 그 의사는 "할머이 그 병원이 어느 병원입니까? 제가 그 의사한테 전화해서 야단칠 께요. 할머이 걱정하지 마세요. 할머이는 제가 제일 잘 압니다."라고 했다는 것이었다. 엄마는 평소와 같이 링거 주사를 맞고 약을 받아 집으로 돌아왔다.

엄마는 시골 병원에 갔다 와서도 차도가 없자, 그다음에는 평소에 다니든 한의원에도 다녀오셨다. 점차 기운이 떨어지는 것을 생각하지 않고 평상시와 같이 차를 타시다가 넘어지기도 했다는 것을 나중에 누나한테서 들었다.

그 주 목요일에 누나와 동생이 의논해서 다시 엄마를 병원으로 모셔야겠다고 전화가 왔고, 나도 그렇게 하는 것이 좋겠다고 해서 엄마는 다시 병원에 입원했다.

삶을 차례로 마무리 하다

■ 동서들과의 마지막 밤

엄마는 한 주일 동안 집에 있으면서 병원에도 가고 동네 친구들도 만나고 바쁜 시간을 보냈다. 엄마가 아프다는 소식을 듣고 부산에 사는 숙모가 엄마 병문안을 왔다. 부산 숙모는 엄마보다 아홉 살이 적고, 시골 숙모는 열한 살 아래다. 세 사람 모두 젊은 시절, 세 동서가 한집에서 삶의 희로애락을 같이 나누며 살았던 적이 있었다.

엄마는 손아래 동서들의 결점을 잘 말하지 않고 될 수 있으면 좋은 점만을 보는 편이었고, 체구는 작지만 내적으로 아주 강한 분이라 겉으로 감정 표현을 좀체 하지 않았다. 반대로 두 분 숙모는 감정표현을 잘하는 편이다. 나는 어느 날 두 숙모에게 젊었을 때 엄마는 어떤 형님이었는지 물어보았다. 숙모들은 "형님은 젊었을 때부터 참고 인내하는 것이 몸에 배어 있었다."라고 말했다.

엄마보다 열 살 아래 막내 고모가 한 분 있었는데, 성질이 대단하여 숙모들은 결혼하여 그 시누이로부터 많은 고난의 과정을 거쳤다고 이야기했다. 숙모들은 고모와 같이 머리채를 잡고 싸우는 등 맞섰으나 엄마는 항상 막대기로 때리는 고모에게 그냥 맞고 있었다고 했다. 숙모들이 고모와 싸우고 나면 온 집안에 소동이 났다. 그러고 나면 엄마는 손아래 동서들을 조용히 불러서 "때리면 그냥 맞고 참아라. 고모가 때리다 지치면 그만 한다. 같이 싸우면 집안이 시끄러워지고 그러니 제발 참아라."라고 부탁했다는 것이었다.

세 사람은 엄마의 병환으로 모처럼 한자리에 모이게 되었고, 한 방에서 한이불을 덮고 그들이 살아왔던 지난 이야기를 밤새워 나누었다. 저무는 황혼의 세 여인은 60여 년 전으로 거슬러 올라가 자신들의 젊음과 청춘을 회상하고 나누었다. 엄마, 숙모 두 분 모두 일찍 남편을 잃고 다들 힘들게 살아왔다. 그 중 엄마가 먼저 죽음 앞에 서게 된 것이다. 엄마의 죽음과 죽어감은 엄마만의 일이 아니고 머지않은 날 숙모들의 문제인 것을 다 알고 있다.

■ **손녀와 하루 밤**

나는 그 주에 외국 출장 계획이 있어 엄마에게 갈 수 없었고, 아내

와 딸이 엄마에게 다녀왔다. 엄마는 자신의 손녀, 나의 딸을 무척 좋아한다. 성격이 차분하여 책 읽기를 좋아하는 것이 자신과 많이 닮았다고 생각해서 그런지도 모르겠다. 엄마는 자신의 손녀가 세상에서 가장 똑똑하고 잘 낫다고 생각한다. 손녀가 서울에 있는 Y대에 합격한 것을 누구보다 좋아하셨다. 엄마는 손녀의 대학교 입학식에도 참석했다. 그때가 엄마 나이 여든 하나 이었을 것이다. 입학식 후 그 학교 출신 인기 가수들의 공연이 있었고 엄마는 젊은이들이 하는 공연을 재미있게 보았다. 엄마는 그날 집에 돌아와 "아이고 내가 오늘 욱이 덕택에 좋은 학교 입학식에도 가보고, 재미있는 구경하고, 고맙다"라고 하며 마치 자신이 대학교 입학을 한 것처럼 기뻐했다. 그리고 그날의 감동을 추억으로 오래동안 기억하고 있었고, 가끔 그날의 이야기를 하며 좋아하셨다.

   엄마와 손녀는 오래 만에 많은 시간을 같이 보내면서 즐거운 하루를 보냈다. 나중에 엄마가 고통으로 정신이 혼미할 때 가끔 간호사를 손녀로 착각하여 "아이고 욱이 왔냐, 오면서 고생했다."라며 안아 주곤 했다.

   외할아버지가 한학자이자 서당 훈장이셨는데도 엄마는 서당도 학교도 다니지 못했다. 그러나 책 읽기를 엄청 좋아했다. 그래서 언젠가 내가 "엄마는 학교도 안 다녔는데 글을 어디서 배웠어요?"라고 물었더니 "배우기는 그냥 어깨 넘어 글 동냥한 것인데, 조금밖에 몰라."라고 하셨다. 엄마는 시간이 나는 대로 몸을 좌우로 흔들며 책을 보신다. 그리고 며느리나 손주들에게 편지도 써서 보냈다. 엄마가 보내는 편지에는 언제나, 누구에게나 하대가 없고 존칭으로 되어 있었다.

■ 오십 년 만의 친정 나들이

토요일 아침, 엄마는 친정마을에 간다는 생각에 기분이 조금 들떠 있었다. 우리는 병원 허가를 받아 엄마가 태어나 시집오기 전까지 부모님과 형제들이 함께 살았던 고향 '점지미'를 향해 출발했다. 우리는 엄마의 친정 '점지미'를 쉽게 찾을 수 있으리 생각하고 갔으나 그 마을을 쉽게 찾을 수가 없었다. 옛날의 큰 마을이 거의 절반으로 줄어들어 작은 마을로 변하였고, 옛날의 좁은 논길을 넓게 확장하여 옛 흔적은 찾을 수가 없었다.

엄마가 친정에 간 것이 오십 년이 넘었고, 나도 외가에 가본 것이 오십 년이 넘었다. 엄마가 시집올 때 살아계시던 외할머니는 엄마 결혼 후 바로 돌아가시고, 그 후 엄마보다 나이 어렸던 외삼촌마저 젊은 나이에 돌아가셨다. 그 후 외숙모는 어린 조카들을 데리고 부산으로 이사했고, 그래서 엄마는 친정 '점지미'에 갈 일이 없어져 버렸다. 나 역시 외가 '점지미'와의 인연도 멀어져 있었다. 내가 외가 '점지미'를 마지막으로 방문했던 것은 일곱 살 때였는데 기억에 남아있는 것이 별로 없었다.

이 동네 저 동네를 한 시간 정도 헤매었다. 그러다 어느 마을로 들어갔는데 수로를 복개해서 도로를 확장한 제법 넓은 길이 있었다. 그

때의 기억이 조금 떠올라 "엄마 이 동네가 '점지미' 같은데요."라고 말했더니 엄마는 "아닌 것 같다."라고 하셨다. 그래서 자동차를 타고 동네를 한 바퀴 돌아보았다. 그러다 감나무 그늘에서 쉬고 있는 노인 세 분을 만났다. 내가 차에서 내려 "어르신, 점지미를 찾고 있는데 어디로 가면 됩니까?"라고 물었더니, 할아버지 한 분이 "여기가 점지미인데 누굴 찾으시오?"라고 물었다. 그래서 저의 엄마 친정이 이곳 '점지미' 라 모시고 왔으며 외삼촌이 일찍 돌아가셔서 특별히 찾는 사람은 없다고 했다.

    내가 동네 어른들과 이야기를 하고 있는 중 엄마가 차문을 열고 급히 나오셨다. 그러고는 "아이고 올케 아니가? 살아 있었네, 고맙다." 하면서 할머니 한 분을 안고는 글썽글썽 눈물을 흘리셨다. 그리고 그 할머니도 "아이고 형님, 여태 살아계셨네요. 이렇게 찾아와 주어서 고맙네요."하고 눈물을 흘리셨다. 그 할머니는 엄마의 재종 동생의 부인 올케였다. 재종 동생은 돌아가시고 올케 혼자 사는데 나이는 86살이었다. 그 옆에 있던 할아버지는 72살인데 그분과 엄마는 서로 알아보지 못했다. 아마 그분은 엄마가 시집갈 때는 아직 태어나지 않아 그랬을 것이다. 내가 차에서 약간의 음료수와 사탕을 가져와 할머니들과 할아버지가 드실 수 있게 해 드렸다. 엄마는 친정 '점지미'를 찾아온 것에 대해 즐거워하며 그분들과 지난 50여 년의 이야기를 나누었다. 누구는 언제 죽고, 누구는 애들이 몇 명인데 어디에 살고 있는 등 오랫동안 이야기를 나누셨다. 하지만 피곤해하시지도 않고 좋아하셨다.

그때 엄마는 아흔 살 된 할머니가 아니었다. 다섯 살짜리 예쁜 딸로 돌아가 부모의 사랑을 받고 있는 것 같기도 하고, 일곱 살이 되어 학자였던 아버지의 딸이 되어 몸을 좌우로 흔들며 아버지를 따라 글을 읽고 있는 것처럼 행복 해 보이기도 했다. 또 칠십삼 년 전 섣달로 돌아가 부모가 정해준 낯선 한 남자를 만나 결혼식을 하며 행복해 하는 것 같기도 하고, 부모님이 돌아가셨을 때로 돌아가 눈물짓고 있는 것 같기도 하였다. 자신이 살아왔던 지난 시절로 돌아가 기쁨과 슬픔을 느끼고 맛보고 있는 것이었다. 자신이 태어나서 한때 부모의 사랑을 받으며 살아왔던 고향에서 지금 생의 마지막을 맞아 수구초심으로 돌아와 있다.

한참이 흐른 후 엄마는 친정 동네 동생들과 한 사람씩 눈물의 이별 인사를 했다. 재종 올케와는 한참 동안 서로 눈시울을 붉히며 안고 있었다. "그래 살아있어서 고맙다. 사는 동안 건강해라."라고 엄마가 말했다. 엄마도 그분들도 이것이 마지막 인사라는 것을 알고 있었을 것이다.

우리는 동네를 빠져나오면서 옛날 외가가 있었던 곳으로 가보았다. 옛날의 그 집은 없어지고 외가와 그 옆집을 합쳐 제법 큰 집이 새로 지어져 있었지만, 그 집 역시 사람은 살지 않고 빈집으로 남아 있었다. 그리고 외가 앞에 흐르던 도랑은 복개되었지만 중간 중간의 철재 덮개가 옛날 도랑이었음을 말해주고 있었다. 엄마는 차에서 내려 "너무 많이 변해 잘 모르겠네, 흐르는 세월은 인간도 산천도 그냥 두지 않네!"라고 혼잣말을 하셨다.

■ **자신을 온전히 자식에 맡기다**

　병원에 돌아와서 아내는 엄마를 목욕시켰다. 엄마는 자신이 혼자 목욕을 할 수 없는 것을 며느리에게 보이는 것이 싫어 머뭇거렸다. 아내는 "어무이 괜찮습니다. 어무이가 우리 어릴 때 이렇게 다 키웠듯 이제는 우리가 어무이를 보살펴 드리는 것이니, 어무이 편안하게 생각하세요."라고 말했다. 그리고 엄마가 미안해하지 않게 가벼운 장난과 농담을 하면서 엄마의 몸을 씻어 드렸다. 엄마는 우리에게 많은 사랑을 베풀었을 뿐만 아니라 이렇게 해서 우리의 사랑을 온전히 받아들였다.

　나는 엄마가 병원에 입원한 후 화장실에 가지 않고 침대에서 사용할 수 있는 간이 변기를 사 드렸는데도 "아이고 그것을 어떻게 쓰나" 하면서 사용하지 않으셨다. 몸이 불편했지만 가급적 자신이 직접 화장실에 가려고 노력했다. 그 습관은 돌아가시기 전 의식이 있을 때까지 그대로 이어져 그 변기통은 쓸 기회가 없었다.

　나는 그 이전에 엄마가 회관에 다닐 때 타고 다니라고 전동 휠체어를 하나 사 드렸다. 엄마는 몇 번 타보고는 "타고 다니면 편하고 좋긴 한데 다른 사람들 보기도 좋지 않고, 운동을 하지 않으면 다리에 힘이 없어진다, 내가 나중에 다리에 힘이 없으면 그때 타지"라고 하며 타지 않았다.

　엄마가 건강할 때는 며느리와 자주 목욕도 다니고 했지만, 자신의 몸이 불편한 것을 자식에게 보이고 싶지 않았던 것이다. 하지만 생의 마지막인 지금 자신을 온전히 자식에 맡기신 것이다. 목욕을 마친 엄마는 피곤하여 침대에 기대어 있다가 잠시 후 잠이 들었다.

나는 그날 병원에서 만난 다른 분으로부터 추천받은 요원병원 몇 곳을 가 봤다. 그리고 엄마에게 이야기했더니 엄마는 요양병원을 별로 좋아하지 않으셨다. 엄마는 치매로 요양병원에 있던 친구들과 동생에게 병문안을 간 적이 있었고, 그때 요양병원에 대하여 좋지 않은 인상을 받게 된 것 같았다. 나는 "엄마가 점차 힘들어하고, 누나와 동생도 바쁘고 힘드니 전담 간병인을 구하는 것이 좋겠다."라고 누나와 동생에게 말했다. 또 엄마가 이 병원보다는 더 편안해하는 곳으로 옮기기를 원하고 있으니, 어느 병원이 좋은지 좀 알아보라고 동생에게 부탁했다.

■ **막내 딸 집을 마지막으로 들리다**

그다음 주 토요일 새벽 세 시경에 병원에 도착해 병실에 살며시 들어가 보았다. 불이 꺼진 병실 문을 살며시 열고 들어가 보니 엄마는 잠이 들어 있었다. 엄마는 2인 병실에 있었는데 혹시 다른 환자에게 불편을 줄까 싶어 조심도 되었고, 엄마가 요즘 잠을 잘 못 주무시는데 깨울까 봐 걱정되어 그냥 나왔다. 우리는 자동차로 내려와 앞좌석 의자를 뒤로 젖히고 잠을 청했다. 그러나 잠이 잘 오지 않았다.

다섯 시쯤 되어 아내가 혹시나 싶어 병실로 올라 가보니 엄마는 엘

리베이터 입구에서 기다리고 있었다. 같은 병실 옆 침상 환자의 보호자가 아들과 며느리 같은 사람이 왔다갔다고 말해주어 네 시경부터 나와 찾아보았으나, 찾지 못해 엘리베이터 앞에서 한 시간 넘게 기다리신 것이다.

우리는 다른 사람에게 방해될까 봐 병원 입구 대기실로 자리를 옮겨, 지난주에 있었던 이야기와 다른 여러 가지 이야기를 나누었다. "아이고 나는 살 만큼 살아서, 죽어도 괜찮은 데, 나 때문에 애비, 애미가 이렇게 밤중에 차 운전해서 오면 위험한데"라며 엄마는 나와 아내를 걱정하였다.

우리는 아침 식사 후 병원의 외출허가를 얻어 부산 외숙모댁을 향해 출발했다. 가는 도중 갑자기 창원에 있는 막내 여동생이 생각났다. 엄마가 이번에 못 가면 영원히 못 갈 것 같은 생각이 들었다. 엄마에게 "엄마 가다가 창원 숙이 집에 한번 가보고 갈까요?"하고 물었더니 "그러면 좋지"라고 하였다. 그래서 막내 여동생에게 전화해서 주소를 받았다. 매제는 최근까지 직장 생활을 하다 퇴직하고 새로 슈퍼를 개업했는데 나와 아내는 한 번도 가보지 못했다. 그래서 우리는 개업식에 가보시 못한 것에 대해 미안해하고 있었다. 엄마를 모시고 이번에 방문하게 되어 참 좋은 기회가 된 것이다.

동생 내외가 하는 슈퍼는 쉽게 찾을 수 있었으나, 매제와 동생은 굉장히 바빴다. 우리는 아무런 계획 없이 갑자기 방문하다 보니 아무런 선물 준비를 할 수가 없었다. 그러나 동생이 슈퍼를 하고 있으니 다른 집에서 선물을 사서 줄 수도 없었다. 아내는 미안해하며 자신이

끼고 있던 비치 반지와 팔찌를 여동생에게 주는 것으로 선물을 대신했다. 동생 부부가 열심히 사는 것을 보니 고마웠다. 엄마는 자신의 막내딸이 열심히 사는 것을 보시고는 편안한 마음으로 만족해 했다. 동생 내외가 너무 바쁘고, 또 우리는 부산 외숙모와 점심 약속도 있어 창원에서 출발했다.

■ **마지막 친정 나들이**

우리는 예정보다 조금 늦은 오후 1시경 외숙모댁에 도착했다. 나는 외숙모를 정말 오랜만에 만났다. 우리는 준비해간 선물을 외숙모에게 드리고, 이런저런 이야기를 나누었다. 외숙모는 "엄마가 지난해 할아버지 제사 때에 오셨을 때는 건강하셨는데" 하시면서 엄마의 건강을 많이 걱정하셨다. 엄마는 특별한 경우는 제외하고는 매년 외할아버지 제사에 참석하셨다.

외숙모는 건강이 좋지 않으셨다. 젊은 시절에 외삼촌이 돌아가시자 시골에서는 자식들 공부를 시킬 수 없다고 판단하여 부산으로 나왔고, 해보지 않은 장사가 없을 정도로 고생을 많이 하셨다. 지금은 다리도 불편하고 고혈압으로 병원에서 치료를 받고 있었다. 그러나 자식 넷이 외숙모의 바람대로 잘 커 준 것을 외숙모도 엄마도 고맙게 생각하고 있었다.

우리는 외숙모가 잘 알고 있는 식당으로 식사하러 갔다. 엄마와 외

숙모는 아주 맛있게 식사를 하면서 오랫동안 많은 이야기를 나누었다. 식사 후 다시 외숙모를 집에다 모셔 드렸다. 외숙모는 "집에 가서 쉬었다 가자."라고 하셨지만 우리는 "엄마가 피곤해 하시니 그냥 가겠습니다."라고 했다. 엄마와 외숙모 두 사람은 서로 포옹으로 이별의 인사를 했다. 엄마는 "아이고 자네가 없는 집에 시집와서 고생 많았다. 그리고 자식들 잘 키우고 집안을 일으켜 주어서 고맙다."라고 마지막 인사를 했다. 외숙모는 말없이 그냥 엄마를 안았다.

■ 엄마의 기도

엄마는 우리가 함께 계획한 여러 가지 일들을 잘 마무리 하고 있었다. 자신의 뿌리를 찾아 이별 의식을 잘 치르고 계신 것이다. 우리는 병원을 향해 출발했다. 내가 준비해 둔 음악을 틀자 엄마는 곧 잠이 들었다. 한참 후 엄마는 잠에서 깨어나셨다. 그때 나는 엄마에게 "엄마 병원에 계시면 낮에는 무얼 하셔요?"라고 물었다. 엄마는 "텔레비전을 볼 때도 있고, 또 기도도 한다."라고 하셨다. 내가 "엄마 무슨 기도 하세요?"라고 물었더니 엄마는 "자식들 잘되고 건강 하라고 기도하지 뭐" 하며 웃었다. 나는 웃으면서 "엄마 혹시 하늘나라에 가시면 저희들이 잘 되게 좀 보살펴 주이소"라고 말했다. 엄마는 "응 당연히 그래야지. 내가 맨날 기도하는 것이 그것인데 뭐"라고 하셨다. 엄마의 그 말에 우리는 함께 웃었다.

나는 "엄마, 내가 엄마 해외여행 시켜드린다고 약속했는데, 그 약속 지키지 못해서 어떡해요? 이제는 엄마 몸이 아파 갈 수도 없으니, 엄마 죄송해요."라고 말했다. 그러자 엄마는 "아이고 괜찮다. 올해, 우리 놀러 많이 갔는데 뭐"라고 하셨다. 그리고 나는 "엄마, 살아오면서 제가 엄마한테 잘 못한 것 너무 많은데 어떻게 해요, 엄마 제가 잘못한 것 다 용서해 주세요."라고 말했다. 엄마는 "아이고 없는 집에 태어나, 하고 싶은 것 못 해주어서 내가 미안하다"라고 하셨다. 우리는 잠시 침묵했다. 나는 눈물이 나서 더이상 말을 할 수가 없었다. 그러는 사이 병원에 도착했다. 장례가 끝난 후 우리는 엄마의 방에서 엄마의 기도서를 펼쳐 보았다. 기도서 중 '자녀를 위한 기도'에는 책갈피가 끼워져 있었고 새까맣게 손때가 묻어 있었다. 자식을 위한 엄마의 기도는 하늘나라에서도 영원히 계속될 것이다.

■ **사랑하는 손자와 하룻밤**

그 주에 나와 아내는 중요한 약속이 있어 엄마에게 갈 수가 없었다. 그래서 아들에게 할머니 병원에 갈 수 있느냐고 물었더니, 그는 갈 수 있다고 했다. 나는 아들에게, 할머니의 병세가 위중하니 잘 해드리고 오라고 당부했다.

엄마는 손자를 엄청나게 좋아해서 손자가 해 주는 것을 무엇이든 좋아하셨다. 그중에서도 손자가 사다 주는 순대를 굉장히 좋아했다.

서울 우리 집에 오시면 아들 준이는 가끔 순대를 사가지고 와서 할머니와 같이 먹곤 했다. 엄마는 손자가 사다 주는 순대가 세상에서 제일 맛있다고 했다. 그래서 준이는 지금도 할머니가 제일 좋아하는 것은 순대라고 생각하고 있다.

엄마는 준이와 많은 추억이 있다. 준이가 초등학교에 입학할 때와 졸업식에 같이 갔고, 중학교 졸업식에도 참석해서 손자 졸업 축하해 주고 갖고 싶은 것 사라고 용돈도 주었다. 손자가 학교 대표로 축구 경기를 할 때, 엄마는 아내와 함께 경기장에 응원하러 가곤 했다. 응원을 온몸으로 하고는 몸살을 하기도 했다. 엄마는 여전히 손자가 축구를 누구보다도 제일 잘한다고 생각하고 있다.

아들 준이는 자신의 여자 친구와 같이 병원에 계신 할머니한테 가면서 그날도 순대를 사 가지고 갔다. 엄마는 손자가 사준 순대를 누나와 동생에게 자랑했고, 그 순대 이야기는 엄마가 돌아가실 때까지 계속 화제가 되었다. 엄마는 손자를 보는 것만으로도 기분이 좋아지신다. 누나와 동생들이 "엄마, 엄마한테 준이는 무엇이에요?"라고 물어보면 "내가 준이를 보는 것은 보약 먹는 것이다."라고 했다. 그 말에 온 가족들은 크게 웃었다. 아들과 그의 여자 친구는 병원에서 할머니와 주말을 보내고 서울로 올라왔다.

■ **불효를 효자로 만들다**

한 주가 지나 금요일 오후 나와 아내는 자동차로 병원에 갔다. 평소와 같이 아내는 엄마를 목욕시키고 옷을 갈아 입혔다. 그리고 병원 외출허가를 받아 병원을 나서려는데 아내의 친구가 병원 앞에 왔다. 우리는 아내 친구와 같이 넷이서 함께 삼천포로 갔다.

지난번에 삼천포에 갔을 때, 엄마가 기운이 없어 잘 걷지 못해 이번에는 병원 휠체어를 가지고 갔다. 엄마를 휠체어에 태워 시장 곳곳에 갈 수 있으니 아주 좋았다. 아내와 그 친구는 활어가게에 가서 생선회 할 생선을 고르고 있는 동안에 나는 엄마를 휠체어에 태워 바닷가와 시장을 구경했다.

시장에서 장사하시는 분들과 지나가는 분들은 나에게 휠체어를 타신 분이 누구냐고 물었다. 나는 "저의 어무이입니다."라고 대답했다. 그분들은 나에게 고맙다고 인사를 했다. 장사하는 어떤 할머니는 엄마의 개량한복 옷깃을 만져보고 엄마의 나이를 묻기도 했다. 세상에 자기 엄마 모시고 시장 구경하는데 뭐가 고마운지? 엄마는 나에게 자신의 모든 것을 주었는데 나는 엄마가 힘이 없어 휠체어 한번 태워 드린 것밖에 없는데! 한 구순 쯤 되어 보이는 할아버지 한 분은 오셔서 나와 잠시 이야기를 나누고 내 손을 잡고 "아이고, 고맙소."라고 했다. 사람들의 인사를 듣고는, 나는 속으로 '엄마, 이 못난 불효자에게 휠체어를 밀수 있는 시간을 주신 것 정말 고맙습니다. 그리고 철들게 해주셔서 고맙습니다.' 라고 말했다.

■ 삶의 마무리는 비우는 것

　금요일 오후 아내와 나는 병원에 갔다. 엄마는 한 주 동안에 몸이 많이 수척해지셨다. 배를 만져보니까 많이 딱딱해져 있었고, 나는 엄마와의 이별이 시간이 점점 다가오고 있음을 느꼈다. 엄마와 나 그리고 아내, 셋이서 삼천포로 갔다. 우리는 평소와 같이 아내는 생선회를 사러 가고, 나는 엄마의 휠체어를 밀고 다니며 시장구경을 했다. 회가 다 준비되어 우리는 매번 갔던 식당으로 들어갔다.

　식사 후 엄마는 아내에게 시골에 있는 것 하나하나를 인계하는 이야기를 했다. 매실진액, 된장, 간장, 고추장은 어디에 있고, 뒤주에는 벼가 몇 가마 있으니 엄마는 자신이 죽더라도 아내에게 알아서 처리하라고 부탁했다. 그리고 큰방 방바닥 자리 밑에 돈 30만 원이 있으니 손녀가 고시 합격하면 현수막 달아 주라고 부탁했다.

　그리고 "애비야 오늘은 내가 밥을 사마" 하고는 나에게 돈을 주시면서 계산하라고 했고, 나는 엄마의 뜻을 따라 밥값을 계산했다. 나는 엄마가 준 돈으로 계산하면서 눈물이 핑 돌았다. 엄마는 자신의 삶이 얼마 남지 않다는 것을 아시고 오늘은 마지막으로 자신이 밥값을 계산하시는 것이다. 오늘의 이 식사는 엄마가 우리에게 베푸는 마지막 만찬이라는 것을 말하지 않아도 엄마와 우리는 알고 있다. 그리고 엄마는 "애미야 이 돈은 내가 가진 돈 전부다" 하면서 자신이 가지고 있던 돈 십이 만원을 아내에게 주었다. 아내는 "어무이 이 돈 다 저한테 주시면 어무이 쓰실 돈 없으시지 않으셔요? 그냥 넣어 두셔요."라고 했다. 엄마는 "애미야 나는 이제 돈이 필요 없다. 이제는 내가 천하를 가져도 소용이 없다는 것을 나는 잘 안단다." 하시며 웃으셨다. 아내는 "어무이 이 돈은 어무이가 마지막으로 저에게 주는 의미 있는 돈이니 제가 받겠습니다. 저는 어무이가 주신 것에다 동그라미를 많이 붙여서 준이에게 넘겨줄께요."라고 말했다. 엄마는 "그렇게 해주면 고맙지."라고 하였고, 우리는 같이 웃었다.

그리고 엄마는 "올해 우리 정말 회 많이 먹었다. 아이고, 평생 먹은 것보다 더 많이 먹었네. 그리고 구경도 많이 하고" 하시며 흐뭇해하셨다. 아마 회를 먹은 것보다는 아들, 며느리와 함께 한 시간을 고맙게 생각하고 그렇게 표현하셨을 것이다.

엄마는 오늘 자신이 밥값을 지불하고 자식에게 자신이 가진 모든 것을 인계하시고는 한결 홀가분해 하시는 것 같았다. 엄마는 자신이 계획한 대로 또 하나의 마지막 정리를 하셨다.

■ 마지막 마무리는 철저히

삼천포에서 출발하여 병원으로 돌아오는 도중, 엄마는 갑자기 시골집으로 가자고 했다. 차가 시골집 앞에 도착하자 엄마는 갑자기 바빠졌다. 차를 세우고 뒤 트렁크에서 휠체어를 꺼내려는 사이에 엄마가 차 문을 열고 나와 급히 차 문을 닫다가, 차 문에 얼굴을 긁혀 피가 났다. 내가 "엄마 얼굴에 피가 나는데요." 하며 차에 있던 일회용 밴

드를 붙여 드렸다. 내가 휠체어를 앞에 대며 "엄마 타세요." 했더니 엄마는 "휠체어 필요 없다." 하시며 지팡이를 짚고 집 안으로 급히 들어갔다. 갑자기 힘이 나신 것이다. 엄마는 먼저 큰 방으로 가서 장롱부터 정리하면서 아내에게 하나하나 설명했다. 그리고는 큰방 장판 밑에 넣어두었던 30만 원을 찾아 아내에게 주면서 손녀 고시 합격하면 현수막 달아 주라고 하였다. 아마 그 돈은 엄마와 같이 오지 않고, 나와 아내만 왔더라면 찾지 못했을 정도로 아주 깊숙이 숨겨져 있었다. 그다음 부엌으로 가서 냉장고 안에 있는 것부터 하나하나 아내에게 설명해 주었다. 엄마는 단순히 설명하는 것이 아니고 자신과 평생 함께했던 모든 것과 이별의식을 하고 있는 것이었다.

그다음 작은방, 광, 장독대, 뒤지 순으로 다니면서, 이 매실은 재작년에 담은 묵은 것, 이것은 올해 담은 것이고, 이것은 매실 식초이고, 이것은 매실 장아찌, 이 독은 고추장, 고춧가루, 참깨, 마늘 등 아내에게 하나하나 설명하며 인계를 했다. 그리고 마지막으로 그늘에 매달아 둔 오가피, 민들레 등 약초 말린 것을 보여 주시고는 "아이고 올해는 이걸 내가 달여 줄 수가 없네, 이것은 나중에 애미가 가서 달여 먹어라."라고 말했다. 그리고는 "아이고 이세 됐나."라고 하시면 편안해하셨다.

엄마가 아내에게 인계한 것은 하나도 단순한 것이 없다. 하나하나가 엄마의 삶이요 인생이다. 그 매실은 그 옛날, 아무도 매실 진액을 먹지도 않을 때 엄마는 매실 진액 담는 법을 터득해서 자신이 매년 직접 담가, 자식들에게 손수 갖다 주거나 택배로 보내 주었다. 언제 매실을 따야 하고, 매실과 설탕 비율은 얼마로 하고, 담근 지 얼마 후 매실을 건져야 하는 것을 엄마는 정확히 알고 있었다. 어떻게 배웠는지는 잘 모르지만 엄마는 그냥 감으로 몸으로 알고 있었다. 그리고 매실식초도 아무도 만들지 않을 때 자신이 만들어서 자식들에게 보내 주셨다. 그리고 엄마가 또 잘하는 것 하나가 있다. 엄마는 청국장의 장인이다. 그 냄새 나는 맛있는 청국장을 만들어 보내 주셨는데 이제 엄마표 청국장은 맛볼 수 없게 된 것이다. 또 엄마가 잘하는 것 동동주도 이제 멀리 지난 추억 속에서나 먹을 수 있게 되었다.

마지막으로 엄마가 준 선물

■ **마지막까지 자식을 위해 희생**

우리는 병원으로 돌아와 엄마와 한 참 동안 이런저런 이야기를 했다. 그러다가 엄마는 "애비야 이 병원에는 영안실이 없냐?"라고 물었다. 내가 "엄마 왜 그러세요?"라고 물었더니 "엊그제 병원에서 누가 죽었는지 우는 소리가 났는데, 사동차로 싣고 나른 데로 가더라."고 말씀하셨다. 나는 "아이고 엄마 병원이 작아 걱정이 되어서 그러세요? 걱정하지 마세요. 제가 진주에서 제일 큰 병원으로 옮겨 드릴게요."라고 대답했다.

나는 누나를 만나 "누나, 엄마가 큰 병원으로 옮기길 원합니다. 누나가 엄마를 진주의료원에 내일 입원할 수 있도록 해 주세요. 간병인은 경희에게 알아보라고 할게요." 하고 부탁했다. 그리고 여동생에게 진주의료원 입원실 및 간병인에 대해 알아보고 내일 입원할 수 있도록 하라고 전화했다.

그다음 주, 동생에게 전화해서 엄마 병원을 옮겼느냐고 물었더니, 동생은 엄마가 누나 집에 있다고 말했다. 나는 바로 누나에게 전화해서 왜 병원을 옮기지 않았는지 물어보았다. 그랬더니 누나는 자신이 엄마에게 "엄마, 3일만 우리 집에 있는 것이 소원이니 엄마 그렇게 해주세요." 하고 부탁했으며, 엄마가 그렇게 하는 것을 허락하여 자신의 집에 있게 되었다고 했다.

매형과 누나는 이십여 년 전 신앙적 문제로 부부가 심하게 싸웠고 이 때문에 그 후 매형은 엄마를 찾아보지 않았다. 자신들이 부부 싸움 후 몇 년간 엄마에게 들리지 않다 보니 그냥 시간이 지나간 것이다.

이에 대하여 엄마는 매형을 별로 좋게 보지 않았다. 엄마는 언젠가 한번 "싸웠으면 지들끼리 싸웠지, 내하고 싸웠나. 나한테 그러면 되나, 부부가 살다 보면 싸울 때도 있지."라고 말한 적이 있었다. 그러나 엄마가 병원에 입원하고 나서 매형과 누나가 주야로 엄마를 돌보다 보니 많이 누그러지셨다.

엄마는 누나 집으로 가게 된 이유를 나에게 말해 주었다. 엄마는 누나 집에 가고 싶지 않았지만 자신이 조금 희생하면, 누나와 매형이 잘 화합할 기회가 되지 않을까? 하여 가게 되었다고 했다. 누나가 자신의 집에 3일만 있는 것이 소원이라고 하였으며, 엄마는 죽기전에 소원이라도 들어주자 하여 누나 집에 가게 되었다고 하였다. 누나는

누나대로 자신 때문에 속이 상했을 엄마를 생각해서 단 3일 만이라도 자신의 집에 엄마를 모시고 싶어 그렇게 했던 것이었다.

우리는 밤늦게까지 많은 이야기를 했다. 그러다 내가 엄마에게 "엄마, 이제 매형도 용서하는 것이 좋지 않아요?"라고 물었다. 엄마는 "나는 이미 다 용서했다. 내가 미워하는 마음이 있었다면 그 집에 갔겠냐? 순이나 최 서방이나 지난 것은 지난 것이고 앞으로 잘 살았으면 좋겠다. 나쁜 것은 내가 다 가져가면 되지"라고 말했다. 엄마는 참 생각이 깊은 분이었다.

나는 엄마에게 내일 진주의료원으로 옮기게 되었다고 이야기했다. 그리고 "엄마, 걱정하지 마세요. 그 병원은 새로 지어 깨끗하고 의사도 많고 병원도 아주 큽니다."라고 말했더니 엄마는 "그래" 하시며 다소 안심하며 편안해 하였다.

■ **마지막으로 전해 준 지혜**

우리는 엄마가 투병하는 동안 매주 가족이 함께 갈 때도 있었고 또는 각자 개별적으로 엄마와 함께하는 시간을 가졌다. 그렇게 하여 그동안 할 수 없었던 가족 간의 진실한 대화를 참 많이 나누었다. 엄마의 병환은 우리 가족에게 가족의 의미, 우리 가족 간의 관계와 함께 공유해 왔던 과거의 기억과 모든 것에 대하여 서로 터놓고 이야기할 수 있는 귀중한 시간을 갖게 해 주었다. 행복했던 시절과 불행했던 시절을 회고하면서 우리는 함께 울고 웃었다.

나는 엄마의 투병기간 동안 거의 모든 문제를 아내와 의논하여 방향을 정하고 그때그때 사안에 따라 서로 적당히 역할을 나누어 주변 사람과 의논하고 알렸다. 엄마 또는 가족 간에 협의하고 의사 결정을 할 때는 주로 내가 그 역할을 맡았고, 부드러운 대화가 필요할 때는 아내가 그 역할을 훌륭히 해 주었다.

그리고 아들과 딸도 엄마와의 이별을 준비함에 있어 나를 적극 이해하고 지원해 주었다. 특히 아들 준이는 이번 엄마의 투병과 그리고 장례를 치르면서 생각과 행동에 큰 성장을 한 것 같아 매우 고맙고 든든하다.

엄마는 자신의 죽음을 통하여 나와 우리 가족에게 많은 깨달음을 찾게 해 주었다. 그리고 각자 삶에 대해 성찰할 기회를 마련해 주었고, 자신과 더불어 살아가는 주변에 대한 배려에 깊이 생각할 수 있게 해 주었다. 되돌아보니 엄마에게서 너무 많은 것을 받은 것 같다. 가족의 소중함, 용서, 배려, 사랑, 인내, 기다림 등 어떤 것보다 소중한 것들이다. 매주 병원을 가면서 혼자 생각을 할 수 있는 시간을 가질 수 있어도 좋았지만 가족과 대화할 수 있는 기회를 갖게 되어 아주 좋았다.

무엇보다도 엄마가 일생을 통하여 만난 가장 어려운 도전인 죽음에 맞이하여 보여주신 삶과 죽음에 대한 지혜는, 남은 우리 가족 모두가 어떻게 살아가고 죽음을 맞이해야 하는지에 대한 지표가 되리라 믿는다.

■ 엄마가 아들과 손자에게 준 화해와 용서의 기회

사실 나와 아들과는 보이지 않는 벽이 있었다. 그 문제의 시작은 오래전으로 거슬러 올라간다. 아들은 중학생이었을 때 PC게임을 엄청나게 좋아했다. 중학교 때에 프로게이머 대회에 나가 준준결승에 올라갔던 적이 있을 정도로 게임에서는 실력이 출중하였지만, 학교 공부는 소홀히 하였다. 그때 나는 그렇게 하는 것에 대하여 이해를 할 수 없었고 그 문제로 우리는 자주 다투었다.

나중에 아내에게서 들은 이야기이지만 아들은 프로게이머 대회 지역 예선을 거쳐 개인전과 단체전 모두 본선에 출전하였고, 본선 게임은 텔레비전 중계가 있다고 하여 새벽에 일어나 계속 거울을 보고 인터뷰 준비도 했다고 했다. 하지만 그는 준준결승에서 당시 게임계의 지존 쌈장을 만나 패했다.

아들은 그 후에도 컴퓨터에 집중하였다. 고등학교 학생이었던 2002년 한국 월드컵 경기 때에는 경기장 입장권 해외 판매 입찰에 참여하여 국내 인터넷 사이트에 다시 파는 것으로 이미 수익을 얻고 있었으며, 자신은 친구들을 데리고 서울 상암, 인천, 수원 등의 경기장에서 직접 경기를 보았다고 했다. 그 대가로 그는 학교 선생님에게 엄청나게 혼이 났다고 했다. 그 입장권의 값은 한 장에 오십만 원이 넘었다는 것을 나중에 알았다. 그때 나와 아내는 잠실운동장 전광판을 보고 경기를 응원했다.

그 후 그는 대학을 다니다 군대에 입대하였고, 신병 훈련을 마치고 포병으로 강원도 최전방에 배치를 받았다. 자대 배치 후 한참 뒤 휴가를 나왔을 때 요즘은 군대에서도 전군 프로게이머 대회가 있다는 것을 나는 처음 들었다. 각 사단에 세 명씩 선수로 출전하여 경기한다고 했고, 자신이 그 선수 중의 한 명이라고 했다.

  내가 아들을 잘 이해하지 못했던 것은 나의 삶과 연관되어 있을 것이다. 나는 시골에서 태어나 일찍 아버지를 여의고 어려운 환경에서 가장으로서 가족을 책임져야 한다는 부담감이 항상 있었기 때문이다. 당시 내가 서울이라는 낯선 환경에서 적응하기 위해서는 다른 사람보다 열심히 공부하는 것밖에 없었다. 나는 내가 살아온 환경과 달라진 세상을 잘 알지 못했고 학생이 공부 이외에 다른 것을 하는 데에 대해 이해를 하지 못했다. 아들은 자신을 이해하지 못하는 부모를 원망했고 그러는 동안 우리의 대화 기회는 점점 멀어져 갔다. 나와 아들은 엄마의 병환을 계기로 서로 대화의 시간을 가지게 되었으며, 점차 조금씩 서로 이해하게 되었다. 서울에서 진주까지 네 시간 동안 좁은 공간 속에서 가족 간의 대화를 할 수 있었던 것은 엄마가 마련해준 귀중한 시간이었다. 평소 하지 못했던 진지한 대화를 갖고 서로 많이 이해하게 되었으며 용서하고 화해의 기회가 된 것이다.

  그동안 나는 삶의 유한성에 대하여 깊이 생각하지 못하고 살아왔다. 그러나 엄마와 투병을 함께하면서 많은 생각을 하게 되었다. '내가 만일 내일 죽는다면? 나는 어떤 기분일까? 아들은 나를 어떻게 생각할까?' 하고 생각해 보았다. 만약 이렇게 삶이 끝나게 된다면, 우리 둘의 관계에 대해 큰 상실과 후회의 감정을 갖게 될 거라는 생각도 들

었다. 또 우리가 서로 사랑하고 살아갈 수 있는 날들이 그렇게 길지 않다는 것도 생각하게 되었다. 세상의 모든 것 하나하나가 다르게 보이면서 평소에 당연하던 것도 감사히 받아들이게 되었다.

아들의 장점과 잘하고 있는 점을 찾아보기 시작했다. 그는 고도의 집중력과 원만한 인간관계 등 많은 장점을 가지고 있었다. 그리고 그는 지금까지 살아오면서 나와 우리 가족에게 많은 행복을 주었다. 나는 그가 가진 많은 장점을 보지 못했던 것이다. 세상을 살아가는 데는 정답이 없고 자신이 좋아하는 것을 즐기며 사는 것이 행복인 것을 몰랐다. 나와 아들은 엄마가 우리에게 베풀어 준 용서와 화해의 메시지를 가슴에 새기고 앞으로의 삶을 살아갈 것이다.

신앙의 마무리

　엄마의 건강은 점점 쇠약해지고 있었다. 나는 엄마의 병자 성사를 정신이 맑을 때 해야겠다고 생각했다. 그래서 나는 두 주 전 막내 여동생에게 문산 성당 수녀님과 협의해서 엄마의 병자 성사 일정을 잡도록 부탁했다. 나와 아내가 엄마의 병자 성사에 참석하겠으니 성사 일정이 결정되는 대로 알려달라고 부탁했다.
　그러나 시골에서는 농번기와 벌초 시기가 겹쳐 신부님 일정이 잘 잡히지 않았다. 그러던 중 갑자기 일정이 잡히게 되었다고 바로 그날 전화가 왔다. 서울에서 출발하더라도 우리는 참석 할 수 없는 시간이었다. 그래서 나는 우리가 참석 못하더라도 신부님 모시고 엄마의 병자 성사를 잘하라고 동생과 매제에게 부탁했다. 신부님과 수녀님, 그리고 참석하신 다른 분들에게 작지만 선물을 준비해 누나에게 맡겨

두었으니 감사의 인사를 잘 전하라고 부탁했다.

  나는 오후에 동생에게 전화해서, 엄마가 어떻게 병자 성사를 잘하셨는지 물어보았다. 엄마는 신부님이 병원으로 찾아와 주신데 대해서 감사하며 고맙다고 여러 번 인사했으며 함께 해주신 여러분에게도 감사를 표했다고 했다. 병자 성사를 마치신 엄마는 심적으로 더욱 안정을 찾고 매사를 더욱 감사한 마음으로 받아들였다.

마지막 이별의 장소

아침 일찍부터 진주의료원 의사와 사전예약을 하고 간병인은 동생이 연락해 두었다. 내가 엄마에게 "진주의료원 가기 전에 삼천포에 바람 쐬러 가실까요?"라고 물었더니 "그래 가자"라고 하셨다. 그러나 엄마가 기운이 없고 힘들어하셔서, 우리는 죽집으로 가서 전복죽 한 그릇씩 먹고 진주의료원에 가서 진료를 받게 되었다. 나는 담당 의사를 만나 엄마의 의료가치관에 대해 이야기하고, 의사로부터 엄마의 병 예후에 대한 설명을 들었다. 진주의료원 의사가 진단 한 결과도 다른 병원과 거의 같았다. 나는 의사에게 엄마가 생을 잘 마무리 할 수 있도록 도와 달라고 부탁했다.

그리고 입원 절차를 밟고 입원 병실로 갔다. 우리가 병실에 도착하니 여동생이 잘 아는 분이 간병인으로 왔다. 병원의 시설은 새로 지은

건물로 아주 훌륭했다. 엄마는 바뀐 병원의 시설과 주변 환경에 대해 만족해 하였다. 엄마는 아침부터 퇴원하고 새로운 병원에서 의사를 만나고 진찰을 받는 일로 피곤해하시며 잠이 들었다.

우리는 간병인에게 엄마가 병원에 계시는 동안 잘 도와달라고 부탁하며 우리가 준비한 작은 선물을 드렸다. 우리는 엄마를 도와주시는 간병인과 누나에게 잘 도와 달라는 인사를 하고 서울로 돌아왔다.

아침, 저녁으로 간병인, 누나나 동생의 전화기로 엄마와 통화를 하였지만 엄마의 목소리에 힘이 없고 발음이 정확하지 못했다. 엄마의 고통이 점차 심해진다고 전해 들었다.

지난 토요일 다녀왔지만 걱정이 되어 다시 9월 첫 월요일에 나와 아내는 급히 병원으로 다시 갔다. 엄마 손에 장갑이 끼워져 있었고 손을 붕대로 감아 두었다. 엄마가 고통으로 갑갑해하며 링거액 등 수액 주사기를 빼내서, 이를 방지하기 위하여 그런 조치를 해 두었다고 했다. 눈물이 핑 돌았다. 우리는 붕대를 풀고 휠체어로 엄마를 모시고 병원 주변을 돌며 이야기를 나누었다. 엄마는 고통이 있으면서도 우리와 함께 이야기하는 것을 좋아하셨다.

나는 의사와 간호사에게 진통제를 많이 사용하여 설사 엄마가 빨리 돌아가셔도 관계없다는 것이 엄마와 우리 가족의 생각이니 고통을 완화 시켜 달라고 부탁했다. 그리고 간병하는 분에게도 엄마가 고통을 느끼면 바로 간호사에게 연락해 고통을 덜 받게 도와 달라고 부탁했다.

마지막 식사

9월 12일, 그날은 추석날이었다. 나와 아내 그리고 아들, 우리 셋은 아침 일찍 서울에서 출발하여 병원에 도착했다. 엄마의 얼굴은 수척하고 기력이 많이 떨어졌지만 정신은 맑았다. 우리는 엄마를 휠체어에 태워 병원 뒤뜰로 나갔다. 병원 주변은 가을이 깊어가고 있었으며 햇살이 아주 맑았다. 엄마는 병원 뒤뜰에서 우리가 서울에서 준비해간 콩나물국과 죽으로 식사했다. 기운이 없어 직접 드시지는 못했지만, 꽤 많이 드셨다. 엄마는 "애미야, 콩나물국이 참 시원하구나. 내가 먹고 싶을 걸 어떻게 알고" 하시며 만족해하셨다. 아내는 "어무이 또 잡수시고 싶은 것 없으세요?"라고 물었다. 엄마는 "이제 없다. 많이 묵었다."라고 하셨다.

식사 후 우리는 엄마의 휠체어를 밀고 병원 뒷길을 걸으며 엄마에게 가을을 맞아 무르익은 주변 논밭에 있는 곡식과 꽃에 대해 설명했다. 우리는 병원 장례식장 앞을 지나면서 "어무이, 저기가 병원 장례식장입니다."라고 말했다. 엄마는 "그래, 크고 깨끗해서 좋네. 이제 병실로 가자, 쉬고 싶다."라고 하셨다.

그런데 엄마는 병실로 돌아오는 도중 조금 전에 먹은 것을 다 토했다. 아들이 물을 떠 가지고 와서 엄마를 씻기고 휴지로 닦고는 우리는 병실로 돌아왔다. 병실로 돌아와 엄마의 옷을 을 갈아입히고 편하게 눕혀 드렸다. 잠시 후 간호사가 병실로 들어와 고통완화 진통제를 주사하고는 지금부터는 금식에 들어갑니다."라고 말했다. 오늘 아침 잡수신 식사는 엄마가 이승에서 한 마지막 식사였다. 짧지도 길지도 않았던 구십 년의 시간, 한때는 먹을 것이 없어 먹지 못했고 이제는 있어도 먹을 수 없으니 이것이 우리의 삶이지요.

엄마의 환영(幻影)

나, 아내와 아들은 집에서 준비해간 오곡밥을 병원 뜰 벤치에서 먹고 병실로 돌아왔다. 추석을 맞아 일시 퇴원을 한 환자가 많아 병원은 평소와 달리 한적했다. 아내와 나는 엄마 침대 옆에 앉아 엄마와 손을 잡고 이런저런 이야기를 했다. 엄마는 고통이 있었지만 정신은 맑았고, 하고 싶은 말을 또렷하게 잘하셨다.

엄마는 "이젠 내가 죽을 때가 된 모양이야. 어제 너그 아부지가 찾아 왔더라."라고 말씀하셨다. 아내는 "어무이, 아버님이 뭐라고 했어요?"라고 물었다. 엄마는 "같이 자자하시며 옆에 누우라고 하데."라고 말했다. 다시 아내가 "아버님이 어떤 옷을 입어셨어요? 라고 물었다. 엄마는 "응 생전에 잘 입던 흰 모시 바지저고리를 입었던데"라고 하였다. 내가 "엄마, 아버지 만나니까 좋았어요?"라고 물었더니 "그

래, 좋았어."라고 말했다. 내가 다시 "엄마, 아버지가 가실 때 뭐라고 하셨어요?"라고 물었다. 엄마는 "이제 됐다, 가자. 그러데"라고 하시며 편안해 하셨다. 임종을 앞두고 아버지의 환영이 엄마에게 나타난 것이다.

마지막 이별 의식

나는 엄마에게 "엄마 오늘 추석인데 누구 보고 싶은 사람 있으셔요?"라고 물었다. 엄마는 "윤이가 저그 애비, 애미 제사 지내려 추석에 왔는지 모르겠네?"라고 하셨다. 내가 "엄마, 윤이 오라고 그럴까요?"라고 물었더니, 엄마는 "그래"라고 하셨다. 나는 조카에게 전화해서, 할머니를 한번 만나보는 것이 좋겠다고 말했다. 윤이는 큰 누나의 둘째 아들인데 두 달 전 결혼해서 신혼이었다. 윤이는 결혼하기 전에 여자 친구와 함께 엄마에게 인사를 하러 온 적이 있었다. 엄마는 윤이가 부모 없이 결혼하는 것에 많이 마음에 걸려 하셨다. 그리고 신혼여행 후 인사하러 오면 줄 것이라고 간장, 된장, 고추장, 매실을 싸두었으나 조카는 오지 않았고, 엄마는 많이 서운해하셨다.

조금 있으니 윤이 부부, 그의 형 부부와 그의 조카들이 함께 병원에 왔다. 엄마는 윤이와 그의 처에게 "이렇게 와 주어서 고맙다, 그리고 잘 살아라."라고 부탁의 말을 했다. 그리고 큰 외손자 부부와 아이들에게 "형제끼리 우애 있고 건강하게 잘 살아라."라고 말하며 앙상한 가슴으로 자신의 손자와 손자며느리를 안으며 마지막 작별의 인사를 했다. 엄마도 손자도 눈에 이슬이 맺혔다.

오후에는 추석 차례를 마친 누나 내외와 조카들, 동생 내외와 조카들, 여동생 내외와 조카들이 병원에 왔다. 엄마는 기력이 없어 눈을 감고 있었다. 그때 아내가 조용히 엄마 귀에 대고 "어무이 더 만나보고 싶은 사람 없으셔요?"라고 물었다. 엄마는 "없다. 이제 됐다."라고 말했다. 그리고 엄마는 계속 눈을 감고 계셨다.

그날 밤, 동생 내외와 조카들이 엄마 옆에서 있겠다고 말하여, 나는 그렇게 하도록 했다. 큰조카는 중학생, 작은 조카는 초등학생으로 할머니의 죽음을 함께 하는 것이 그들의 삶에 아주 귀중한 시간이 될 것으로 생각하여 그렇게 한 것이다.

추석 다음 날 엄마와 한마을에 살고 있는 친구들과 친척들이 찾아왔지만 잘 구분해서 알아보지 못하였고, 그 이후에는 사람을 못 알아보셨다.

마지막 고통과 이별 준비

엄마가 고통으로 힘들어한다는 전화를 받고 9월 16일 금요일 급히 병원으로 갔다. 엄마는 병세는 지난주보다 상태가 더욱 나빠져 있었다. 그날 밤 병실에서 엄마와 같이 있었으나 엄마는 고통으로 거의 잠을 이루지 못했다. 어떻게 해 드릴 수 있는 방안이 없었다. 힘들어하시면 간호사에게 가서 진통제를 좀 처치해 달라고 하였고, 그러면 간호사는 주사 진통제를 투여했다. 이것이 해 드릴 수 있는 전부였다.

나는 그 다음 날 누나와 동생들에게 "엄마가 오래 사시지는 못할 것 같다. 그러니 하나, 하나 준비를 하자"라고 말했다. 그리고 내가 생각하고 있었던 장례 계획을 구체적으로 가족들에게 말해 주었다. 누나와 동생들에게도 장례기간 동안과 삼우제까지 상주들이 입고 먹고 할 생활필수품 즉 속옷, 양말, 칫솔 등을 준비하도록 부탁했다. 나는 엄마가 돌아가시면 사무실을 비워야 하므로 일주일 동안의 일 처리를 위해, 그리고 엄마의 장례 준비를 위해 9월 18일 서울로 돌아왔다.

서울에 와서 아내와 아들, 딸에게 엄마와 할머니에게 하고 싶은 말이나 부탁하고 싶은 생각을 담아 편지를 쓰라고 했다. 그 편지는 엄마가 하늘나라에서 우리를 보고 싶을 때 볼 수 있게 입관 시 관속에 넣겠다고 말했다. 한지를 잘라서 편지지와 봉투를 만들어 나누어 주었다. 각자 편지를 써 밀봉하여 나에게 달라고 했다. 나는 엄마에게 편지를 쓰고 마을 입구에서 노제 지낼 때 낭송할 축문을 지었다. 내가 쓴 편지 내용은 엄마에게 지금까지의 불효에 대해 용서를 빌고, 살아오면서 엄마가 나에게 늘 말씀하시던 것을 앞으로 내가 잘 하겠으니 걱정하시지 말고 편안히 가시라는 내용이었다.

아내와 아들, 딸이 쓴 편지의 내용을 나는 알 수 없었지만 다들 자신들이 편지를 밀봉해서 나에게 주었다. 이렇게 해서 우리 가족이 엄마에게 보내는 편지와 노제 축문은 준비가 완료되었다.

나는 엄마가 돌아가시게 되면 알려야 할 부고명단을 최종적으로 확인했다. 물론 아내와 아들에게도 하도록 했다. 신문의 부고 내용도 마무리 확인했다. 정확한 일시만 없을 뿐 나머지 내용을 확정했다. 아들에게도 삼우제를 지내고 오려면 일주일 정도 사무실을 비워야 하니 대비하라고 이야기해 주었다.

영원한 이별의 시간

    9월 19일 새벽 여동생으로부터 전화가 왔다. 의사가 보호자를 급히 찾았고, 여동생은 의사에게 갔다. 의사는 "지금부터 유차덕 할머니는 자가 호흡을 하는 것이 힘듭니다. 더 연명하려면 인공호흡기를 장착해야 합니다."라며 인공호흡기를 장착할 것인지 아닌지 확인 서명을 요청했고, 여동생은 해야 하는지? 하지 말아야 하는지? 긴장하면서 나에게 전화로 물어 왔다. 나는 동생에게 "엄마는 오래 전 정신이 좋으실 때 연명 장치하는 것을 원하지 않으셨다. 그러니 생명연장 장치 시술 거부에 서명해도 괜찮다."라고 말했다. 동생은 나의 전화를 받고 그 서류에 서명했다. 그 이후 엄마는 호흡이 불규칙해졌고 집중 관리실로 옮기셨다. 집중관리실은 임종을 준비하는 방이다. 그래도 이 병원은 최근에 지어진 시설로 죽음을 맞이하는 사람을 위하여

임종을 위한 공간이 마련되어 있었다.

 9월 20일 우리 가족 모두는 집중 관리실에서 엄마와 함께 있었다. 엄마의 고통은 이제 점차 줄어들어 조금 안정을 찾으셨다. 오후가 되면서 엄마는 이제 완전히 고통을 느끼지 못했다. 저녁이 되었어도 엄마의 상태는 평온했다. 하지만 우리 모두 엄마와 이별을 해야 할 시간이 점점 다가오고 있다는 것을 알고 있었다. 10시 40분경부터 서서히 심장박동이 줄어들었고, 엄마는 2011년 9월 20일 밤 10시 50분 자신의 구십 년 삶을 마무리 짓고 자신이 바라던 대로 하느님의 품에 안겼다.

 우리 모두 엄마가 이승에서의 모든 고통과 어려움 다 잊고 평안하게 하느님 나라에 드시기를 간절히 기도했다. 이렇게 하여 나의 수호천사 엄마는 하늘나라로 갔다. 나는 나의 영원한 팬이자 멘토인 엄마를 이승에서는 영원히 볼 수 없게 되었다.

 "하느님 감사합니다. 지금까지 엄마와 함께 하면서 사랑을 나누고 모든 사람들과 용서하고 화해한 후 불러가 주셔서 고맙습니다."라고 기도했다. 엄마가 이십 년 전 교통사고로 돌아가셨더라면 우리는 엄마의 사랑을 알지도 배우지도 못했을 것이다. 엄마와 함께 한 지난 100일은 내가 살아온 육십여 년의 삶보다 길고 보람 있는 시간이었다. "엄마의 사랑을 알 수 있게 해주신 하느님 감사합니다."

엄마의 장례

■ 장례, 삶의 마무리 예식

　우리는 엄마의 시신을 편안하게 하여 바르게 모셨다. 그러는 동안 가족들은 급히 다 병원으로 모였다. 엄마의 자식 중 1세대는 현재 열 명이었고, 시골에 계신 숙모, 부산의 숙모, 사촌들도 바로 모였다.

　우선 병원 장례식장과 연락하여 장례식장을 확인한바 특실 이용이 가능했다. 바로 장례식장을 확정하고 병원의 절차를 거쳐 엄마를 장례식장으로 모셨다. 그리고 이미 수립되어 있는 장례 계획에 의하여 각자 맡은 역할에 따라 진행했다. 문산 성당 연령회와 엄마의 대모님께 연락하고, 상조회사에 연락했다. 각자 부고는 각자가 하고 신문 부고는 서울에 있는 중앙지와 지방지에 하기로 했다. 나는 이미 준비되어 있던 전화로 문자 부고를 보냈다.

문산 성당 연령회와 상조회사에서도 관계자가 병원으로 바로 도착했다. 나는 그분들에게 내가 계획하고 있는 전체적인 장례계획에 대하여 알려 주었다. 연령회와 상조회사의 역할에 대하여 혼란이 없도록 구분 정리해서 이야기하고 장례가 잘 치러질 수 있게 도와 달라고 부탁했다. 장례의식은 성당 연령회 주관으로 하고 상조회사는 차량 및 제반 장의용품을 지원하는 것으로 확정했다.

그런데 갑자기 문제가 발생했다. 삼일장으로 계획하여 그대로 추진할 예정이었으나 문산 성당 주임신부님께서 "엄마가 돌아가신 시간이 밤 10시 50분으로 하루가 이미 거의 지나갔으니 4일장으로 했으면 좋겠다."라는 말을 연령회장으로부터 들었다. 나도 그 말씀도 일리가 있다고 생각했다. 그래서 잠시 고민했다. 그러나 엄마는 오래 전부터 자신의 죽음에 대해 깊이 생각하고 자신의 장례에 대하여도 자신의 뜻을 분명히 하셨고, 그중의 한 가지가 장례기간은 삼일장으로 하라는 것이었다. 그래서 나는 결정했다. 장례기간이 짧아 다소 어려움이 있겠지만 이것도 엄마의 뜻으로 받아들이고 애초 계획대로 삼일장으로 하기로 했다.

■ 장례 주제는 화해와 용서

나는 육십여 년을 살아오면서 수많은 사람의 죽음과 장례를 보와

왔고 참여했지만, 이번처럼 내가 장례 전체를 기획하지는 않았다. 아버지의 장례와 할머니의 장례도 내가 대상이었지만 삼촌들과 집안 어른들이 계획하고 나는 집안 어른들의 지침에 따르면 되었었다. 그리고 장인과 장모님 장례 때에도 나는 장례 준비와 산소 일 등 부분적인 일을 도왔을 뿐이다. 그 외의 많은 장례도 대부분 나는 참여하여 부분적인 일을 하는 되는 그런 장례이었다.

나는 엄마가 암이라는 판정을 받았을 때, 엄마를 편안하게 죽음을 맞이하도록 하는 것도 중요하지만, 장례를 지내는 것도 나에게 사실 중요한 숙제였다. 나는 장례를 지내고 나서 가족이 화목해지는 것보다는 재산 등의 문제로 남은 사람들 간의 사이가 좋이 않은 것을 자주 보아 왔다. 그러나 장례를 잘하면 가족 간에 화목을 다질 기회가 될 수 있을 것 같은 생각이 들었다.

엄마가 병원에 입원하시고 두 달째 들어서는 장례계획을 구체화했다. 이 계획을 위하여 그동안 엄마와 많은 대화를 해 왔다. 엄마는 자신의 장례에 대한 자신의 생각을 빠짐없이 잘 말해 주셨다. 나보다 죽음에 대해 더 많이 알고 있었으며, 죽음에 대해 거의 초월해 있었다. 나는 엄마와 함께 투병하고 장례를 준비하면서 참 많은 것을 배웠다.

장례에 있어 각자 역할 배당이 중요함을 알고 있었기에 각자 역할을 구체화했다. 행정, 재정은 작은 매제가, 장례 의례는 막내 매제, 장례 중의 조문객 접대는 매형이 책임을 지도록 했다. 그 외 수목장 현장, 화장장 현장, 노제 등의 분야별 책임자는 사촌, 숙모, 친척이 맡도록 했다.

장례 계획을 설명하고 각자 업무 역할 배분을 마친 시간은 새벽 다섯 시였다. 나는 시골에 있는 재종 동생에게 전화로 엄마가 하늘나라로 갔다는 것을 알려주었다. 그리고 장지 관련으로 내가 지금 출발하니 수목장 예정지에서 만나기로 했다. 우리는 수목장 현장에서 만났고, 나는 계획 된 묘소 계획을 설명했다. 그리고 작업에 필요한 인력 등 수목장 현장 전부를 그가 책임지고 추진하라고 부탁했다.

그리고 엄마가 살고 계셨던 집에 들러 엄마가 준비해둔 수의, 영정, 상복 등 장례 용품을 챙겨 시골 숙모님과 함께 장례식장으로 갔다. 장례 집행을 위하여 장례식장 관계자, 연령회 관계자, 상조회사 관계자와 협의해 계획을 구체적으로 확정하고 책임자도 지정했다. 장례식장에는 제단이 마무리되고 준비해 두었던 음악을 틀고, 연도를 시작했다.

■ 염습 및 입관

정오경에 가족들은 염습 및 입관 예절에 참여했다. 염습은 문산 성당 연령회에서 주관했는데 아주 정성껏 잘했다. 엄마의 시신을 깨끗이 닦아 흰 종이로 덮어 두었고, 가족이 도착하자 염습을 시작했다. 한국천주교 상장예식에 의한 염습 의식을 했다. 그리고 상주들은 옆방에서 염습 과정을 지켜보면서 기도와 성가를 했다. 염습을 마치고 입관하기 전 가족들은 엄마에게 마지막 인사를 했다.

큰 상주인 나부터 엄마에게 마지막 인사를 했다. 깨끗하게 화장하고 머리를 곱게 빗은 엄마의 얼굴은 평안했다. 나는 엄마의 손을 잡고 "엄마 그동안 수고 많으셨습니다. 이제 먹을 것, 입을 것, 자식 걱정 안 해도 됩니다. 모든 짐 내려놓으시고 고통 없는 하느님 나라로 가셔서 걱정 없이 편히 쉬세요."라고 마지막 인사를 하며 손에 묵주를 걸어 드렸다. 그다음 아들과 아내 순으로 전 가족이 차례로 마지막 인사를 했다.

마지막 인사를 마치고 모든 가족이 입관실을 나갔다. 나는 염습하시는 분들에게 고맙다는 인사를 하고, 마지막으로 우리 가족이 쓴 편지를 엄마 손에 전해 드렸다. 엄마가 마지막으로 손에 가지고 가신 것은 묵주와 우리 가족이 쓴 편지가 전부였다.

입관을 마치고 나자 조문객이 점차 늘어났다. 문산 성당과 삼계성당의 신자들과 각 단체는 위령기도를 정성껏 해주셨고, 일반 조문객들도 많이 오셔서 조문해 주셨다. 저녁에 문산 성당 신부님은 연령회 회원들과 같이 오셨다. 신부님께서는 신자들과 연도를 하시면서 비신자 분들이 조문할 수 있도록 좌석을 정리하여 배려해 주셨다.

■ 엄마를 위한 기도

문산 성당 신부님은 연도가 끝나고 성당 신자들과 함께 음료를 드셨다. 그러던 중 신부님은 막내 여동생을 불러 내일 장례미사의 강론

을 위하여 몇 가지 물어보셨다. 그러나 여동생은 엄마의 삶에 대해 모르는 부분이 많았고 옆 테이블에 있는 나에게 물었다. 그래서 나는 신부님께 인사를 드리고 신부님이 물어보는 몇 가지에 대답을 드렸다. 그리고 이해를 쉽게 할 수 있도록 내가 준비해 둔 노제 축문 한 부를 신부님께 드렸다.

천천히 읽어 보셨다. 신부님은 "내가 이런 것을 찾고 있었습니다."라고 말씀하셨다. 그리고는 "내일 장례미사에서 제가 강론을 하는 것보다 큰상주가 직접 하는 것이 좋겠습니다."라고 말씀하셨다. 신부님은 큰상주 소개만 하겠으니 제대에 올라와서 직접 낭독하라고 하였다.

신부님은 기분이 좋으셨고, 자리를 옮겨 연령회 회원들과 늦게까지 계시다가 성당으로 돌아가셨다. 나중에 막내 여동생에게서 들었는데 신부님은 노제 축문을 반복해서 읽어보시고 흡족해하셨다고 했다. 노제 축문에 대한 이야기를 들은 연령회 회원 한 분이 입관 시 큰상주가 가족의 편지를 써서 관속에 넣었다는 말을 했다고 했다. 그 말은 들은 신부님은 "그 편지 복사하면 안 될까요? 하고 물었고, 그 연령회 회원은 "신부님 관을 이미 닫았는데 상주 동의 없이는 안 됩니다."라고 말했다고 했다. 그러자 신부님은 '내가 그런 것을 찾고 있는데 정말 아쉽다' 하셨다고 했다.

■ 발인

　발인은 진주의료원 영안실 내 발인식장에서 가톨릭 상장예식에 의하여 진행했다 발인 예절 주관은 연령회장이 했다. 발인예절이 끝나고 엄마는 리무진으로 운구했다. 운구는 사촌 동생들과 조카들이 했다. 버스에는 가족과 장례에 참석하신 분들이 함께했다. 그 밖에 분들은 각자 승용차로 장례 미사를 위하여 문산 성당으로 출발했다.

■ 장례미사와 영결식

　문산 성당에는 연령회 회원들이 모든 준비를 마치고 기다리고 있었으며, 우리가 도착하자, 연령회 회원들은 질서 정연하고 엄숙하게 성당 안으로 엄마를 모셨다.
　문산 성당 신부님과 마산 삼계성당 신부님 두 분의 집례로 장례미사를 진행했다. 미사 중 강론 시간이 되자 신부님은 돌아가신 엄마에 대해 간단히 소개하고 오늘 강론은 큰 상주가 준비한 자료를 낭독하는 것으로 대신하겠다고 소개했다.
　나는 먼저 엄마를 하늘나라로 불러주신 하느님께 감사의 기도를 드렸다. 그리고 미사를 집전해 주시는 두 분 신부님과 이 미사에 함께 해주신 모든 분께 감사를 드리고 준비한 자료를 낭독했다. 그리고 미사 예식 순서에 따라 장례미사가 마무리되었다. 장례미사가 끝난 후

마지막 영결식이 있었다. 영결식을 마치고, 운구 행렬은 화장장으로 출발했다.

나는 장례미사와 기도에 참석해 주신 분들에게 준비한 도시락과 음식을 부족하지 않게 준비해 드리라고 매제와 사촌 동생들에게 부탁했다.

■ **화장 예식**

진주 화장장은 진주시가 운영하는 화장장으로 시설은 아주 훌륭했고 운영도 잘되고 있었다. 화장에는 약 한 시간 반이 소요되었다. 그동안 우리는 기도와 식사를 교대로 했다. 화장이 끝날 무렵 화장장 직원이 도자기형과 목재 유골함 중 어떤 유골함을 원하는지를 물어왔고, 나는 오동나무 유골함을 선택했다.

우리는 기도를 하면서 기다렸고, 조금 있으니 화장이 끝나고 화장로 엘리베이터가 올라왔다. 그리고 습골 및 세골에 상주가 참관하라고 하여 참관했다. 모든 것이 타버리고 흔적만 남았다. 화장장 직원이 습골하는 과정에 조그마한 쇳조각 몇 개가 나왔다. 그 쇳조각은 엄마가 교통사고 후 다리에 박혔던 철심을 빼지 않고 그냥 남겨 둔 것이었다. 그 외에는 아무것도 없었다. 엄마는 습골 및 세골 되어 십오 센티 사각형 상자 유골함으로 나에게 왔다. 이로써 화장장에서의 모든 과정이 끝났다. '인생이란 결국 한 줌의 재로 남는다.'는 말 그대로였다.

■ 마을 입구 노제

　우리는 다음 의례인 노제를 위하여 엄마가 살았던 우곡마을을 향해 출발했다. 장례 일행이 마을 입구에 도착했을 때 노제 현장에는 이미 노제 준비가 다 되어 있었다. 노제 준비는 우리 집안 종손이 직접 지휘하여 준비하고 있었다. 노제 현장에는 병원과 장례식장에 오시지 못한 분들과 마을에 계시던 엄마 친구들이 많이 모여 있었다. 엄마의 사진과 준비한 음식을 차려놓고 간단한 제를 지냈다. 노제 축문 낭송은 미리 준비한 앰프 장치를 이용하여 큰상주인 내가 했다. 노제가 끝난 후 발인과 성당 미사에 참석하지 못한 분들을 위하여 간이 호상소에서 인사했다. 노제가 끝난 후 우리 형제와 가족들은 그동안 엄마에게 따뜻하게 해주신데 대하여 마을의 모든 사람들에게 큰 절로 감사를 표시했다.

　노제가 끝나고 엄마 영정을 모시고 엄마가 살았던 집으로 가서, 큰방, 부엌, 작은방, 광, 장독대 등 집 곳곳 작별 인사를 했다. 그리고 마을 회관으로 갔다. 회관은 엄마가 노년에 친구들과 제일 오래도록 머문 곳이다. 그동안 함께 했던 친구들과 마지막 작별 인사를 했다. 우리 형제와 가족 모두는 동네 할머니들에게 그 동안 엄마와 함께해 주신데 대하여 큰 절로 감사의 인사를 했다.

　노제에 참석하신 분들과 마을 회관에 계신 분들에게도 음식이 부족하지 않도록 잘 대접하라고 매제와 사촌들에게 부탁했다.

■ 하관

우리는 마을 회관을 떠나 마을에서 멀지 않은 장지 '물불재'로 향해 출발했다. 우리가 도착했을 때에 현장에는 이미 수목장을 위한 준비가 다 되어 있었다. 연령회에서 장지에 먼저 도착하여 하관 예식을 준비하고 있었다. 수목장의 깊이와 넓이는 약 50센티로 아주 간편하게 진행되었다. 하관 예식 중 유골함을 안치하는 방법은 하관 예식과 같이 진행하고 그 예식은 천주교 상장예식에 따라 했다. 수목장을 끝낸 후 엄마에 대한 마지막 인사로 장례를 마무리했다.

나는 오늘 장례를 위해 수고해 주신 모든 분들에게 감사의 인사를 했다. 처음부터 끝까지 정성을 다하여 수고해주신 문산 성당 및 삼계 성당 신부님과 모든 신자분과 엄마의 장례에 정신적 물질적으로 함께 해준 모든 분들에게 감사의 인사를 했다.

■ 장례의 마무리

나는 형제들과 조카들 모두에게 다 함께 엄마 집으로 가자고 했다. 모두 마루와 마당에 자리를 깔고 앉았다. 엄마의 투병부터 오늘까지 헌신적으로 수고해준 가족 모두에게 감사의 인사를 했다. 나는 숙모님 두 분부터 차례, 차례 개별적 인사를 했다. 지금까지 엄마와 함께 해 주시고, 엄마의 투병기간 동안 수고해 주심에 대하여 감사의 인사를 했다. 누나와 매형에게는 엄마의 투병부터 장례식 기간 동안 수고하여 주심에 감사의 인사를 했다. 그다음 작은 매제 백 서방 내외에게는 엄마의 투병기간 나를 대신하여 지극 정성으로 엄마를 간호했고, 이번 장례를 행정 및 재무를 잘 처리한 것에 대하여 감사의 말을 했다. 막내 매제 허 서방에게는 엄마가 성당에서 세례를 받을 때부터 지금까지의 엄마에게 보여준 정성에 고맙다는 말을 전했다. 그리고 이번 장례기간 중 성당과 긴밀히 협의해서 원만하게 장례를 치르게 한 수고에 고마움을 표했다.

그다음 가족 구성원 모두에게 고맙다는 말을 전했다. 그리고 하늘나라로 가신 엄마가 여기 모인 우리를 지켜보고 계시며 자랑스러워하실 것이고, 우리를 위해 기도하실 거라고 말했다. 우리도 엄마가 좋은 곳으로 잘 가실 수 있도록 기도하며, 열심히 살아가자고 말했다.

엄마와 함께 한 모든 가족을 세어 보니 2세대까지 스물네 명이었다. 엄마의 자식은 원래 여섯이었으나 큰누나와 매형이 돌아가셨으니 남은 1세대는 다섯으로 부부가 열 명이었다. 그리고 2세대 자녀 열네 명을 합쳐 전체 식구는 스물네 명이었다.

나는 장례기간 중 재정을 총괄한 작은 매제 백 서방에게 재무보고를 하도록 했다. 총 조의금 수입에서 엄마 병원비 및 장례비용을 정산하고도 꽤 큰돈이 남았다고 보고했다.

나는 이 돈은 엄마가 남긴 돈이니 여기 있는 여러분들이 좋은 안을 내어주시면 그에 따르겠다고 하였다. 그 자리에 있던 모두에게 각자

의 의견을 발표하도록 했다. 여러 가지 안이 제시되었으나, 다수결에 의하여 형제들의 지속적인 친목 모임을 위한 종잣돈으로 하자고 결정했다. 정기 모임은 엄마의 제삿날에 정기적으로 모이기로 했다. 기일 제사는 문산 성당에서 하고 그날 모이기로 했다.

■ 삼우제, 사십구재, 백일제

가족 모두는 재우 날 아침에 산소에 갔다가, 문산 성당 미사에 참여했다. 미사를 마치고 전 가족이 함께 식사했다. 그 자리에서 수고해준 사위들과 며느리들에게 양복 한 벌 가격 상당의 격려를 지급했다. 엄마가 살아오는 동안 엄마와 함께해준 두 분 숙모님에게도 보약 한제 상당을 지급했다. 우리 모두 서로를 격려하는 자리였다.

삼우제 날 아침에 산소에 들렀다가, 성당 미사를 마치고 전 가족은 마지막 식사를 함께 하면서 엄마 추모 계획을 확정했다. 연말까지 백일 동안 문산성당과 삼계성당에서 엄마의 기도를 드리기로 결정했다. 그리고 엄마의 평소 마음을 담아 성당 신축헌금으로 약간의 금액을 기부하기로 했다. 그동안 엄마의 투병과 장례를 위하여 고생하신 매형은 삼우가 끝난 후 헤어지는 것을 아쉬워하며 자주 만나자고 했다. 사십구재 및 백일 미사 때는 전 형제들이 참여하기로 했다.

사십구재에는 전 가족이 문산 성당에서 아침 미사에 참여하고 함께 식사했다. 매형 내외는 기독교, 큰 여동생은 불교지만 종교와 관계없이 우리 모두 함께 마음을 모아 성당에서 기도했다. 그리고 우리는 다 함께 엄마 산소에 갔다. 나는 준비해간 수목장 표지를 소나무에 달았다.

나와 아내는 엄마가 생전에 오래 머물렀던 마을 회관을 찾아가 할머니들에게 여성용 티셔츠를 선물했다. 나는 그 자리에서 할머니들에게 엄마의 투병과 죽음을 맞이하는 과정과 죽음에 대해 약 1시간 동안 이야기했다. 내가 강의한 요점은 "저를 포함하여 우리 모두는 죽을 수밖에 없다. 그러므로 우리는 죽음을 준비해야만 평안하게 죽음을 맞이할 수 있다."는 것이었다. 예상외로 할머니들은 관심을 가지고 경청했다. 그리고 자신들도 엄마와 같은 모습으로 죽었으면 좋겠다고 말했으며 어떤 분들은 신앙에 갖는 것에 대하여도 깊은 관심을 갖기도 했다.

백일제에도 전 가족이 문산 성당 미사에 참석하여 엄마를 위하여 기도했다. 식사 후 산소를 방문했다. 그리고 우리는 2012년 9월 20일 문산 성당 아침 미사에 참여하기로 약속하고 각자 돌아갔다. 이렇게 해서 우리의 '엄마의 천국 가는 계획'은 마무리되었다.

진실로 삶은
죽음으로 끝난다.
- 부처 -

PART 2
나의 삶과 죽음계획

Well-dying

나의 삶

　나는 금년에 이순(耳順) 이다. 나는 할아버지와 아버지보다 장수하고 있다. 나의 증조부는 사십 세, 할아버지는 오십사 세 그리고 아버지는 오십칠 세에 돌아가셨다. 나의 선대 분들은 술을 아주 좋아 하셨다. 증조부는 알 수 없으나 나는 아버지가 애주하는 것을 보고 자랐고, 할아버지도 돌아가실 때까지 술을 즐기시다 돌아가셨다는 말을 엄마에게서 들었다. 그리고 삼촌들도 술을 좋아 하셨다. 그래서 그런지 두 분 모두 오십 중반에 돌아가셨다.

　그러나 나는 장수할 것 같은 생각이 든다. 왜냐면 나는 체질적으로 술이 잘 받지 않아 술을 잘하지 못한다. 술을 마시고 나면 몸에 알레르기가 일어나 고생을 하곤 한다. 힘쓰는 일이나 운동으로 땀을 흘리고 난 뒤나 친구들과 함께하는 자리에서 기분이 좋을 때를 제외하고는 술을 과하게 하지 않는다. 그리고 체질적으로 건강하지 못하여, 평소 건강에 유의하고 운동을 생활화하는 습관이 몸에 배어 있다. 그리고 매년 또는 격년으로 건강검진을 받아 나쁜 병의 징후를 미리 알아 두는 조치를 하고 있다. 또 담배도 하지 않는다. 젊은 시절에는 급한 성질을 갖고 있었으나 중장년으로 넘어가면서 세상과 더불어 살아가는 지혜를 배우며 느림의 미학을 몸에 익히고 있다. 신앙생활과 봉사활동으로 남을 배려하는 것을 배우려고 늘 노력하고 있다. 물론 이러한 생각은 모두 나의 기준에 의한 것이다.

내가 만약 오래 산다면 무엇을 하며 나는 살아갈 것인가? 물론 많은 시간이 주어진다고 헐렁하게 살아가지는 않을 것이다. 내가 살아온 지난 시간이 그러했듯이 앞으로도 하루하루가 내게 주어진 마지막 날처럼 열정적으로 그리고 재미있게 살아갈 것이다. 오늘 당장 하느님이 부르신다면 갈 준비는 되어 있다. 오늘 이 원고를 마치지 못하고 가더라도 어쩔 수 없는 일이 아닌가? 내가 죽음학 공부를 하면서 얻은 중 제일 중요한 것은 나에게 주어진 삶이 유한하다는 것을 알게 된 것이다. 물론 몰랐던 것을 알게 된 것이 아니고 잊고 있었던 것을 다시 깨달은 것이다. 그러니 하루하루 주어진 삶에 감사하며 최선을 다하여 살아갈 것이다.

나는 학교에서 토목공학을 공부하여 운이 좋게 그와 연관된 최고의 직장을 얻었고 그곳에서 일하며 경제적인 대가를 받아 지금까지 살아왔다. 그리고 그와 관련된 책을 쓰고 강의하는 보람과 즐거움도

얻었다. 아내도 자신의 사업에 열정을 쏟아 재미를 느끼며 잘하고 있었다. 아이들도 각자 자신이 하고 싶은 일을 찾아 잘하고 있어 그런대로 행복한 삶을 살아왔다.

그러나 세상사 좋은 일만 있는 것은 아니었다. 몇 년 전 아내가 하던 사업에 큰 문제가 생겼고, 우리가 지금까지 일구어 왔던 물질적인 모든 것을 잃었다. 재물을 잃었을 뿐 아니라 세상을 바로 보는 내 마음도 잃었다. 수십 년동안 호형호제하며 가깝게 지내든 친구가 폭력배를 통해 비열한 방법으로 나의 마지막 자존심을 짓밟았다. 아내는 마지막 남은 희망을 걸고, 다시 일어서기 위하여 그가 잘 알고 있는 지인에게 부탁했다. 아내는 그 사람으로부터 또 뒤통수를 맞았다. 정말 되는 것이 없었다. 옛날 말에 좋지 않은 일은 동무해서 온다고 하더니 그 말 그대로였다.

세상이 원망스럽고 사람들이 미웠다. 사람 만나는 게 싫었고 살고 싶지도 않았다. 전화도 받지 않았다. 간혹 사람을 만나면 나는 언제나 "외국에 있다, 어제 왔어"라고 말했다. 그렇게 하루하루 시간을 흘러 보냈다. 힘든 나날을 보내고 있던 어느 날, 나는 아무 생각 없이 속초행 고속버스를 탔다. 나 혼자 속초와 설악산에서 며칠을 보냈다. 오직 삶과 죽음의 문제만이 내 머릿속에 있었다. 만약 내가 죽는다면 무엇이 문제인가? 라는 생각도 해 보았다. 내가 죽는 것에 대해 걸림돌은 없었다. 그러나 엄마의 얼굴이 떠올랐다. 나는 이런 것에 힘들어하는데, 아버지 없이 혼자 살아오신 엄마는 살아오면서 나보다 힘든 난관이 더 많았을 텐데 어떻게 살아오셨을까? 하는 생각이 들었다. "지금까지 엄마에게 효도 한 번 제대로 못 하고 살아 왔는데, 나는 언제 엄마의 아들 노릇 제대로 한번 할 수 있을까?"라고 생각하며 시골 엄마에게 갔다. 그러나 엄마는 언제나 그렇듯 그 자리에 큰 기둥으로 있었다. 내가 어린애이었을 때도, 초등학교에 다녔을 때도, 내가 결혼하여 아이 아비가 되었을 때와 같은 모습으로 그 자리에 있었다. 엄마는 성당에서 세례를 받고, 하느님을 만나 매일매일 열심히 기도하고 있었다. 엄마 앞에서 나의 약한 모습을 보일 수가 없었다.

나는 다소 마음의 안정을 찾고 다시 서울로 돌아왔다. 그 후 어느 날 아내는 잘 알지 못하는 사람으로부터 전화를 받았다. 아내의 뒤통수를 친 그 지인의 쌍둥이 언니라고 했다. 지금 속초의 병원에 있는데 자신의 동생이 목을 매어 자살하려다가 민박집 주인에게 발견되어 병원으로 옮겨 치료를 받고 있으며, 입원한 지 일주일 되었다고 했다. 오늘 잠시 정신이 돌아와 "정연에게 못 할 짓을 했다"라고 글을 써 보여 무슨 일인가 하여 전화했다는 것이다. 그때 아내는 여러 가지 문제로 정신없이 바빴지만, 속초 병원에 있는 그 지인을 만나러 갔다. 그분은 자살 후유증으로 성대를 다쳐 목소리를 잃었으며, 손과 발 등 신체가 부분적으로 마비되어 죽을 때까지 다른 사람의 도움을 받아야 하는 상태였다고 했다.

엄마를 만나고 돌아온 나와, 그 지인을 만나고 온 아내, 우리는 삶의 허무와 죽음에 대해 많은 이야기를 했다. 우리는 어떻게 살아야 하는지 그 해답을 신앙에서 찾아보기로 했다. 나와 아내는 성당에서 기

도하며 하느님께 매달렸다. 그리고 시간이 나는 대로 산을 올랐다. 우리는 지나간 과거에 대해 모든 것을 잊고 모든 사람과 용서와 화해하기로 했다. 그리고 나서 뒤를 돌아다보니 아직도 우리가 가진 것이 많이 있었다. 재물을 잃었지만 사랑하는 가족이 있었고, 엄마가 있었고, 형제들이 있었고, 건강이 있었다. 나와 아내는 하나하나 정리하고 나름대로 일상으로 돌아왔다.

그러다 어느 날 엄마에게 대장암이 발병되었다는 것을 알았다. 엄마가 대장암에 걸렸다는 이야기를 듣고 나는 엄마에게 제대로 효도하지 못함을 원망하고 후회했다. 그러나 엄마는 죽음을 지혜롭게 잘 받아들이셨다. 나와 엄마는 죽음에 대하여 서로 터놓고 의논했다. 그리고 엄마의 죽음 계획을 세웠다. 물론 그 계획은 엄마의 죽음 계획이지만 그 속에는 나의 죽음도 계획도 포함되어 있었다. 나는 엄마의 죽음을 통하여 나의 죽음을 그려보고 미래에 있을 나의 죽음을 체험했다.

나는 엄마가 돌아가신 후 삶의 의미를 다시 찾아 조금 여유를 갖게 되었고, 오늘이 마지막이라는 마음으로 하루하루를 살아가고 있다.

내가 만난 죽음의 현장

■ **사랑하는 가족들의 죽음**

내가 처음 죽음을 맞이한 것은 여덟 살 때, 여섯 살이었던 여동생의 죽음이었다. 어느 여름날 여동생은 친구들과 저수지에서 멱을 감다 다른 친구 한 명과 같이 두 명이 한꺼번에 익사했다. 가까이 가 보려고 했지만, 아버지와 삼촌 그리고 친척들이 어린애들은 가까이 오지 못하게 하였다. 그래서 나는 조금 떨어진 곳 나무 뒤에서 숨어 보고 있었다.

경찰이 다녀간 저녁 무렵, 삼촌이 집에서 급히 가지고 온 옷을 대강 입히고, 거적 같은 것으로 묶어서 지게에 지고 애장(어린이 무덤)

이 많이 있는 골짜기 어디에 묻으러 가는 것을 보았다. 한동안 죽은 동생에 관한 이야기를 누구도 하지 않았고, 그리고 모두 그 동생에 관한 기억은 점차 잊어져 갔다. 이 여동생의 죽음이 나의 첫 죽음과의 만남이었고, 나는 그 때문에 한동안 죽음의 트라우마를 겪었다.

집에서 마지막을 보내신 아버지나 할머니의 마지막 가시는 길은 고통의 나날이었다. 죽음을 맞이하던 그분들의 고통스러운 모습은 그분들이나 간호하는 가족 모두에게 너무나 힘든 시간이었다. 시골이라 병원이 없어 죽음의 고통을 오로지 몸으로 겪어야 했기에 죽음은 고통 그 자체였다.

삼촌은 간암 수술 후 한동안 병원에서 내가 직접 간호를 했었다. 퇴원 후에도 계속 입 퇴원을 반복하시다 돌아가셨는데 너무 고통스럽게 돌아가셨다. 누나는 고혈압으로 쓰러져 의식을 잃고 식물인간 상태로 이 주 정도 중환자실에서 있다가 돌아 가셨다.

장인어른은 폐암으로 오랫동안 힘들게 투병하시다가 돌아가셨다. 집에서 마지막을 보내실 때 고통을 온몸으로 겪으셨으나, 연명장치를 거부하고 생을 마무리하셨다. 장모님은 심혈관 질환으로 입 퇴원을 반복하시며 고통 속에 죽음을 맞으셨다. 나는 가족들과 그동안 가까이했던 많은 분의 죽음에 피하지 않고, 마지막 가시는 그분들과 함께했다. 많은 분의 죽음을 함께 했으나 내가 도움을 드리지 못함을 항상 죄스럽게 생각하고 있다.

■ 삶의 현장에서 만난 죽음

나는 직장과 신앙생활 그리고 이웃에서 주변 사람들과 관계를 맺어 왔다. 그 관계 속에는 희로애락과 더불어 수많은 죽음이 함께 하고 있었다. 나의 주변 대다수의 사람은 죽음을 외면하려 했고 피하려 했다. 그러나 나는 피하지 않고 그대로 받아들였다. 나에게도 죽음의 현장이라는 것이 처음에는 좋은 기분도 아니었고 무섭기도 했다. 그러나 자꾸 접하다 보니 내성이 생겼다. 어디에든 나와 관계된 사람의 죽음이 있는 곳이면 발길이 갔다. 이제 장례식에 가도 침울해하지 않는다. 망자가 거쳐 가는 길을 알기에 고통을 끝내는 그분들에게 오히려 축하하고 싶을 때도 있다. 세월이 흐르고, 나이가 들어 뒤돌아보니 주변에서는 나를 '죽음전문가'로 부르고 있었다.

내가 하고 있었던 업무와 관련 죽어간 분들과 인연이 많았다. 나는 죽음의 현장에서 가시는 그분들과 마지막을 함께했다. 나는 죽음의 현장에서 담당자로 또는 책임자로 유명을 달리한 분들이 편안히 가실 수 있도록 작은 힘을 보탰다.

서울시 성동구 옥수동과 강남구 압구정동을 잇는 성수대교 교량 상판이 떨어졌고, 그 사고로 32명이 죽고 부상자도 17명이나 있었다. 이 사고는 사고 책임을 물어 서울시장이 바뀌게 되고, 사고 현장과 구조장면을 처음으로 TV 등 전 언론이 입체적으로 중계하였으며, 우리 사회를 새로운 법과 시스템을 바꾸어 놓은 사고로 기록되고 있다. 나는 그 현장의 중심에 있었다.

서울시 서초구에 있던 연건평 22,000평이 넘는 5층짜리 건물, 삼풍백화점이 지하 5층으로 폭삭 내려앉은 사고가 있었다. 그 사고는 502명이나 죽고, 937명이 부상한 6.25 이후 최대 인명 피해 현장으로 기록되고 있다. 사람의 욕심이 어떤 화를 일으키는지를 우리에게 보여주는 엄청난 사고였다.

장한평 매립현장 어린이 익사사고가 있었다. 내가 서울시청에 들어와 처음 감독을 맡은 공사와 관련된 사고였다. 70년대 말 장한평은 논과 밭이었는데 그곳을 메워 택지를 만드는 공사를 하고 있었다. 매립공사 중 인부들이 사용하던 재래식 화장실 주변을 마무리하지 않아 웅덩이가 생겼다. 장마와 폭우로 주변 일대가 침수되었고, 어린이 3명이 개구리 잡으러 갔다가 그 웅덩이에 빠져 익사한 사고였다.

지하철 3호선 독립문 현장 붕괴사고로 버스와 승용차가 이십여 미터 아래 지하로 떨어지는 사고가 있었다. 그 사고로 10명이 죽고, 42명이 부상한 대형 사고였다. 위에 차량과 사람들이 다니는 복공 상판을 지지하는 강재 파일을 공중에 두고 공사를 하다가 일어난 사고였다. 공사 현장 안전 불감증이 가져온 어처구니가 없는 사고였다.

충북 단양군 적성면 상진교 부근 호수 위에서 54톤급 충주호 관광선이 엔진과열로 화재가 발생했다. 순식간에 일어난 사고로 29명이 죽고 19명이 부상한 사고였다. 나는 서울시를 대표하여 서울시민 사고 피해자 처리 및 사고 마무리를 담당했다.

해외 시설물 사고 처리와 인명구조를 배우기 위하여 일본 홋카이도 터널 붕괴사고 현장, 일본 고베지진 현장, 미국 뉴저지 교량 붕괴

현장에도 갔었다. 시설물 건설의 계획, 공사와 유지관리 전반에 걸쳐 사람 중심의 안전시스템을 우리는 그들로부터 많이 배웠다. 그리고 사고가 났을 때 인명 구조와 복구에 있어서는 우리가 배우고 연구해야 할 부분이 많이 있다.

봉사로 인연을 맺었던 서부시립병원 결핵병동, 서울의료원 무연고자 병동, 양평 결핵 요양원, 경기 광주 베드로 요양원의 수많은 분의 마지막 죽음 현장에 함께 있었다.

사회생활과 신앙생활 중 마지막을 보내는 수많은 형제, 자매들과도 함께 했다. 또 세계 20여 나라를 다니면서 죽음과 죽어감을 접해 왔다.

■ 성수대교 붕괴 사고

이 사고는 1994년 10월 21일 아침, 성수대교 남단으로부터 다섯 번째와 여섯 번째 교각 사이의 교량 상판 48미터가 20미터 아래 물 위로 떨어져 많은 사상자 발생한 사고였다. 사고가 난 상판은 북측부터 변형되기 시작하여 북·남측 연결 부재가 동시에 끊어져 순식간에 그대로 한강에 떨어졌고, 그 상판 위에 있던 차량 여섯 대도 한강으로 추락했다.

사상자 구조를 위해 경찰특공대와 소방재난구조대가 출동했고, 이어서 해난구조대와 일반 구조전문 자원 봉사자들도 현장에 도착하여

구조작업을 했다. 사고 희생자는 32명이었고, 그 중 무학여자고등학교 학생이 8명이었다. 그리고 무학여자중학교 학생 1명, 서울교육대학교 학생 1명, 외국인 1명 등이었다. 성수대교 붕괴로 인한 직접적인 피해액은 희생자 보상금 등 72억 원, 교량재시공 비용 780억 원과 사고조사비 8억 등 총 860억 원이었다.

대한토목학회 등 여러 기관이 조사한 붕괴사고 원인은 교량 트러스 제작자의 부실제작, 시공자, 공사감독자의 공사감독 부실과 유지관리자의 유지관리 잘못 등 복합적인 부실로 판명되었다. 대법원은 1997년 11월 트라스 제작부실, 시공사와 서울시의 공사감독 부실 및 유지관리의 부실 등이 종합적으로 작용하여 사고가 발생했고 국민에게 피해를 주었다며 업무상 과실치사상죄 등을 적용하여 당시 성수대교 공사 책임자인 현장소장과 유지관리 책임자인 서울시 동부건설사업소장에게 금고 2년과 징역 2년을 선고하였다. 그리고 트라스 제작자, 공사 시공자와 교량 유지관리 담당 공무원 등 관계자 14명을 징역형과 벌금형으로 처벌하였다.

성수대교 붕괴 사고로 우리는 32명의 귀중한 생명을 잃었다. 그러나 이 비극적인 사건이 우리 사회의 부실 관행에 경종을 울렸으며, 이 사건으로 시설물 안전관리에 관한 특별법이 제정되는 등 건설기술이 한 단계 도약하는 계기가 되었다. 사고 이후 모든 시설물에 대한 설계, 시공, 감독 실명제가 도입되고 시설물 안전관리에 대한 제도, 유지관리시설 및 장비 확보 등에 대한 대 전환점이 되었다.

성수대교 붕괴사고 이전에는 국내 교량, 터널, 댐 등 대부분의 시설은 유지관리를 위한 시설, 장비가 전무한 실정이었고, 건설 사업에 건설이라는 용어만 있고 유지관리라는 용어가 없었다. 성수대교 붕괴사고와 사고로 희생된 분들이 '시설물 안전'이라는 용어를 탄생시켰고 누구든지 각자 자신이 설계 시공한 시설물에 대하여는 그 시설물의 수명이 다할 때가 무한 책임을 져야 한다는 인식을 가지는 계기가 되었다.

붕괴 사고가 난 그 찰나 누구는 저승으로 가고, 누구는 삶의 끝자락을 붙잡아 살아남았다. 살아남은 자들은 위험천만한 충격적인 그 순간을 되돌아보며 오늘을 살아가고 있을 것이다. 사고가 난 지 18년이 지났다. 희생자 가족들은 아직도 그날의 아픈 기억을 잊지 못하고 괴로워하고 있을 것이다. 우리는 누구나 어느 순간 죽음을 맞이할 수 있다. 하루하루 오늘이 마지막이라고 생각하고 내가 하는 일에 최선을 다하고 모든 이웃을 사랑해야 할 것이다.

1997년 정윤철 감독은 제4회 서울단편 영화제에 13분짜리 '기념촬영'이란 영화로 최우수상을 받았다. 영화는 성수대교 붕괴 사고로 단짝을 잃은 여학생의 눈으로 13분을 끌어간다. 무너진 다리 위에서 8명의 친구를 잃은 어린 학생들, 그리고 삼 년 후 그 다리가 다시 이어져 재개통되자 살아남은 아이들은 먼저 간 친구들을 떠올리며 지난 기억과 다가올 미래를 어렴풋이 그리고 있다. 바로 여기에서 개통

된 성수대교와 자신들의 모습을 기념 촬영을 하며 영화는 끝을 맺는다. 이 13분짜리의 영화는 길이가 짧은 만큼 매 순간을 스쳐 지날 수 없지만 붕괴된 다리 위에서 죽어가는 한 소녀가 다리 너머의 세상을 바라보는 눈빛은 왜 이 사고를 쉽게 잊으면 안되는지 잘 보여주고 있다.

■ 삼풍백화점 붕괴 사고

1995년 6월 29일 오후 5시 57분 서울시 서초구 서초동 1685-3에 있던 전체면적 22,000평이 넘는 5층짜리 건물 삼풍백화점이 붕괴되었다. 사고 당시 나는 서울시 관내 모든 시설물의 안전관리를 책임지는 서울시 시설안전관리본부에 근무하고 있었고, 사고 후 바로 현장에 투입되어 현장 지원업무를 맡았다.

붕괴 사고현장은 아수라장 그대로였다. 삼풍백화점과 법원별관 사이의 8차선 도로는 완전히 통제가 되었고, 소방본부 재난구조대가 현장 출동하여 사상자를 병원으로 계속해서 실어 날랐지만 끝이 없었다. 응급조치나 사상자 신원 확인 등을 확인할 겨를이 없었다. 사고가 난 조금 후 경찰특공대와 소방 요원들이 현장에 도착했고, 해병전우회를 비롯한 일반 자원봉사 구조요원들도 계속 모여들었다. 현장은 순식간에 수천 명의 구조대와 기자단이 모여들어 통제가 불가능했다. 하늘에는 각 방송사의 취재 헬기가 시끄럽게 날고 있었고, 도로에는 수많은 자동차가 모여들고 있었으며, 실종자 가족 및 지역주민까지 모여 현장은 아주 혼란스러웠다.

　현장에는 칠월이 되면서 날씨가 점점 무더워져 갔고 기온은 삼십도를 오르내렸다. 현장에서 전문가라고 하는 분들의 이야기로는 당시 현장 여건으로 보아, 사망자의 경우 3일이 지나면 시신이 부패가 시작될 것이라고 했다. 또 생존자의 경우 건축 폐기물 속에서 버틸 수 있는 기간은 5일이 한계일 것이라고 했다. 닷새가 지나자 현장 주변에는 악취가 나기 시작했고, 날씨는 점점 더워져 갔다. 현장 주변의 악취는 날이 갈수록 그 정도가 심해져 갔다. 그리고 몇 일 후 비가 내리기 시작했고 이때를 전후하여 수작업에서 장비 위주의 작업으로 전환하면서 일반 자원봉사자도 각자 일상으로 돌아갔다. 그리고 현장의 구조 지휘체계도 자리를 잡아 나갔다.

　붕괴 사고 후 십 일이 넘어가자 말을 하지 않았지만, 대책본부는 물론 구조대원들도 생존자를 크게 기대하지 않은 분위기였다. 그러다 사고 십일일째 되는 날 최명석 군이 비교적 건강한 모습으로 구조되었다. 최 군이 구조된 후 대책본부와 구조대원들이 조금 활기를 찾았다. 그러다 십삼일째 되는 날 유지환 양이 구조되었다. 이때만 해도 현장에서는 마지막 생존자일 것이라고 이야기했다. 그 후 십칠일째 되는 날 박승현양이 구조되었다. 붕괴사고가 난 지 377시간만이었다. 구조대원들은 희망을 가지고 계속 수색했지만 더이상의 생존자는 없었다.

삼풍백화점 붕괴로 인한 피해는 엄청난 규모였다. 인명 피해 상황은 사망자 502명으로, 6.25 사변 이후 단일 사건으로는 국내 최대의 인명 피해 사건이었다. 그중 여자는 396명으로 남자 106명에 비해 피해자 수가 많았다. 구체적 사망자 내역은 현장에서 확인된 사망자 471명과 사망인정자 31명과 미확인자 6명이었고, 부상자는 937명이었다. 안타까운 것은 인명 피해자 중 찾아낸 시신이 온전하지 못하여 사망자를 확인하지 못하고 사망 인정자로 처리한 분들과 미확인자분들이다. 사고로 돌아가신 모든 분들의 삼가 명복을 빈다.

삼풍백화점 붕괴사고 원인은 철근과 철판의 규격과 슬래브 두께 부족 등 부실시공, 불법용도변경 및 설계변경, 부실 준공검사 등 여러 가지 요인이 결합되어 일어난 사고로 확인되었다. 그렇더라도 현명하게 대처했더라면 붕괴사고를 방지할 수도 인명피해를 막을 수도 있었던 기회가 수차례 있었다. 구체적으로 경고해준 많은 징후가 있었는데도 눈앞의 물욕에 눈이 먼 사업주가 눈이 멀어 보지 못했던 사고였다.

■ 서부시립병원 결핵 병동

70년대 말 나는 명동 성당 청년 단체인 엠마누엘에서 활동을 하고 있었다. 그 단체에서 하는 일이 몇 가지 있었지만 서부 시립병원 결핵

병동 봉사활동도 그중 하나이었다. 요즘은 결핵이 위험한 병이 아닐지 몰라도 그때만 해도 가난한 사람들은 영양상태가 좋지 않다 보니 결핵으로 죽는 사람을 흔히 볼 수 있었다. 우리는 빵과 휴지 등을 사서 병원을 방문하여 청소도 해주고 노래도 불러주었다. 그리고 그분들과 손잡고 눈을 맞추며 함께 시간을 보냈다. 그때는 병원도 예산이 부족하여 병원 시설 등 의료 환경이 열악했다. 일부 결핵환자들은 병이 완쾌되지 않더라도 입원기간이 길어져 퇴원 해야하는 경우도 있었다. 그러던 중 어느 독지가 한 분이 퇴원한 환우들을 위한 요양시설을 제공해 주었다. 그분의 도움으로 파주시 광탄에 요셉의 집이라는 생겼고, 우리 회원들은 시간이 나는 대로 그곳에 가서 봉사활동을 했다. 그러나 요셉의 집에 계셨던 몇 분은 결핵을 이겨내지 못하고 그곳에서 돌아가셨다. 우리가 그분들에게 해 줄 수 있는 것은 너무도 작았다. 그냥 손잡고 같이 웃고, 울고, 이야기를 들어주는 것이 전부였다. 우리 회원들은 서툴렀지만 그분들의 하늘 가는 길에 함께 했다. 그 당시에는 호스피스라는 것도 제대로 없었고, 일주일에 한 번씩 방문하는 우리는 그분들에게 큰 도움이 되지 못했다. 그렇지만 환우들은 우리의 작은 정성을 아주 감사하게 받아들였다. 진정으로 몸과 마음을 다하여 봉사하는 형제자매들을 보고 많은 것을 배우며, 삶고 죽음의 경계가 어딘지 깊이 생각하는 단초가 되었던 것 같다.

■ 강남시립병원 무연고자 병동

나는 성당에서 레지오 단원으로 활동을 하고 있었고, 우리 쁘레시 듐은 경기도 광주에 있는 할머니들 요양원 베트로의 집에 매주 봉사 활동을 다니고 있었다. 단원들이 절반씩 나누어 가다 보니 두 주에 한 번 가면 되는 것이었다. 우리 팀은 또 다른 봉사할 수 있는 곳을 찾고 있었는데, 그 중의 한 곳이 강남시립병원 무연고자 병동이었다. 우리는 네 명이 한 팀을 이루어 봉사하러 갔다. 처음 병원을 방문했을 때, 소독을 했지만 냄새가 너무 많이 나서 조금 긴장했다. 한 병실에 여덟 명씩 있었는데 의식이 있는 분은 대략 절반 정도 되고 나머지 분들은 의식이 없었다. 그분들은 길거리에서 의식이 없어 쓰려져 있거나, 경찰이나 구청에서 무연고자 환자들을 병원으로 데려온 환자들로, 서울시에서 무료로 치료를 해주고 있었다. 치료를 받고 완치가 되어 나가는 분도 있었지만, 그곳에서 생을 마감하시는 분들도 많이 있었다. 처음에는 환자 이름을 보고 머리를 갸웃거리기도 했다. 어떤 분은 '무명씨', 어떤 분은 '신사동'으로 되어 있었다. 의식이 없을 때 병원으로 모시고 와 성명을 알 수 없으니 '무명씨'이고, 경찰이 신사동에서 데리고 왔다고 하면 그냥 '신사동'이라고 적어둔 것이었다.

우리는 두 명씩 팀을 나누어 일을 했다. 환자 중 목욕탕에 모시고 가서 목욕이 가능한 분과 의식이 없어 이동이 불가능한 분으로 구분하여 목욕을 시켜야만 했다. 환자를 목욕탕에 모시고 가서 목욕을 시키려면 두 명이 필요했다. 한 사람은 팬티만 입고 목욕탕에서 목욕을 시키고, 한 사람은 목욕을 시킬 환자를 휠체어로 목욕탕에 모시고 왔다가, 목욕이 끝나면 다시 침대로 모시고 가 눕혀야 했다.

움직이지 못하는 분은 따뜻한 물을 물통에 담아 가지고 와서 수건에 적셔 온 전신을 닦았다. 그리고 침상을 청소하고 손발과 다른 근육을 마사지하여 움직이지 못하는 환자들의 근육을 이완시켜 주었다. 의식이 없는 분들은 오랫동안 침상에 있다 보니 욕창이 생기고 피부에 상처가 생기고 곪아 고름이 나오고 냄새가 많이 났다. 그래도 깨끗이 닦아주면 시원해 하곤 했다.

알지도 못하는 사람들이지만 그래도 다시 만나게 되면 손을 잡고 좋아했다. 목욕 후 가만히 발을 간질여 주면 장난치는 줄 알고는 웃었다. 우리가 해 드리는 것이라곤 그냥 손잡고 눈 맞추고 같이 있어 주는 게 전부였다.

우리는 매주 교대로 한 번씩 방문했다. 방문할 때마다 환자들이 많이 바뀌었다. 지난주에 있었으나 없어지신 분들은 하늘나라로 가신 것이다. 삶고 죽음이 찰나에 있다. 오늘은 어제 돌아가신 분들이 그토록 원하던 하루가 아니었는가? 어찌 오늘 이 순간을 의미 없게 그냥 보낼 수 있겠는가!

내가 죽기 전에 하고 싶은 것

• 고향 우곡마을 이장을 2년만 하고 싶다

나는 태어나고 자란 나의 고향 '우곡'이란 단어를 들으면 가슴에 메인다. '우곡'이란 그 말은 내가 어디에 있으나 항상 내 가슴에 있다. 내가 어렸을 때, 마을 이장은 동네에서 가장 공부를 많이 하고 제일 유식한 리더였다. 이장은 마을에 아기가 태어나면 출생신고를 해주고 사람이 죽으면 사망신고를 해 주는 등 마을 사람들의 삶의 시작과 끝에 함께 있는 분이었다. 마을 이장은 자전거나 오토바이를 타는 마을 최고의 멋쟁이이기도 했다. 그래서 나는 나중에 커서 어른이 되면 마을 이장이 되고 싶었다.

우곡마을에 사는 사람의 수가 옛날의 절반으로 줄어들어 옛날과는 다르겠지만, 그래도 나는 옛날 내가 어릴 때 꿈꾸었던 마을 이장을 맡아 2년만 봉사하고 싶다. 높지 않은 작은 자리이지만 마을 이장은 아주 매력적인 봉사가 될 것 같다. 지금의 이장도 옛날과 같이 한 사람의 태어남과 죽음에 있어 도움을 줄 수 있을 것 같다. 요즘 우곡에는 젊은이들은 없고 대부분 연세 높은 노인들만 살고 계신다. 내가 공부한 죽음학이 내 고향에 계신 분들의 마지막에 도움이 될 것이라고 믿는다.

• 문중을 위하여 2년만 봉사하고 싶다

나는 일찍 고향을 떠나 객지로 나오다 보니 선조들을 위한 봉사에 참여할 기회를 가지지 못했다. 선조 봉양을 하는 것도 쉬운 일이 아닌데 집안 어른들이 봉사하는 것을 보고만 있을 수는 없지 않은가? 나이가 더 들기 전에 이제 문중 종사에 적극 참여하여, 한 2년 봉사하고 싶다. 그래야만 죽어 저승에 가더라도 선조들을 뵈올 면목이 있을 것 같다. 고향 문중에도 젊은 사람은 모두 객지로 나가고 나이 많은 분들만 남아 있다. 나는 문중 종친들의 품위 있는 죽음을 맞이하는데 작은 도움을 드리고 싶다.

• 사봉 공소에서 2년만 봉사하고 싶다

나는 서울에 있는 성당에서 사목 봉사를 한 적이 있다. 그러나 공소의 신앙공동체는 본당과는 다르다는 것을 나는 알고 있다. 시골 공소에서의 신앙생활을 함에 있어 내가 공부하고 있는 죽음학이 많은

도움이 될 것 같다. 엄마 사십구재 때에 마을 회관에서 할머니들을 대상으로 내가 죽음에 대해 강의했을 때 참석한 분들은 죽음이 남의 일이 나의 문제라는 것을 깨닫고 내 강의에 머리를 끄덕여 주었다. 나는 그때 시골에 계신 분들에게 내가 도울 수 있는 일이 있다는 것을 느꼈다. 요즘 시골에 사는 분들은 대부분 노인들이다. 그분들의 신앙생활과 삶에 작은 도움을 줄 수 있는 봉사를 하고 싶다.

• **아프리카 오지에 가서 한 2년 봉사하고 싶다**

내가 해외를 많이 다녀보고 알게 된 것은, 우리는 가진 게 참 많다는 것이다. 내가 가진 것을 우리보다 못사는 분들과 나누고 싶다. 내가 공부한 토목공학이나 죽음학이 해외 봉사에 도움이 될 수 있을 것이다. 그에 필요한 준비를 해서 2년 정도 봉사를 할 것이다.

• **나의 모교 초등학교에 방과 후 강좌를 열고 싶다**

나는 지금 공부하고 있는 문학공부와 내가 알고 있는 삶과 죽음에 관한 지식을 나의 후배들에게 전해주는 시간을 갖고 싶다.

• **나는 장구를 잘 치고 싶다.**

오래전부터 장구를 해 왔지만, 나의 실력은 아직 미미하다. 삶과 죽음의 현장에는 풍악이 있어야 한다는 것이 나의 생각이다. 시골에서 주변 사람들과 풍물패를 만들어 삶과 죽음에 현장에 풍류가 함께 하는 시간이 되도록 할 생각이다.

• **마지막으로 꼭 가보고 싶은 곳**

만약 내가 불치의 병 선고를 받으면 베트남 달랏(Da Lat)에 가서 두 주 정도 머물고 싶다. 열대지방이지만 사시사철 기온이 20℃ 전후로 내가 가 보았던 많은 나라 중에 사람이 가장 살기 좋은 곳이다. 일년 내내 사시사철 꽃이 있는 정말 아름다운 곳이다. 그곳에서 월남전에 참전했던 프랑스인과 미국인이 은퇴하여 노후 생활을 휴양하고 있는 분들을 만나 보았는데 참 멋있어 보였다. 죽음을 앞두고 그곳에 가면 어떤 기분일지 기대된다.

나의 죽음 계획

　사람들은 자신이 이 세상에 태어나서 어떻게 살다가, 언제, 어떻게 죽음을 맞이할지 미리 알 수 있으면 얼마나 좋을까? 하고 생각하는 사람도 있다. 마치 미리 녹화된 영상을 돌려 보듯 인생의 시작과 끝을 미리 볼 수 있다면, 안달복달하지 않고 살 수 있을 것이라는 기대에서 나온 생각일 것이다. 하지만 생각해보면 웃음이 나온다. 정말 그렇게 된다면 인생은 참 무료하고 따분하지 않겠는가? 어떤 사건이 생겨도 그 결과를 뻔히 알고 있으니 크게 놀라지 않을 것이고, 좋은 일이 생겨도 당연하게 여기며 기뻐하지도 않을 것이다. 그래도 사실 나는 언제, 어떻게 인생의 마지막을 맞이하게 될 것인지 만큼은 조금 앞서 알 수 있었으면 하는 바람이 있다.

죽음 계획을 세우는 것은 우리가 언제, 어떻게 죽음을 맞을지 알 수 없기 때문이다. 죽음을 맞이하는 때와 방법은 우리 인간의 영역이 아니므로 함부로 계획할 수가 없다. 하지만 죽음 이후의 일은 우리 자신이 미리 계획해 둘 수 있다.

웰다잉에 대한 관심이 높아지지만 자신의 죽음과 장례에 대해 외면하는 것이 우리의 현실이다. 그러나 그렇게 한다고 죽음이 피해 가는 것도, 죽음이 오지 않은 것도 아니지 않은가? 우리 이웃을 돌아보면 아무런 준비 없이 갑자기 세상을 떠나는 경우가 너무 많다. 나 죽으면 모든 게 끝이라고 생각할 수 있겠지만, 자신의 일을 자신이 마무리하지 않고 떠나는 삶이 아름다운 것인지 한 번 더 생각해 보아야 할 것이다.

나의 죽음이 자연사이던 사고사이던 관계없이 이 계획에 의하여 진행되었으면 하고 나의 죽음계획을 세워두는 것이다.

■ **사전의료지시에 관한 건**

나는 병원에서 나와 관련한 진료나 검사를 함에 있어, 그 결과를 의사가 직접 나에게 꼭 알려주길 원한다. 그리고 치료나 병의 예후에 대하여도 자세하게 알려주기를 의사와 가족 모두에게 부탁한다.

나는 내게 마지막 시간이 찾아왔을 때, 생을 좀 더 연장하기 위한

헛된 노력은 하지 않을 것이며, 그 때문에 고통은 받지 않을 생각이다. 나는 내게 주어진 시간을 후회 없이 즐기다가, 내가 사랑하고, 또 나를 사랑하는 사람들 속에서 아름다운 추억을 간직한 채 죽어갈 것이다. 격리된 방에서 홀로 버림을 받다 죽고 싶지는 않다.

내가 작성한 '사전의료의향서', 존엄사 선언서(living will)와 '의료대리인 지정서'는 집에 있는 금고 안 '사전의료의향서' 홀더에 있고, 구체적 내용은 각 파일에 기록되어있다. 필요한 시기가 되면 복사해서 담당 의사에게 보여 주길 바란다. 내가 불치의 병에 걸려 회복할 수 없는 말기에 도달하게 되면 인공호흡기, 심폐소생술, 고칼리수액, 수혈은 하지 말 것을 부탁한다.

의료대리인은 아내가 죽기 전에는 아내로 해 두었고 그다음은 아들로 해 두었다. 혹시 아내가 죽고 나면 아들과 딸이 의료 대리인의 자격으로 서로 협의하여 나를 도와주면 좋겠다.

치유치료를 받다가 회복이 불능하다는 의사의 진단이 내려지면 일단 고향 집에 가서 가정 호스피스의 도움을 받고 싶다. 그러다 나를 간호하는 것이 힘이 들면 영안실이 있는 병원에 입원치료를 받을 수 있게 해주기를 부탁한다. 그곳에서 호스피스 치료를 받다가 가족들이 지켜보는 가운데 하느님의 품에 안기고 싶다.

■ 장기 기증 관련 건

나는 사랑의 장기기증운동본부에 '사후 각막 기증'을 희망 등록해 두었다. 만약 내가 위독하다고 판단되면 장기기증운동본부에 연락해서 조치하기 바란다. 장기기증운동본부 전화는 02-363-2114(내선 2)이다. 만약 사고사가 되더라도 등록 여부가 나의 운전 면허증에 표시되어 있으니 담당의사와 의논하여 조치하기 바란다.

■ 유언장에 관한 건

나의 유언장은 작성하여 집에 있는 금고 내 유언장 홀더에 있다. 재산 상속은 부동산, 동산으로 구분해 두었는데 그에 따르면 될 것이다. 부동산은 등기서류와 함께 있고, 특허, 인세 등 지적 재산권은 증서 및 계약서와 함께 들어있다. 채권 및 채무에 대하여는 별도 채권, 채무 홀더에 정리해 두었으니 그대로 처리하면 될 것이다.

족보에 관한 파일은 금고 안에 있는 USB에 정리해 두었다. 올해에 한 족보자료와 같이 넣어 두었다. 요즘은 족보가 잘 만들어져 있어 모르는 부분이 있더라도 조금만 공부하면 알 수 있다. 몰라서 하지 않은 것과 알고 있으나 필요하지 않아 하지 않은 것은 많은 차이가 있다. 혹시나 싶어 나의 '지방'도 기록해 두었다. 혹시 경향이 없어 "顯考學生府君神位"나 "顯妣孺人仁同張氏神位"로 쓰는 우를 범하지 말기

를 부탁한다.

■ 장례에 관한 건

- 임종장소는 영안실이 있는 병원이면 상관없다. 집에서 죽는 것이 좋겠지만 요즘은 집에서 죽음을 맞는 것은 가족에게 너무 부담 되는 일이니 병원이면 족하다.
- 장례식 제단은 흰 꽃으로만 하지 말고 빨강, 노랑 등으로 화려하게 꾸며주면 좋겠다.
- 장례는 병원 장례식장을 이용하고 장례 의례는 죽음을 맞을 당시 내가 속한 성당과 협의하여 천주교식 삼일장으로 치러 주기 바란다. 성당에서 장례미사가 끝나고 나면 영결식이 있을 것이다. 영결식 마지막에는 내가 써 둔 '나의 추도사'를 읽어 주길 바란다.
- 장례 방식은 화장하여 수목장으로 하되, 수목장 장소는 나의 고향 선영, 아버지와 엄마의 수목장이 있는 바로 아래 소나무로 해주길 바란다. 특별한 표식은 하지 말고 간단한 이름표나 해주면 족하다.
- 수의는 내가 평소 집에서 입던 한복이면 충분하다.
- 영정은 내가 만들어 둔 것을 쓰면 된다.
- 상복은 남자, 여자 모두 검정 옷에 흰색 속옷이면 무난하다.

- 입관 시 손에 묵주 하나 걸어주면 되고, 혹시 가능하다면 가족들의 편지 한 통 있으면 감사한 일이 될 것이다.
- 장례용 음악은 조수미의 '나 가거든', 인순이의 '아버지', 조성우의 '그리운 어머니' 성가로는 레나 마리아의 'Amazing Grace', '말씀 안에 살리라' 와 '주만 바라 볼찌라' 로 했으면 좋겠다.
- 장례식에 초대할 사람 명단은 정리해서 금고 내 '장례식 초청자 명단' 으로 정리해 두었으니 그대로 연락하면 될 것이다.
- 내가 어디에서 죽든 상관없이 우곡마을 입구에서 간단히 노제를 치러 주면 좋겠다. 추도사는 내 친구 정목사(전화 010-2840-9190)에게 연락하면 그가 추도사를 할 것이다(만약 그가 먼저 죽으면 변경). 노제의 마지막은 내가 살아있을 때 함께 했던 풍물패가 신이 나게 한바탕 울려 주면 좋겠다.
- 장례 시 음식은 풍족하게 준비하여 참석하는 모든 사람이 배부르게 먹을 수 있도록 해주면 좋겠다.
- 추도 방법은 삼우제로 끝내고 성당에서 미사로 참석하면 된다.

나의 추도사

정혁규 짓고, 낭독

여보게, 국보(菊步) 잘 가게!

어이 국보(菊步), 자네 이 세상에 태어나던 그 때를 기억하는가?
포성이 멎은 지 얼마 되지 않은 고요한 그 때를 말일세
자네가 처음 이 세상에 태어나던 그 곳을 기억하는가?
사람들이 옹기종기 모여 살던, 향기롭고 아름다운 그 곳 굼실 마을을

자네 위로 누님 둘 있었지.
자네는 7대 종손이라는 계급장을 달고 있었는데 기억하는가?
태어난 그곳은 두 칸 초가였고 응달쪽 이었어

그 집으로 가려면 논길을 따라 갔고, 작은 개울이 있었지

집 앞 개울에는 물고기와 올챙이가 많았는데 지금도 있을까?
그 곳이 자네의 수영장이었고 목욕탕이었지
자네는 기억하는가? 검정고무신 떠내려 보내고 할머니한테 혼 난 것
자네 아버지가 만든 흙다리는 자주 고장이 났었지

가슴에 손수건 달고 누나 손잡고 갔던 입학식 기억나는가?
자네는 유달리 키가 작아 언제나 제일 앞에 있었지
통시각시 나오는 화장실은 어찌 그리고 무서웠던지
학교 난로에 쓸 솔방울 따기는 힘들어도 재미있었지

처음으로 굼실 떠나 간 곳 읍내 학교
매일 새벽 십리 길을 달음박질
시계도 없는 데 울 엄마의 밥은 어찌 그리 정확했을까?
매일 매일 신나는 기차여행, 그 시절이 기차처럼 빨리도 갔네

가방은 땅에 끌리는데 머리엔 사각모
자네 영어 대리시험 치다 걸려 정학 맞은 것 기억나는가?
그 신났던 먹고 내기 축구 게임, 이제 꿈속에나 해야겠지
내 최고의 젊음을 보낸 그 캠퍼스 언제 가보나

청운의 꿈을 앉고 밤기차로 도착한 서울역
한양도성 건설에 청춘을 온전히 보냈네
한강다리 위에, 지하철에, 사방 길에 자네의 흔적이 남아 있구나
모든 게 이 세상에 잠시 왔다간 자네의 흔적이네

자네, 처음 기술사 합격한 것 기억 하는가? 세상을 다 얻은 것처럼 좋았지
자네, 처음 쓴 책 나왔을 때 기억하는가? 그 기쁨과 환희를
자네, 처음 했든 두 시간짜리 강의 기억나는가? 땀에 흠뻑 젖은 등짝을
대학에서 처음 겸임자리 얻어 강의 시작한 것 기억나는가? 다 지난 일이지

구국 기도회가 무엇인지도 모르고 자주 갔던 명동성당
그때는 봉사가 무엇인지도 모르고 친구 따라 강남 갔었지
신앙공동체에서 만난 인연들 너무도 소중했지
자네가 넘어지고 나서 더 가까이 모시게 된 하느님 그게 참 신앙이겠지?

친구 동생으로 귀하게 만난 자네 반쪽 又좀
자네는 불같은 토끼, 반쪽은 천하태평 거북이
그래도 그럭저럭 잘 살아 왔구나
아들 낳고, 딸 낳아 살다보니 백발이 되었네

볼일은 급한 데 화장실 못 찾아 헤매었던 파리 기억해
미인을 찾아 나섰으나 찾을 수 없었던 카라카스 기억해

자네 아내 희잡이 없어 급히 목도리로 가렸던 테헤란 기억해
헤매고 다녔던 오대양 육대주가 아름다운 추억에 남아있네

자네! 굼실 동네 이장 하겠다고 처음 말한 것 기억나는가?
자네! 종중 소임 해 보겠다고 말한 것 기억나는가?
자네! 공소 회장 하고 싶다고 말한 것 기억나는가?
그래 잘 기억하고 있네, 많은 사람들 덕분에 그런대로 보람이 있었네

자네, 앞만 보고 뛰어가다 넘어진 것 기억나? 그땐, 죽을 것만 같았지
세상 모든 사람들이 미워지고, 세상 모든 게 싫었지
죽으려고 마음을 비우니 세상이 보이더군 그래
마음을 비우니, 평화가 있고 행복이 있는 것을! 진작 왜 몰랐을까

자네 처음 장구 배울 때 헤매든 것 생각나?
덩, 덩따궁따, 더덩, 덩따궁따, 아이고 그걸 못해가지고
처음 갔던 소설 창작 강의 기억나? 아이고 늙어서 소설은 무슨
그래 참 고마워, 그동안 열심히 해주어서 고마웠네

어이 국보(菊步), 자네 하느님과 약속한 그 시간이 되었는가?
그래 오늘이 바로 그날이야, 이제 가야하네
시작이 있으면 끝이 있듯, 삶이 있으면 죽음이 있다네
국보(菊步) 잘 가시게, 나중에 하늘나라에서 보세

아이고, 그 동안 함께 했던 인연들과 인사나 하고 가야지
이 세상에 함께 해 주었던 동기들 고마웠오, 그리고 종친님들도요
배움터, 일터 그리고 이웃했던 모든 분들 그동안 너무도 고마웠오
나에게 생명을 주고, 항상 저의 삶을 보살펴주신 하느님 감사합니다.
그리고 사랑합니다.

PART 3

죽음의 이해

Well-dying

죽음이란 무엇인가?

　인생을 살아오면서 누구나 한 번쯤은 고민한 것 중 하나가 '나는 누구인가?' '어디에서 나와 어디로 가는가?' 하는 본질 '삶과 죽음'에 관한 물음일 것이다.

　나는 누구인가? 이는 간단한 것 같지만 쉬운 문제가 아니다. 우리는 살아가면서 끊임없이 이 질문을 던진다. 우리는 탄생과 죽음 사이에 '삶'이라고 부르는 경험이 있다는 것을 알고 있다. 그러나 경험 자체도, 경험하는 자도, 육체도, 내가 앓고 있는 병도, 내가 자란 과정의 결과물도 아닌 나 자신만이 가지고 있는 불변의 무엇인가가 있다. 우리는 이것을 '진정한 자아'라고들 한다.

　우리보다 앞선 시대를 살았던 선현들은 "진정한 자아를 찾는 참된 길이 삶의 근본"이라고 했고, "자신을 아는 자는 세상에서 못 해낼 일이 없다"라고도 했다. 우리 각자 자신의 자아, 맑은 영혼을 자신에게 묻고 자신의 삶에서 찾아 나아가도록 하자. [2]

■ '어디에서 나와 어디로 가는가?'

이 물음 또한 영원한 화두다. 이를 시작으로 철학과 종교가 태어났지만 명쾌한 답은 어느 종교학자, 철학자도 찾지 못한 것 같다. 여기서는 탄생과 죽음으로 범위를 한정하여 논하고자 한다.

나는 어디에서 왔을까? 나의 생명은 나 자신이 선택하거나 원해서 이루어진 것은 아니지만, 세상의 관심과 축복 가운데에서 시작된, 나의 '삶'의 시작 즉 생명의 탄생으로부터 시작한다.

탄생은 창조를 주장하는 종교계와 진화를 주장하는 과학계가 대립하여 오랫동안 논쟁하고 있지만, 어느 것이 맞는지는 현재로서는 알수가 없다. 이 문제는 다른 데서 논하도록 두는 것이 좋을 것 같다. 솔직히 이를 논할 지식도 없다. 창조주의 놀라운 신비에 의하여 창조되었든 아니면 빅뱅 이후 지구 생물의 진화에서 나왔던 '나'라는 존재로 태어났다는 사실은 대단한 행운이자 신비이다.

그러면 나는 어디로 가는가? 신비스런 생명을 부여받은 우리는 '삶'이란 이름으로 이 지구 상에 잠시 머물다가, 우리 모두가 알고 있는 '삶'의 마지막 '죽음'의 길로 가게 될 것이다. 이 길지 않은 생에

서의 삶이 간단하지 않듯 죽음 또한 쉬운 문제가 아니다.

'빈자들의 어머니'이자 '살아있는 성녀'로 불리었던 마더 테레사 수녀는 '삶과 죽음'을 "삶은 어떤 것을 이루어 나가는 일입니다. 그리고 죽음은 그 이루어 나감의 완성입니다."라고 표현했다.

대다수 학자들은 죽음이란 '한 생명체의 모든 기능이 완전히 정지되어 원형대로 회복할 수 없는 상태'라는 데에 동의하지만, 단서를 붙이는 것을 잊지 않는다. '삶이 무엇인지 규명하지 않고는 죽음에 대한 완전한 해답은 있을 수 없다'고도 하고, '죽음의 세계란 인간의 경험 영역, 지각 영역을 넘어서는 차원의 문제에 속하기 때문에 그 본체를 파악하기란 불가능하다'고도 한다. [3]

죽음은 삶을 전제하지 않고는 이루어질 수 없기에 결국 삶을 논하지 않고는 죽음만을 생각한다는 것은 무의미하다는 것이다. 죽음의 의미를 생각할 때 분명히 죽음은 삶의 일부이며, 이에 대한 이해를 바탕으로 그다음이 전개돼야 할 것이다.

사람들은 죽음에 대한 해석에 각자 자기 나름의 독단을 많이 개입시킨다. 사신의 관점에서 죽음을 보는 것이다. 죽음에 대한 통일된 답변을 들을 수 없는 것은 각자가 사는 시대, 공간, 종교, 철학, 사회, 문화적 환경이 다르기 때문일 것이다.

의학이 보는 죽음

　의학 임상적으로, 죽음은 심장의 박동과 호흡이 영구적으로 멈추었다는 확증이 있을 때를 말한다. 이와 같은 정의는 죽음을 판정하는 데 일반적 기준으로 적용하여 왔다. 그러나 최근 의학의 발달에 따라 뇌의 기능이 회복될 전망이 전혀 없는 환자를 기계적으로 유지 관리할 수 있는 기술이 늘어났고, 이에 따라 뇌사(腦死)라는 새로운 죽음의 판정기준이 생겨났다. [4]

■ 심폐기능사설

가장 전통적인 죽음의 정의로서 '심장 및 호흡기능과 뇌 반사의 영구적 손실을 죽음이라고 정의한다.'라는 것으로 호흡 운동과 심장 박동이 정지되고 뇌 반사가 소실된 것이 불가역적일 때 죽음으로 판단한다. 일반적으로 죽었다고 할 때는 숨을 쉬지 않고 심장이 뛰지 않는 상태를 말한다. 그러나 이 기준도 호흡 중지 또는 심(心)정지 중에 어떤 상태가 죽음을 선언하는 데 우선적인가 하는 문제가 있다.

19세기에는 자발적 호흡의 유무만이 죽음을 판단하는 유일한 기준이었다. 그리고 심장 정지는 몇 분 뒤에는 있을 것으로 간주하였다. 그러나 그 후 인공호흡기가 개발되어 호흡 곤란증 환자에 대한 호흡 유지가 가능해지고, 또한 마취 기술의 등장과 함께 인공호흡이 점차 널리 사용되면서 전통적 죽음에 관한 기준이 모호해지게 되었다. 그래서 국제적으로, 뛰고 있는 심장이 멈추는 것을 죽음의 판단 기준으로 하는 것이 자연스럽게 받아들이고 있다.

■ 뇌사설

뇌 기능 전체의 비가역적인 영구 손실을 말한다. 뇌의 거의 모든 조직이 파괴되어 뇌가 죽으면 그 기능도 모두 상실되고, 이어서 호흡 및 심장박동의 불가역적(不可逆的) 기능 정지가 유도되기 때문에 결국 심장사를 하게 된다. 이 상태에서는 어떤 치료, 어떤 노력을 하더라도 생명을 살릴 수 없는 상태가 되었을 때를 뇌사라고 한다.

뇌사상태에서 인공적인 외부 생명연장 장치로 일시적 심장 박동을 유지할 수 있기에 심장사와의 시간차를 생기게 할 수 있게 되었다. 이 시간 차이로 물질적 신체는 세포나 장기 수준에서 생명을 유지하고 있게 되었으며, 장기이식에 활용할 수 있는 실용적 가치를 지니게 되었다.

한편 뇌사는 코마라 불리는 혼수상태에 빠진 식물인간과는 전혀 다른 개념이다. 혼수상태에 빠진 이들은 대체로 뇌의 일부인 대뇌피질의 소산이 있어서 기억, 사고 등 대뇌피질의 작용이 상실된 것일 뿐 자발적 호흡이나 순환 및 혈압 등의 자율조절 기능이 유지되는 상태이다. 당연히 장기이식 대상자가 아니며, 의학적 죽음으로 인정되지 않는다.

■ **세포사설**

엄격한 의미에서 개체의 죽음이란 생명체가 기능하는 데 필요한 모든 화학적, 물리적, 생리적 활동의 손실로 특징지어지는 인체의 불가역적(不可逆的)인 변화이며, 이것은 개체를 이루고 있는 세포의 죽음이어야 한다. 세포가 죽는 방식에는 크게 '괴사'와 '세포 사설'이 있다.

세포의 '괴사'는 외부로부터의 타박, 화상, 약물 등의 자극 정도가 높아서 일종의 '사고사'에 해당한다. 한편 '세포 사설'은 유전자의 제어된 능동적인 세포의 죽음이다. 세포사는 생물학적 관점의 시각을 만족하게 하지만, 현실적으로 의학의 관점에서는 뇌사 및 심장사를 생명체의 죽음으로 보고 있다

종교가 보는 죽음

종교는 죽음에 대하여 다른 어떤 영역보다 깊이 있게 다루고 있다. 대부분 종교는 죽음의 문제를 자신들의 교리 체계 안에 본질적인 것으로 취급하고 있다. 그래서 거의 모든 종교의 교리에는 죽음이 중요한 주제가 되고 있다. 그러나 각 종교가 가지고 있는 생사관은 그 종교가 가지고 있는 색깔만큼이나 다르게 구성되어 있고 교리체계도 다양하다.

■ 무속

무속집단은 저승 법을 '능수능장법'이라 하여 죽음의 세계를 맑고도 깨끗한 것으로 인식하고 있다. 죽음의 세계를 이렇게 생각할 수 있었던 것은 신분의 높고 낮음에 관계없이 인간이라면 누구나 죽을 수밖에 없다는 생각 속에서 연유된 것이라 생각된다. 그런데 이와 같은 인식은 상대적으로 삶의 세계인 이승을 부정한 곳으로 보고 있다는 것을 의미하고 있다고 볼 수 있다.

무속집단은 삶의 세계는 이승, 반면에 죽음 후의 세계는 저승으로 표현하였다. 삶과 죽음의 세계를 이처럼 '이승과 저승'으로 구별하여 우주 체계를 이원론적으로 인식한 것은 무속 집단이 인간의 생(生)과 사(死)에 얼마나 깊은 관심을 두고 있는지를 보여 주고 있는 것이다.[5]

무속에서는 인간을 영혼과 육으로 나누고 영혼에는 혼(魂), 귀(鬼)와 백(魄)이 있고 이들이 서로 합치하여 생명체를 이룬다고 믿었다. 그래서 인간이 죽으며 영혼과 육신은 분리되어 혼(魂)은 하늘에, 귀(鬼)는 공중에, 백(魄)은 땅으로 돌아간다는 것이다. 그래서 혼(魂)이 나가면 인간은 죽고, 귀(鬼)는 신이 되어 신사에 관여한다. 즉 복과 화를 주는 초자연적인 힘이 있다고 믿는다.

또한 무속에서 영혼은 없어지지 않는다는 영혼 불멸관을 믿고 있으며, 영혼은 시공(時空)의 제한을 받지 않고 전지전능한 것으로 믿는다. 현세에서 행복하게 오래 살다간 영혼은 사후에도 선해지고 평안을 얻는 반면, 만족하지 못한 삶을 살거나 비명횡사, 병사한 사람의

영혼은 악한 영이 되어 인간을 괴롭힌다고 믿고 있다. [6]

무속에서는 죽음은 끝이 아니라 새로운 세계로의 출발이며 영혼은 불멸한다고 믿고 있다. 그래서 죽은 영을 위해 제(祭)를 올리고 극락왕생을 비는 것이다. 그것은 사령(死靈)이 현세적 삶의 공간에 계속 머물러 있다면 살아있는 사람들에게 재앙이 되기 때문에 망자로 하여금 이승에 대한 모든 집착과 원한을 풀고 저승으로 돌아가도록 하는 것이다. [7]

■ 유교

유교는 죽음을 하나의 필연적인 사실로 인정한다. 그리고 생명이 있는 곳에 죽음이 있고 시초가 있으면 종말이 있는 것이므로, 이는 자연의 이치로서 죽음도 이 자연현상의 일부분이라고 생각한다. 그래서 인간은 우주 자연의 원리에 순응하는 것만이 올바른 도리라고 주장하고, 인간은 죽음을 담담하게 받아들여, 그것 때문에 지나친 고뇌와 번민 속에 빠져들지 않는다는 것이다.

공자가 죽음보다는 삶을 더 강조했다는 것은 삶의 이치를 잘 모르고 죽는다면 죽음 이후가 잘 보장될 수 없다는 생각이다. 현세 지향적인 유교는 공자가 말한 대로 살아서 세상에 할 일도 많은데, 죽은 후의 일을 논할 필요가 없다는 생각이다. 이처럼 유교는 신보다는 사람을, 죽음보다는 삶을, 저승보다는 이승을 더 바람직한 것이라고 보고

있다.

　유교에서는 사람이 죽으면 혼(魂)과 백(魄)이 분리되어 혼은 공중에 떠다니는 신세가 되고 백은 땅에 돌아가 흙으로 변한다고 보았다. 그래서 조상숭배와 함께 차례를 지내는 유교의 풍습이 나타나게 되었다. 특히 효(孝)를 중시하는 유교는 살아생전 부모에게 효도하고 돌아가신 조상에 봉사하는 사상이 중요시되었다. 또한, 제사의 의미는 불멸의 의미인 동시에 죽음은 생(生)의 변화한 형태와 생의 일부로 받아들인다는 의미가 있다.

　유교는 육체적 죽음은 단절이 아니며, 생(生)의 일부로 받아들여 죽음은 큰 문제로 인식하지 않았다. 또한, 이러한 모든 것이 하늘(天)에 달려 있기에 하늘(天)에 순종하는 것이 곧 죽음에 대한 유고의 관점이다. [8]

■ 불교

　불교의 '잡아함경(雜阿含經)'이나 '구사론(俱舍論)' 등에 의하면 죽음을 가리켜 "수(壽)와 난(暖, 체온)과 식(識, 의식)을 잃고 신체가 변괴(變怪)하는 것"이라고 정의하고 있다. 또 죽음(死)은 생(生), 노(老), 병(病)과 함께 네 가지 상(象) 중의 하나로 인식하고 있다.

　불교의 중심교리는 널리 알려진 대로 윤회(輪回) 사상이다. 한 인간이 죽게 되면 그 영혼은 계속 남아 다시 다른 몸을 받아 태어난다는 것이 윤회사상의 기본 개념이다. 즉 깨달음을 얻지 못하면 탄생과 죽음을 과정을 계속 되풀이해야 하며, 개개의 영혼이 전생에 행한 행위가 얼마나 선하고 악하였는지에 따라 그다음 생에 태어날 여섯 가지의 다른 길(六道, 지옥, 축생, 아귀, 아수라, 인간, 천상) 가운데 한 가지 길이 택하여진다는 것이다.

모든 중생들의 탄생과 죽음은 한 고리를 이루고 순환하며, 이는 전생과 무한히 연결되어 있고, 이러한 전생의 현상들은 카르마(karma, 業報)라고 불리는 원인과 결과에 지배된다는 것이다.

불교에 있어서 삶과 죽음의 조건은 자신의 행실로부터 오는 것이지 어떤 초월적 존재의 심판에 의해서 오는 것은 아니다. 가장 좋은 재생을 타고난 사람이라도 고통과 죽음으로 인도되기 때문에, 그리고 사람이 살아 있는 한 피할 수 없이 미래 재생의 원인이 되기 때문에 고통으로 벗어날 수 없다. 벗어날 수 있는 유일한 길이 있다면 전적으로 이 과정 자체에서 벗어나는 길밖에 없다. 이렇게 생사를 초탈하는 상태를 열반(涅槃)이라 한다. 이는 번뇌의 불을 멸진(滅盡)해서 깨달음의 지혜인 보리를 완성하는 경지를 말한다.[9]

■ 그리스도교

죽음의 기원은 구약성경 전체에 있어서 중요한 비중을 차지하고 있는 동시에 죽음 그 자체에 대한 함축된 많은 의미를 지니고 있다.

구약에서 생명이란 하느님과의 관계를 맺는 것을 의미하고, 죽음은 죄악으로 인한 무관계의 상태를 말한다. 그래서 죽음은 하느님의 영향력이 더는 미칠 수 없는 영역이고, 죄로 인하여 하느님이 멀리 떠난 곳으로 묘사되고 있다.

하느님은 흙으로부터 생명의 입김을 불어넣어 살아있는 인간을 만드신 분으로, 하느님은 언제라도 원하기만 하면 생명의 입김을 회수할 수 있는 분이라고 믿고 있다. 그러므로 이상적인 삶은 이러한 하느님과 친교 안에서 의(義)를 행하며 모든 것을 하느님께 맡기는 순종적인 삶을 살아야 한다는 것이다. 하느님의 영이 사람에게서 떠나면 영육 통일체로서의 전인적 존재인 인간의 생명체는 곧 생기를 잃게 되고 산 자의 땅에서 누리던 모든 것을 누리지 못하게 된다.

구약성경에서 죽음은 생명의 자연적인 경계선이며, 생명의 유한성은 하느님으로부터 오는 것이며 생명과 죽음의 모든 권세는 하느님이 가지고 있어 인간이 자기 명대로 살기 위해서는 하느님과의 관계를 회복해야 하는데 그 이유는 하느님은 생명의 원천이기 때문이다.

신약성경에서의 죽음의 이해는 그리스도의 죽음과 연결되지 않으면 불가능하다. 예수 그리스도는 모든 인류의 죄악을 짊어지고 십자가에서 대속(代贖)적인 죽음을 맞이하였다. 구약에 의하면 죄의 결과가 죽음이었으므로 인류를 구원하기 위하여 예수 그리스도는 자신이 희생제물이 되어 죄의 값을 치르셨다. 이 대속적인 죽음으로 말미암아 모든 인류는 이제 죄의 결과로서 죽음의 문제를 극복할 수 있게 되었다. 예수 그리스도가 죽음을 이기고 부활한 것처럼 그를 믿고 따르는 모든 자들도 죽음을 이기고 부활하는 복을 누리게 된다.

죽음은 하느님의 벌과 심판으로 들어와 인간을 죄와 노예로 종속시켰으나, 예수 그리스도의 죽음과 부활로 말미암아 이제는 죽음이 한낱 영원한 세계로 들어가는 관문이 되었다. [10]

심리·사회·문화가 보는 죽음

　우리는 일반적으로 육체적 죽음만 생각하지만 죽음을 다른 각도에서도 생각해 볼 수 있다. 그것은 심리적 죽음, 사회적 죽음, 문화적 죽음이다.
　심리적 죽음이란 심리적으로 '나는 이미 죽은 사람이다.' 라고 생각하는 사람은 병원에 가기도 전에, 죽기도 전에 이미 심리적으로 죽음을 맞이하게 된다. 더는 살 의욕을 잃어버린 상태를 말한다.
　그다음 사회적 죽음이란 사회적인 인간관계가 끊어져 버리고 홀로 남은 상태를 말한다. 문병 오는 사람이 아무도 없고, 아는 사람이 아무도 없는 중환자실에 혼자만 남는다면 그것은 이미 사회적으로 죽음을 맞은 것이나 다름없다. 모든 사회적 관계를 끊어버린 노숙자나,

감옥에 갇혀있는 사람 가운데 다른 사람과 관계가 단절된 경우도 이에 해당될 수 있을 것이다. 사회적 관계가 점점 축소되는 것은 정상적인 인간의 삶이 아니라 죽음을 향해가는 과정이라고 할 수 있다.

마지막으로 문화적 죽음은 인간이 살아가면서 누구나 누리는 문화적 활동과 혜택을 누릴 수 없는 상태를 말한다. 문화적 혜택이 없는 병원이나 요양원에 혼자 쓸쓸히 지내다 보면 육체적 죽음 이전에 먼저 문화적 죽음을 맛보게 될 것이다.

우리 사회가 놀라울 정도 급격하게 발전하고, 경제 대국이 되고, 장수국가의 반열에 올라섰지만, 아직도 심리적, 사회적, 문화적 측면을 포괄하는 죽음의 복지는 부족한 현실이다. 마지막 죽음을 앞둔 환자를 배려하여 환자가 자신의 삶의 질을 유지하면서 죽음을 맞을 수 있도록 하는 것이 필요하다. [11]

죽음은 어떤 모습일까?

그 대답은 각자의 살아온 삶이 다르듯 삶의 마지막인 '죽음'의 모습도 각자 다 다를 것이다. 누구든지 그 자신이 살아왔던 방식 그대로 죽음과 죽어감을 맞게 될 것이다. 왜냐하면, 어제의 삶이 오늘의 삶으로 이어지고, 오늘의 삶이 내일의 죽음과 이어지기 때문이다. 우리의 삶이 아름답고 행복한 것이라면 죽음 역시 아름답고 풍요로운 모습일 것이다. 반대로 우리의 삶이 어둡고 불안한 삶이라면 죽음 또한 어렵고 고통스러운 모습일 것이다. 어쩌면 죽음은 삶의 거울과 같이 내 삶의 지나온 여정을 그대로 보여 줄 것이다.

잘 살아야 잘 죽을 수 있다. 죽음의 준비는 단순히 죽음을 준비하는 것이 아니라 삶을 준비하는 것이다. 또 역설적으로 말하면 잘 죽는 것이 잘사는 것일 수도 있다. 죽어감의 과정은 자기 자신의 생명을 최후 순간까지 어떻게 살아가느냐 하는 중요한 시기이다.

인간은 동물과 달리 육체는 쇠약해져 가도 정신적, 인격적으로 성장을 계속해서 존엄하게 죽음을 맞는 것도 가능하기 때문이다. 죽으면 어떻게 될까? 하고 궁금해하기보다 지금 나의 삶이 어떠한지 자기 자신에게 되물어야 할 것이다.

또 티베트의 고승 달라이 라마는 이렇게 말했다.

"사람들은 평화롭게 죽기를 바랍니다. 그러나 우리의 삶이 폭력으로 가득 차 있거나 성냄, 집착, 공포 같은 감정으로 크게 혼란스럽다면, 평화롭게 죽을 수 없음 또한 자명한 일입니다. 따라서 죽음을 평온하게 맞이하고자 한다면 올바르게 사는 법을 배워야 합니다. 평화로운 죽음을 희망한다면 우리의 삶 속에서 평화를 일구어야 합니다."
12)

죽음은 억울한 것일까?

　모든 생명은 태어남이 있고 떠남이 있다. 창조주에 의해 창조되었던, 생물의 진화에 의하여 태어났던지 간에 한 번 주어진 생명이 영원히 살아야 한다고 주장할만한 아무런 근거도 없다. 나의 생명은 내가 선택한 것도 희망한 것도 아닌, 아무런 수고 없이 얻은 것은 분명한 사실이지 않은가? 그런데 '나'라는 존재의 탄생을 준 그 '누군가' 또는 그 '무엇'이 계획한 만큼 살았으니 이제 거두어야 할 때라면서 나의 생명을 가져가겠다고 하면 어떻게 대응하는 것이 좋은 것일까? '줄 때는 맘대로 주었지만 가지고 갈 때는 맘대로 안 된다'고 강하게 반발을 하든지, 아니면 '그동안 나에게 삶의 기회를 주어서 감사합니다. 고맙습니다.' 하고 받아들이는 두 가지 방안이 있을 것이다.

또 다르게 생각해 볼 수도 있을 것이다. 나의 몸과 모든 것은 내가 소유하고 있었는데, 그것을 놓아두고 떠난다고 생각하면 당연히 서운할 것이다. 그러나 이 모든 것을 잠시 내가 관리하고 있었는데, 주인이 나타나 그것을 놓아두고 떠나라 한다면 그다지 서운하지 않을 것이다. 미련 없이 떠날 수 있을 것이다. 한마디로 소유자에게는 애착이 있기 때문에 미련이 남지만, 관리자는 애착이 없으므로 미련 없이 그냥 홀가분히 떠나면 되는 것이다.

2009년 선종하신 김수환 추기경이나, 2010년 입적하신 법정 스님, 2011년 영면한 세계 IT계의 귀재였던 스티브 잡스 그리고 2012년에 돌아가신 미 국무부차관보 강영우 박사, 이 분들 모두 건강할 때 죽음을 준비하고 마지막에는 주어졌던 삶에 감사를 표하고 가셨다고 한다. 그분들은 각자 살아온 삶의 방식대로 마지막 죽음을 맞이한 것이다.

짧든 길든 주어진 각자의 삶을 살아가는 여정에서, 하루하루 최선을 다해 살다가 명이 다하여 죽음을 맞이할 때 감사하게 받아들일 수 있다면 '죽음'에 대한 억울함이 조금은 덜해질 것이다.

인간은 반드시 죽을 수밖에 없다는 이 자연의 법칙은 어떻게 해야 하나? 그러나 우리가 삶을 살아오면서 늘 불만이었던 불평등이, 죽음에서는 누구나 평등하다는 사실에 조금은 위안으로 삼을 수 있지 않을까?

죽음은 우리들의 삶에 있어 참 평등한 기회를 준다. '누구나 죽는

다는 것', '언제나 죽을 수 있다는 것', '어디서나 죽는다는 것', '누가, 어디서, 어떻게 죽을지 정해져 있지 않다는 것'이다. 나만 잘못되어서 당하는 일도 아니고, 누구나 공평한 기회가 주어진다는 데, 감사한 일은 아닐지 몰라도 크게 억울한 일도 아니지 않은가?

억울한 죽음을 맞이할 것인지, 아니면 행복한 죽음을 맞이할 것인지는 우리 자신이 결정한다는 사실을 한번 생각해 보자. 또 우리보다 앞선 세대를 살았던 많은 선각자들과 우리의 선배들 중에는 삶과 죽음의 이치를 깨달아 품위 있는 죽음, 풍요로운 죽음을 준비하여 그 길에 도달한 자들이 있다는 사실 또한 부정할 수 없지 않은가. 그렇다면 죽음에 대해 크게 억울해하지는 말자.

차라리 우리는 삶의 마무리인 품위 있는 죽음을 위하여 하루하루를 뜻있고 풍요롭게 살도록 노력하자. 삶의 가치는 그 길이에 있지 않고 그 순간순간을 얼마나 알차게 유용했느냐에 있다.

■ **생로병사(生老病死)는 우주의 이치이자 자연의 법칙**

인간이 태어나서, 노쇠하고, 병들고, 죽는 것, 즉 생로병사(生老病死)가 우주의 이치이고, 삶이 있으면 죽음이 따르는 것이 자연의 법칙인데 크게 억울해할 필요가 있겠는가?

필자의 어머니는 지난해 아흔에, 대장암으로 돌아가셨다. 의사의 진찰과 검사결과 대장암 말기로 판정되었다. 엄마는 검사결과를 전해 들고는 "쇠로 만든 기계도 구십 년 쓰면 다 낡아 더는 못쓴다. 부품 몇 개 바꾼다고 될 문제가 아니다. 내 병은 내가 잘 안다." 하시며 수술을 거절하시고는 그 후 백여 일 동안의 투병 끝에 돌아가셨다.

　세상의 모든 것은 시간이 지나면 낡고 부서지고 흩어지게 마련이다. 집도 차도 마찬가지이고 가구도 책도 그러하다. 과학에서는 이런 이치를 '엔트로피(Entropy, 무질서도) 증가법칙'이라고 한다. 우주의 모든 것들은 질서 있는 쪽에서 질서 없는 쪽으로 진행된다는 것이다. 인간의 육체 역시 잘 정돈되어 질서 있게 움직이다가 엔트로피 법칙에 따라 차츰 그 질서를 잃게 된다. 그러다 그 무질서가 어느 정도를 넘어서면 인간을 죽게 된다. 죽음은 엔트로피 증가 법칙에 의해 일어나는 자연현상이다. 죽음이 자연현상이고 불가항력이라는 것을 이해한다면 죽음의 억울함이 줄어들 수 있을 것이다.[13]

죽음! 다음 세대를 위하여 자리를 비워 주는 것

한 알의 밀알이 떨어져 죽지 않으면 한 알 그대로 남고, 죽으면 많은 열매를 맺는다(요한복음 12:24)는 말대로 한 생명이 태어나 자기의 역할을 다하고 다음 세대를 위하여 자리를 비워주는 것은 당연한 일이고, 자신의 역할을 다하고 나서 맞이하는 것이 죽음이라고 생각한다면 억울함보다는 축복이라고 생각할 수도 있지 않을까?

미국 대통령이었던 제프슨이 그의 인생 말년에 친구 존 애덤스에게 쓴 편지를 보면 한 세대가 반드시 물러나야 할 이유가 잘 나타나 있다. "우리 모두에겐 죽음이 무르익어 찾아올 때가 있소. 우리가 죽음으로써 또 다른 성장을 이루어야 할 바로 그때가 말입니다. 우리에게 주어진 시간을 다 산 뒤에 남의 것을 탐할 수는 없겠죠."[14]

무릇 모든 살아 있는 생물이 때가 되어 죽음으로써 생의 무대를 다음 세대들에게 물려주는 것은 자연의 섭리이다. 생의 정해진 한계점이 있다는 사실을 담담히 받아들일 때 비로소 인생은 균형 있는 조화를 이룰 수 있다. 모든 즐거움과 성취감, 그리고 고통까지 받아들일 수 있는 인생의 틀이 완성되는 것이다.

다른 사람이 우리에게 자리를 내어준 것처럼, 우리도 다음 세대에 자리를 내어 주어야 한다는 사실을 항상 마음속에 지니고 있으면 매사에 감사하고 뜻있는 삶을 살아갈 수 있을 것이다.

죽음은 무섭고 어두운 것일까?

　우리는 살아가면서 가끔 죽음을 떠올리고는 마음이 착잡해지고 불안해진다. 우리는 죽음의 본질을 알기도 전에, 죽음은 '어둠', '두려움', '고통', '종말' 등과 같이 부정적인 것으로 우리의 생각 속 깊이 자리 잡고 있다. 이는 '죽음'에 대한 논의 자체를 금기시 하는 뿌리 깊은 유교사상에 기반을 둔 우리의 사회, 문화적 배경과 그 외에도 많은 복합적 요인이 있을 것이다.

　우리 한국의 경우 사오십년 전까지만 해도 죽음은 우리 삶의 일부분이었다. 죽음을 맞는 당사자나 보내는 가족 모두가, 사랑하는 사람들이 함께하는 죽음이었고, 죽은 이도 가버린 자가 아니라 산 자들의 삶 속에 함께 머물렀던 것이다.

급격한 사회의 변화로 죽음을 맞이하는 곳은 삶의 터전인 각자의 가정이 아니고 병원이라는 제한된 공간으로 바뀌었고, 가족과 함께 맞이하고 보내던 죽음이 아니라 주변과 격리된 채 수많은 장비에 쌓여 고독하게 맞는 죽음으로 바뀌어 가고 있다. 이 때문에 가족 등 사회 구성원 간 죽음을 같이 할 기회가 없어졌고 그 결과 죽음 준비교육의 기회가 없어져 버린 것도 죽음을 두려워하는 한 원인이 될 것이다.

지난해 대장암으로 돌아가신 어머니와 함께한 죽음과 죽어감은 무섭고 어두운 것만은 아니었다. 그것은 죽음을 피하지 않고 준비하여 의연하게 죽음을 맞이한 어머니의 삶이 있었기에 가능한 일이었다고 생각한다.

나는 이십여 년 전 여름휴가 때에 시골에 계시는 어머니 집에 갔었다. 그때 어머니는 동네 이웃 할머니들과 삼베로 수의를 만들고 있었다. 윤달이라 수의를 하면 좋다고 하여 만드는 것이라 하였고, 우리는 웃으면서 함께 죽음을 이야기했다. "엄마, 수의를 하셨으니 이제 산소 쓸 자리만 준비하면 되겠네요?"라고 내가 농담을 하였더니 엄마는 "그렇게 해 주면 고맙지, 내 갈 곳을 미리 알아두면 좋지"라고 하셨다.

그다음 해 휴가 때에, 나는 어머니 묏자리를 찾기 위하여 지관을 데리고 시골 고향에 갔다. 선산 여러 곳을 헤매다가 산소 자리 두 개를 찾아내곤 어머니께 보여 드렸다. 그 중 한 곳을 자신이 정하시고는 만족해하시며 고마워하셨다. 그 이후 어머니와 죽음에 대해 많은 이야기를 나누었고 엄마는 차근히 죽음을 준비해 왔던 것이다. 지난해

어머니의 암 투병과 함께 죽음을 준비하고 마지막으로 어머니를 보내면서 가시는 어머니도, 보내는 우리 가족도 '죽음'은 결코 무섭고 두려운 것이 아닌 우리 모두의 성장 시간이 될 수 있다는 것을 깨달았다.

죽음은 고통스럽고, 좋지 않은 불길한 것일까?

지금까지 내가 경험한 많은 죽음은 고통스러운 죽음이 대부분이었다. 그러나 죽음을 오랫동안 준비한 어머니의 죽음을 보고는 그렇지 않다는 것을 알게 되었다.

집에서 마지막을 보내신 아버지는 위암이었다. 발병한 지 육 개월 정도 사시다가 돌아가셨고, 할머니는 마지막에 폐렴으로 돌아가셨다. 삼촌은 간암 수술 후 한동안 병원에서 내가 직접 간호를 했었다. 퇴원 후에도 계속 입 퇴원을 반복하시다 돌아가셨는데 너무 고통스럽게 돌아가셨다. 누나는 고혈압으로 쓰러져 의식을 잃고 식물인간 상태로 이 주 정도 중환자실에서 있다가 돌아가셨다. 장인, 장모님도 고통 속 죽음의 여정에 계셨는데 큰 도움을 드리지 못했다. 내가 조금 더 일찍 죽음에 대해 공부했더라면 그렇게 고통스럽게 가시도록 두지는 않았을 거라는 아쉬움이 있다.

어머니가 암으로 투병하는 백여 일 동안은 우리와 어머니가 함께 어머니의 삶을 아름답게 마무리하기 위하여 부지런히 노력하는 시간이었다. 그 기간은 어머니가 생전에 하고 싶었으나 하지 못했던 일을 마무리하고, 자신의 마지막을 위해 하나하나 의논해서 결정하고 실행하기에는 너무도 짧은 시간이었다. 그리고 마지막으로 신앙적 마무리, 사랑하는 사람 모두와 관계를 마감하는 일 등 모든 것이 죽음을 맞는 어머니에게도 남은 가족에게도 너무도 소중한 시간이었다. 임종이 얼마 남지 않은 시간에 마지막으로 자신의 장례식장이 어디에 있는지 보시기도 했다. 자신의 죽음이 임박했음을 아시고 차분하게 준비하셨다.

그래도 마지막 닷새는 고통으로 힘들어하셨다. 그렇지만 자신이 정신상태가 좋으실 때 인공호흡기 부착 등 연명장치를 거부하는 자신의 분명한 의사를 밝혀 주셨기에 남은 가족들이 마음의 큰 부담 없이 어머니의 결정에 따를 수 있었다. 어머니는 인공호흡기나 심폐소생술 등은 제발 하지 말고 그냥 보내 달라고 신신당부를 하셨다. 고통이 있을 때마다 고통을 최소화하도록 병원에 부탁하여 조치해서 고통을 완화하도록 노력을 했다.

현대 의학은 죽어감의 과정에 조금만 노력한다면 고통의 90퍼센트를 감소시킬 수 있다. 어머니는 돌아가시기 5일전 정신이 있을 때까지 자신이 아셨던 한 분 한 분에게 일일이 손을 잡으시고 마지막 화해와 함께 고맙다는 인사를 하시고 가셨다.

　죽음은 아름답게 삶을 마무리하는 기회일 뿐 아니라 남은 사람들에게 진정한 화해의 의미와 삶의 지표를 제시해 주는 기회가 될 수도 있다.

죽음은 우리 삶의 일상

　우리는 삶의 일상에서 '죽음'을 잊고 살아오다, 사랑하는 가족이나 친구 아니 나 자신의 문제가 되고서야 아차 그 무시무시한 '죽음'이 나에게 닥쳤구나 하고는 후회와 번민을 한다. 통계청의 2010년 사망자 수를 보면 약 255천명으로 하루 평균 약 700명이 죽음을 맞는다. 이는 죽음이 다른 사람의 문제가 아니고 나 자신의 문제이자 내가 사랑하는 사람의 문제임을 말해주고 있다. 죽음은 숨기려고 해서 숨겨지는 것도 아니고, 외면해서 될 문제도 아니다.
　죽음을 환영하는 이야 없겠지만 죽음을 예측하고, 이를 삶에 긍정적으로 녹여내는 사람들도 있다. 그런데 우리 사회는 왜 그렇게 하지 못하고 죽음을 이토록 어렵게만 여기는 것일까? 아마 우리가 죽음을 쉽게 받아들이지 못하는 이유는 그것이 낯설고, 아는 것이 너무 없기 때문일 것이다.

죽음을 준비한 사람은 기꺼이 맞이할 수 있지만 준비하지 않은 사람이 아무도 가보지 않은 새로운 변화로 죽음을 맞는 것은 참 어려운 일이다. 그러나 죽음이 누구에게나, 언제나 찾아올 수 있다는 것이 바로 지금 이 순간이 죽음 준비를 해야 할 이유이다. 이 세상을 살아가는 우리 모두는 죽음의 실체를 바로 알고 행복한 죽음, 평화로운 죽음을 준비하여야 할 것이다.

참된 삶을 맛보지 못한 자만이
죽음을 두려워하는 것이다.

― 제이메이 ―

PART 4

죽음에서 배우는 삶의 지혜

Well-dying

죽음 앞, 삶의 지혜

인간은 누구나 행복을 꿈꾸며 자신의 삶을 살아간다. 그러나 이 세상에 살아있는 모든 것은 언젠가 생을 마감하게 되어있다. 이것은 누구도 비켜갈 수 없는 생명의 질서이며 신의 신비이다.

사람들은 어느 날 삶의 종착점에 서서, 죽음과 정면으로 마주하면서 삶을 바라보는 시각이 완전히 달라진다. 그들은 죽음이라는 절망과 어둠 속에서 삶의 지혜를 깨닫게 된다. 죽음을 앞둔 사람들이 가르쳐 주는 가장 놀라운 배움 중 하나는 불치병 선고를 받는 순간에 모든 것이 끝나는 것이 아니라는 것이다. 바로 그때 진정한 삶이 시작된다.

죽어감의 여정에서 사람이 어떻게 살아야 하는지, 어떤 마음으로 살아가야 하는지, 무엇이 삶을 의미 있고 가치 있게 만드는지, 그 모든 것을 알려주고 떠나신다. 그들의 마지막 여정에 가슴을 열고 다가간다면 누구나 생생하게 살아 있는 가르침을 얻을 수 있다. 깊은 통찰을 얻을 수 있을 뿐만 아니라 삶의 돛대를 바로 잡을 수 있는 배움을 얻을 수 있다.

당신은 죽음의 실체를 인정하는 순간, 삶의 실체를 인정하게 된다. 당신은 아직 자신이 아직 살아있고, 지금 자신의 삶을 살아야 하고, 자신에게 있는 것은 지금의 이 삶뿐임을 깨닫게 된다. 죽음을 앞둔 사람들이 우리에게 가르쳐 주는 가장 중요한 교훈은 모든 날을 생의 최고의 날로 살라는 것이다.

죽음을 눈앞에 둔 사람들은 위대한 가르침을 주는 선생님들이다. 그들이 들려주는 교훈들은 삶에 대한 진실이다. 그것은 죽음에 대한 것이 아니라 삶에 대한 지혜이다. 우리가 죽음을 앞둔 사람들로 배워야 할 삶의 지혜는 진정한 자아, 사랑, 관계, 상실, 용서, 행복 등이다.

진정한 자아(自我)

인간은 누구나 가장 깊은 내면, 근본인 본질적 자아로부터 터져 나오는 흐름이 있다. 우리는 그것을 찾고, 진정한 행복에 이르는 길을 찾으려고 끝없이 노력한다. 사랑하는 사람이나 종교, 신 또는 그런 것들이 있다고 믿는 장소에서 해답을 구하기도 한다. 그리고 어떤 자들은 돈과 지위, 좋은 직업 등에서 의미를 찾으려고도 한다. 그러나 그런 것에서 자신이 추구하는 의미를 발견할 수 없다는 것을 알게 된다. 지식이나 진리의 추구 또는 창조적인 일 속에서 그 의미를 찾는 이들도 있다. 어떤 이는 불행이나 죽음 앞에서 그것을 발견하기도 한다.

사람들은 최악의 상황에 직면할 때 더 많이 성장한다. 조건이 나쁠 때 오히려 자신이 가진 최상의 것을 발견할 수 있다. 탄생에서 죽음에 이르는 과정에서 배움을 통하여 행복하고 가치 있는 삶이 무엇인지 깨닫게 된다. 그것이 완벽하지는 않지만 진정한 삶이다.

그러면 그 배움의 주체는 무엇인가? 다시 말해 누구인가? 이것은 어려운 질문이다. 우리 안에는 정의 내릴 수 없는 불변의 무엇인가가 있다. 그것은 태어날 때부터 갖고있는 것이고 죽을 때도 함께 진정한 모습으로, 중간에 없어지거나 나이, 질병, 상황에 달라지지 않는다.

삶의 마지막 순간이 가까이 오면 사람들은 더 진실해지고, 정직해지고, 더 진정한 자신이 된다. 우리는 인생을 살아가면서 여러 가지 역할을 맡는다. 배우자, 부모, 직장 상사, 좋은 사람, 반항아 등을 역할을 맡게 된다. 그 역할은 나쁜 것도 아니고 어떤 상황에서는 꼭 필요한 역할일 수도 있다. 다만 우리가 해야 할 일은 그것 중에서 우리에게 맞는 역할과 그렇지 않은 것을 가려내는 일이 필요하다. 그것은 양파 껍질을 벗기는 것과 같다. 사람들의 피상적인 자아는 여러 껍질 속에 싸여있고, 그 모든 껍질 속에 진정한 자아가 있다. 그때 우리는 양파 껍질을 벗길 때처럼 어느 정도 눈물이 나는 것을 감수해야 한다.

삶이 가르쳐 주는 배움을 통하여 우리는 종종 자신이 원하지 않는 역할을 벗어버리게 된다. 이것은 우리 자신의 본질이 나쁘다는 것이 아니라 우리가 알지 못하는 면이 있다는 것이다. 자신이 특별히 좋은 사람이 아니라는 것을 알게 된다면, 좋은 사람인 척하는 가면을 벗어버리고 진정한 자신을 찾아야 한다.

자신을 멋있게 보든 초라하게 보든, 우리는 주변 상황으로 자신을

정의하는 습관이 있지만, 그것은 결코 진정한 자기 자신이 아니다. 돈 많이 벌고, 좋은 직장 얻고 아이들이 공부 잘하면 스스로를 굉장한 사람으로 느끼고, 반면에 그렇지 못하면 자신을 가치 없는 사람으로 여기는 것이다. 세상사를 살다보면 우리가 마음먹은 대로 되는 일도 있고 그렇지 않은 일도 있다. 하지만 본래의 자신은 그보다 훨씬 더 강하다. 우리의 모든 역할과 상황들 밑에 진정한 우리 자신이 숨어 있다. 거짓된 모습에 대한 환상을 버릴 때 진정한 자신을 발견할 수 있다.

우리는 종종 스스로를 정의 내리기 위해 타인을 살펴본다. 그래서 타인의 기분이 나쁘면 우리 자신도 실망하게 된다. 다른 이들이 우리가 잘못하고 있다고 생각하면 자신도 모르게 방어 자세를 취하게 된다. 하지만 진정한 자아는 그런 방어를 넘어선 곳에 있다. 우리는 지금 이대로도 충분히 건강하고, 완전하며 가치 있는 존재이다. 인생의 시작에 있든, 절정기에 있든, 절망의 나락에 있든, 우리는 언제나 그 모든 상황을 초월한 존재이다. 당신은 당신이 앓고 있는 병이나 직업이 아니라 당신 자신일 뿐이다.

생명이 얼마 남지 않았다는 진단을 받고서야 비로소 사람들은 자신이 누군가를 알아내는 시도를 하게 된다. '지금 죽어가는 사람은 누구지?' 하고 자문하며, 대개 우리의 어느 한 부분은 죽지 않고 살아남아 지금까지처럼 존재를 이어가리라는 결론을 얻게 된다. 우리가 병에 걸려 더는 사업가, 여행가, 의사, 어머니의 역할을 할 수 없는 날이 오면, 우리는 자신에게 중요한 질문을 던지게 된다. '내가 만일 그런 사람이 아니라면, 나는 과연 누구인가?' 만일 당신이 사무실의 성실한 직원, 이기적인 삼촌, 헌신적인 이웃이 아니라면 당신은 누구인가?

진정한 자신을 발견하고 자신에게 진실해지려면, 또 자신이 원하는 것과 원하지 않은 것을 찾아내려면 일상적인 일에서 그것을 경험해야 한다. 직업을 선택하는 일에서부터 입고 있는 옷에 이르기까지, 기쁨 평화를 주는 것들을 선택해야 한다.

가끔씩은 억누르고 있던 충동에 몸을 맡기고, 이상하거나 새로운 것을 시도해 보아야 한다. 자신이 진정 어떤 사람인지 알 수 있는 기회가 될 것이다. 또 아무도 보는 사람이 없다면 무엇을 할지 자신에게 물어보자. '결과에 신경 쓰지 않고 원하는 무엇이든 할 수 있다면 어떤 일을 할 것인가?' 이 질문에 대한 대답은 당신이 누구인지, 적어도 당신을 가로막고 있는 것이 무엇인지에 대해 많은 것을 가르쳐 줄 것이다.

우리는 '필요 없는 부분을 깎아 내는 것' 만으로도 우리의 타고난 재능을 눈부시게 꽃피울 수 있다. 본래의 당신은 가장 순수한 사람이며 완전한 존재이다. 당신 스스로를 치유하고 자신이 누구인지 깨닫기 위해 이 세상에 왔다. 당신의 진정한 자아는 어둠 속에서 당신을 인도하는 불빛과 같다. 자신이 누구인지를 깨닫게 되면 자신이 해야 할 일, 배워야 할 교훈이 보이게 될 것이다.[15]

사랑

사랑을 정의하기는 매우 힘들지만 사랑은 우리 삶에서 유일하고 진실하고 오래 남는 경험이다. 그것은 두려움의 반대이고, 관계의 본질이며, 행복의 근원이다. 그리고 우리 자신을 이루고 있는 가장 깊은 부분이고, 우리 안에 살면서 우리를 연결해 주는 에너지이다. 사랑은 지식, 학벌, 권력과는 관계없이 모든 행위의 너머에 있다. 또한 삶에서 결코 사라지지 않는 유일한 선물로 사랑은 우리가 진정으로 줄 수 있는 유일한 것이다. 환상과 꿈, 공허함으로 가득한 세상에서 사랑은 진실의 근원이다.

사랑이 가진 힘이 위대함에도 불구하고 참 사랑하기는 어렵다. 평생 사랑을 찾아다니는 사람도 있다. 우리는 사랑을 얻지 못할까 봐 두려워하고, 사랑을 얻으면 그것이 오래가지 않고 사라질까 두려워한다.

우리는 사랑이 무엇인지 안다고 생각한다. 하지만 그것들은 어린 시절에 갖게 된 그림이다. 가장 흔한 그림은 누군가 특별한 사람을 만나서 완벽하다고 느끼며, 모든 것이 멋져 보이고, 그리고 영원히 행복하게 산다는 낭만적인 이상형이다. 그러나 현실의 삶에서 사랑이 조건적이라는 것을 알고 우리는 상처를 받는다. 낭만적인 환상에서 깨어나 어릴 적에 꿈꾸던 사랑이 존재하지 않는 냉정한 현실과 마주하게 된다. 다행히도 진실한 사랑이 틀림없이 존재하고, 우리가 꿈꾸는 사랑이 불가능한 것만은 아니다. 다만 그런 사랑이 분명 존재하지만 우리가 선택한 방법으로는 다가갈 수 없다는 것이다.

우리는 대부분 무조건적인 사랑을 원한다. 만일 운이 아주 좋다면 인생에서 잠시 그런 사람을 경험할 수도 있겠지만, 슬프게도 우리 삶에서 경험하는 사랑은 대부분 조건적이다. 우리는 다른 사람들에게 무엇인가 해주기 때문에, 돈을 많이 벌기 때문에, 재미가 있기에, 잘 대해 주기 때문에 사랑을 받는다. 사람을 있는 그대로 사랑하기란 쉬운 일이 아니다.

우리가 서로에게 걸고 있는 기대를 버려야 평화롭고 행복한 사랑을 발견할 수 있다. 무조건적인 사랑을 발견할 수 있는 몇 안 되는 경우 중 하나는 아이들이 아주 어렸을 때 부모에게 주는 사랑이다. 그들은 부모의 지위에는 개의치 않고, 다만 부모이기에 사랑할 뿐이다. 그러나 아이들은 살아가면서 좋은 성적, 말을 잘 듣는 것에 대해 보상

을 받음으로써 결국 사랑에 조건을 다는 것을 배우게 된다.

사랑에 대한 조건은 관계를 짓누르게 된다. 그런 조건들에서 벗어난다면 생각하지 못한 다양한 방식으로 사랑을 발견할 수 있다. 무조건적인 사랑을 방해하는 가장 큰 장애물은 그 사랑이 되돌아올 수 없을지도 모른다는 두려움이다. 우리는 사랑의 감정이 받는 것이 아니라 주는 것에 있다는 것을 모르고 있다.

사랑하는 사람과 다툴 때에 당신은 상대방이 잘못했기 때문에 자신이 화가 났다고 생각한다. 하지만 사실은 당신이 스스로 마음을 닫고 사랑을 거두었기 때문에 당황한 것이다. 상대방이 당신의 마음에 들 때까지 자신의 사랑을 움켜쥐고 있는 것은 해결책이 될 수 없다. 그들이 무엇을 하든 그들을 사랑한다면 당신은 그 변화를 보게 되고, 갇혀 있던 우주의 모든 힘이 해방되는 것을 느끼게 될 것이다. 그리고 마침내 상대방의 가슴이 열리는 것을 보게 될 것이다.

우리 모두는 삶, 사랑, 모험에 대한 꿈을 가지고 있다. 하지만 슬프게도 우리는 그것들을 시도해서는 안 되는 이유들로 무장하고 있다. 그런 이유들은 언뜻 우리를 보호해 주는 듯하지만, 사실은 우리를 가두고 삶에 거리를 두게 한다. 삶은 우리가 생각하는 것보다 훨씬 짧다. 만약 해야 할, 사랑해야 할 사람이 있다면 바로 지금 그것을 해야 할 때이다.

어떻게 하면 자신을 사랑하는 법을 배울 수 있을까? 이것은 매우 어려운 일이며 아주 큰 도전이다. 우리는 대부분 어렸을 때 자신을 사랑하는 법을 배우지 못했다. 자신을 사랑하는 법을 배우려면, 우리는 자신에 대해 너그러운 마음을 것부터 시작해야 한다. 자신을 사랑할 때는 스스로를 미소 짓게 만드는 일들로 삶을 채우게 될 것이다. 그것이 바로 자신의 영혼을 노래하게 하는 일이 될 것이다.

많은 사람이 자신을 어리석다고 생각하며 이미 자신이 저지른 행동을 후회하거나 자신을 학대한다. 만일 다른 사람이 실수했다면 이해하고 위로의 말을 건넸겠지만, 자신이 같은 실수를 했다면 스스로를 실패한 사람이고 여기게 된다. 우리는 오히려 남에게 더 관대하다. 다른 사람에게 하듯이 자신에게 친절하고 너그러워지는 연습이 필요하다.

자신을 사랑한다는 것은 우리 주위에 언제나 있는 사람을 받아들이는 것이다. 자신을 사랑한다는 것은 모든 장벽을 없애는 것이다. 자기 주위에 있는 장벽을 알아보기가 쉽지 않지만, 그 장벽들은 엄연히 그곳에 있고 우리의 모든 관계에 개입하고 있다. 다른 사람들의 사랑을 받아들이고 또 그들을 사랑함으로써 자신을 사랑하는 법을 배울 수 있다.

사랑이 사람을 행복하게 해주는 것이 아니라면? 만일 사랑이 그냥 옆에 있어 주는 것이라면? 우리는 누군가를 항상 행복하게 해 줄 수 없다는 것을 알고 있다. 만일 당신의 기준이 틀렸고, 그냥 거기 있어 주는 것만으로도 그들을 행복하게 해줄 수 있다면? 우리는 사랑하는 사람의 문제를 모두 해결해 줄 수는 없지만, 그냥 옆에 있어 줄 수는 있다. 결국, 오랜 시간을 두고 본다면 그것이 가장 강한 사랑의 표현

이 아닐까? 누군가 옆에 있다는 것은 사랑에서, 삶에서, 그리고 죽음의 순간에서도 가장 중요한 일이라고 할 수 있다.

죽어가는 사람들이 우리에게 바라는 것은 자신이 안고 있는 문제를 분석, 진단, 해결해 달라는 게 아니다. 그들은 자신들의 고통을 이해해 주고 좋건, 나쁘건 자신들이 가고 있는 여정에 대해 애써 동참해서 성의껏 귀를 기울여 달라는 것이다. 우리는 그들이 하는 말을 듣기 위해 귀를 기울여 주고, 기대어 울 수 있도록 어깨를 내어주고 손을 내밀어 잡을 수 있도록 해 주어야 한다. 위로의 말과 함께하는 작은 행동들이 그들의 가슴에 진한 사랑으로 남게 될 것이다.

사랑은 언제나 우리의 삶 속에, 모든 아름다운 경험 속에, 때로는 비극 속에 존재한다. 사랑은 삶에 깊은 의미를 불어넣는 순수한 재료다. 사랑은 살아 있고, 만질 수 있으며, 우리 안에서 숨 쉬고 있다. 우리는 손을 뻗어 그것을 붙잡기만 하면 된다.[16]

관계(關係)

 우리는 일생을 살아가는 동안 많은 사람들과 관계를 맺는다. 배우자나 친구처럼 우리가 선택해서 맺은 관계도 있고, 부모, 형제처럼 우리 의지와 상관없이 정해진 관계도 있다. 그 관계들을 통하여 우리는 삶에 필요한 많은 것을 배운다. 자신이 누구이며, 무엇을 두려워하고, 진정한 사랑이 무엇인지 알게 되는 기회를 가진다.
 우리가 맺고 있는 많은 각각의 관계들은 개별적 관계이지만 많은 공통점이 있다. 왜냐하면 그것들은 나 자신에게서 나오는 것이기 때문이다. 나와 가까운 관계이든 먼 관계이든 우리가 맺고 있는 각각의 관계에는 '나 자신'이라는 공통분모가 있다.
 우리가 만나는 관계에서 중요하지 않은 관계는 없다. 배우자에서부터 이름 모를 배달원에 이르기까지 모든 이들과의 만남은 각각 그 의미가 있다. 조금 더 넓게 생각해 보면, 길을 가다 마주치는 사사로운 만남에서조차 우리는 많은 것을 배울 수 있기 때문에 모든 관계는 중요하다고 할 수 있다. 마주치는 모든 이들은 우리들 마음속 어딘가에 있을 행복과 사랑, 또는 고통과 불행으로 인도해 줄 가능성이 있다.

우리는 사람들과 관계를 맺고 사랑을 할 때 상처의 치유와 행복, 사랑과 안전, 만족감과 동료의식 등 많은 것을 바라게 된다. 또 그 관계가 우리 삶을 치유하고, 최고의 기쁨을 안겨 주기를 바라고, 상대방이 우리의 삶을 바로잡아 줄 것이라 믿기도 한다. 그러나 관계는 우리의 삶을 치유해 줄 수도 없고 행복을 주지도 않는다. 그것은 동화 속에서는 가능한 일이다. 완전한 삶은 당신 자신 안에서부터 나와야만 한다. 특별한 누군가를 발견한다고 해서 인간관계나 책임감의 문제가 해결되지 않는다. 아무도 그 문제를 해결해 줄 수가 없다. 진정한 해답은 그런 특별한 누군가를 찾아 헤매는 대신 자기 자신이 스스로를 완성하는 데 있다. 사랑할 누군가를 찾으려고 애쓰기보다 스스로 사랑받을 가치가 있는 사람으로 자신을 만들어야 한다.

당신은 사람들과 어울려 기쁨과 행복을 누리기 위해 태어났다. 동시에 자신이 이미 온전하고 완전한 존재라는 사실을 찾기 위해 태어났다. 어느 날인가는 그 특별한 사람을 찾게 될 것이다. 하지만 혼자 있는 모습 그대로도 당신은 충분히 가치 있고 사랑스러운 존재이고, 삶이 제공하는 모든 아름다운 것들을 누릴 자격을 이미 충분히 가지고 있다.

　자신이 특별한 존재임을 잊어서는 안 된다. 당신이 사회적으로 성공한 사람이든 그렇지 않든, 완벽한 배우자와 결혼을 했든 혼자 살든, 당신은 이 세상에 소중하고 독특한 선물이다. 외부적인 어떤 일이 일어날 때까지 기다릴 필요 없이, 당신은 이미 완전한 사람이다.

　우리는 언제나 자신 안에 있는 상처의 치유를 위해 나아가고 있다. 하지만 그 과정이 언제나 명쾌하거나 순조롭지만은 않다. 대개 나와 가까운 사람들이 다른 누구보다 더 나를 화나게 할 때가 많다. 그들의 모습에 실망할 수도 있지만, 나에게 필요한 사람은 바로 그들이다. 나를 힘들게 하는 사람들이 종종 나에게는 가장 훌륭한 스승이 될 수 있다.

　인간관계가 가져다주는 상황들은 삶에서 배워야 할 모든 것들을 가르쳐 준다. 관계 속에서 서로의 모난 부문을 다듬어 준다. 때로 우리는 자신이 맺고 있는 관계들에서 어떤 부분이 달라진다면 행복해질 것이라고 생각한다. 배우자를 바꾸거나 관계를 변화시키면 완벽해지고 행복해지리라 생각한다. 하지만 그것은 대단히 어리석은 생각이다.

　우리의 행복은 상대방을 '더 좋게' 바꾸는 것에 있지 않다. 우리는 상대방을 바꿀 수 없으며, 바꾸려 해서도 안 된다. 우리가 진정한 자신이기를 원한다면, 그들도 진정한 그들로 있도록 해주어야 한다. 상대방에게 문제가 있으므로 그들이 달라져야 한다고 주장해서는 안 된다. 상대방에게서 문제를 찾으려고 하면 관계의 중심이 자기 자신

에 대하여 아무것도 할 수가 없다. 우리가 어떻게 해 볼 수 있는 것은 우리 자신뿐이다. 자신에 대하여 노력하다 보면 상황은 저절로 좋아진다.

모든 관계가 평생 지속되는 것은 아니다. 오랫동안 지속되는 관계가 있는가 하면, 짧은 시간 안에 끝나는 관계도 있다. 어느 한 쪽의 죽음으로 완성되는 관계가 있는가 하면, 살아 있는 동안에 끝나는 관계도 있다. 관계가 얼마나 오래 가느냐? 또는 어떤 식으로 끝나는 가에 좋고 나쁨이 있는 것이 아니다. 그것은 단지 삶의 일부분일 뿐이다.

죽음이 실패라고 생각하는 것과 마찬가지로, 우리는 어떤 관계가 지속되지 못하면 그 관계가 실패했다고 생각한다. 그러나 그렇지 않다. 관계가 단 몇 달만 지속되었다 할지라도, 그 관계가 성공적이고 우리 자신을 치유할 수도 있다. 더 이상 관계가 필요치 않을 때, 관계 그 자체는 성공적으로 완성 된 것이다. [17]

상실(喪失)

마지막에 가서는 우리는 가진 모든 것을 잃게 된다. 집과 자동차, 직장, 돈과 젊음, 사랑하는 이들까지도 모두 잃게 된다. 하지만 이 사실을 슬퍼할 필요는 없다. 오히려 상실로 인하여 지금 이 순간 누리고 있는 경험들의 소중함과 사물들의 가치를 더 많이 느낄 수 있기 때문이다.

우리는 어머니의 자궁으로부터 떨어져 나오는 상실을 겪으며, 이 고통스러운 세상에 태어났다. 나이가 들면서 친구들과 헤어지고, 첫사랑과 이별하게 된다. 또 우리는 선생님과 부모님을 잃고, 친구들을 잃고 어린 시절의 꿈을 잃는다. 청춘, 꿈, 자유와 같은 무형의 것들도 결국 사라지거나 퇴색해 간다. 우리가 가지고 있는 모든 것은 잠시 빌려 온 것에 불과하다. 우리가 가지고 있는 것들에 대한 소유권은 영원할 수 없다. 그리고 상실을 막으려는 우리의 어떤 노력도 허사로 끝나게 된다.

그러나 우리는 삶이 이런 식으로 끝나는 것을 보고 싶어 하지 않는다. 마치 삶이 영원한 것처럼, 삶 속에 있는 것들이 언제나 우리 곁에 있을 것처럼 가장한다. 그리고 궁극적인 상실인 죽음을 똑바로 바라보려고 하지 않는다. 많은 사람들이 삶이 상실이고 상실이 곧 삶이라는 것을 이해하지 못한 채 살아간다. 상실 없이 삶이 변화할 수 없고, 우리는 성장할 수 없다. 우리는 수많은 만남과 떠남, 시작과 끝남을 함께 해야 한다.

우리는 살아가면서 크고 작은 상실을 경험하며 그것에 반응한다. 상실은 부모의 죽음에서부터 전화번호를 적은 메모지를 잃어버리는 것에까지 그 모습은 다양하다. 죽음처럼 영원한 것도 있고 출장을 갈 때 아이와 떨어지는 것처럼 일시적인 것도 있다. 다양한 상실의 경험은 삶에 더 잘 대처할 수 있는 힘이 된다. 죽음을 포함한 모든 상실의 과정에는 부정, 분노, 타협, 우울, 수용, 희망의 단계를 거쳐 나타난다.

우리는 상실로 인하여 공허함과 무기력함, 분노, 슬픔, 두려움 등 비탄의 과정을 겪는다. 우리는 불면증에 시달리거나 식욕이 없어지기도 하고, 극단적인 감정을 겪는 등 여러 감정 상태를 두루 거치게 된다. 이런 단계들을 거치는 것이 치유의 과정이다. 분명하게 말할 수 있는 것은 시간이 그 모든 것을 치유한다는 것이다.

우리는 사람이나 사물이 지금 모습 그대로 간직하기를 바라지만 그럴 수는 없다. 상실은 삶이 우리에게 보내는 가장 어려운 배움 중의 하나이다. 자신이 소중하게 여기던 사람이나 사물과의 헤어짐은 가장 견디기 어려운 고통이다. 그러나 상실 없이는 성장도 없다는 사실을 우리는 기억해야 한다.

상실은 관계하는 사람들 서로 하나로 묶어 주고, 깊이 이해하게 해 주기도 한다. 그리고 삶의 어떤 가르침보다도 더 깊이 우리를 연결해 준다. 상실의 경험 속에 하나가 되었을 때, 인간은 새롭고 깊어진 시각에서 서로 염려하고 이해하게 된다.

상실은 여러 면에서 정신을 잃고 쓰러지는 것과 비슷하다. 잃은 사람이든, 사물이든, 균형이든, 품위이든 모든 상실에는 닮은 점이 있다. 그것은 불길을 뚫고 지나가는 것과 같다. 그 불길 속에서 무언가 새로운 것이 탄생하듯, 상실을 겪으면서 우리 자신도 새롭게 변화한다.

죽음과 맞서 싸우는 사람들을 보면, 그들의 행동에서 놀라운 상징성을 발견할 수 있다. 여러 단계를 거쳐 그들은 알게 된다. 중요한 것은 자신의 마음, 그리고 사랑하는 사람의 마음이라는 것을, 상실 너머에 있는 초월적인 부분을 발견하게 된다. 결코 사라지지 않는 자기 자신의 진정한 부분, 사랑하는 이들의 진정한 부분을 당신은 발견할 수가 있다. 18)

용서(容恕)

　용서가 무엇인지 잘 알려 주는 말 중에 '살아 가기 위해 용서하라'는 말이 있다. 실패하기 위해 용서하라는 것도 아니고, 평온하게 죽기 위해 용서하는 것도 아니다. 바로 삶을 제대로 살기 위해서 용서하라는 것이다. 용서는 당신에게 상처를 준 사람을 제자리에 돌려놓기 위한 것이 아니다. 고통에 단단히 매여 있는 당신을 자유롭게 해주고 복수하고 싶다는 당신의 갈망을 해소하기 위하여 하는 것이다. 또한, 마음의 상처를 치료하는 방법이며, 우리를 다른 사람과 연결하는 방법이다. 우리 모두는 살아가면서 상처를 받는다. 우리는 다른 사람으로부터 상처를 받고, 다른 사람에게 상처를 주면서 살아간다. 문제는 상처를 받는 것이 아니라, 상처를 준 사람을 용서할 수 없거나 용서하지 않으려는 것이다. 그것이 바로 우리를 계속 아프게 하는 상처이다. 우리는 상처를 쌓으며 살아가지만, 그것을 치유하는 방법을 배우지 못했다. 용서가 필요한 이유가 바로 그것이다.

　우리 모두는 용서에 대한 선택권을 가지고 있다. 그러나 역설적이게도 용서의 선택권은 상처를 입힌 사람보다 상처를 받은 사람에게 더 중요한 이기적인 행동이다. 죽음을 앞둔 사람들은 살면서 느끼지 못하는 평화를 되찾는 경우가 종종 있다. 죽음이란 모든 것을 내려놓는 행위이기 때문이다. 용서도 마찬가지다. 우리는 용서하지 않을 때, 우리는 오래된 상처와 분노에 매달린다. 과거의 불행한 기억을 떠올리면서 분노를 되새김질한다. 용서하지 않을 때 자기 자신의 노예가 되는 것이다.

　용서는 우리에게 상처를 준 사람이나, 받은 사람 모두에게 많은 것을 가르쳐 준다. 용서는 다시 한 번 진정한 자신이 될 기회를 준다. 그리하여 모두가 관계를 새롭게 시작할 기회를 주게 된다.

　죽음을 앞둔 사람은 진정한 용서에 대하여 많은 것을 가르쳐 준다. 그들은 상처를 준 사람에게 "잘못한 건 너나 나나 다 마찬가지야. 그렇지 않은 사람이 어디 있겠어? 하지만 난 더는 네가 저지른 잘못으로 너를 판단하거나. 내 잘못으로 내가 판단되기를 원하지 않아."하고 부드럽고 현명하게 말한다. 용서를 미루는 사람들은 그들이 다름 아닌 자기 자신을 벌하고 있다는 사실을 깨달아야 한다. 궁극적으로 용서는 자신 안에서 일어난다. 용서는 자기 자신을 치유하기 위해 필요한 것이다.

용서를 방해하는 또 다른 장애물은 복수에 대한 욕망이다. 당한 만큼 갚아주는 것으로는 일시적인 쾌감이나 만족을 얻을 수 있을 뿐이다. 복수는 다른 사람을 해치기보다 자기 자신을 해치는 것이다. 이것을 이해하기만 하면 당신은 다음 진리인 '용서는 다른 사람에게 도움이 되기보다 자신에게 도움이 된다.'를 빨리 습득하게 될 것이다. 용서는 정말 복수보다 나은 선택이다.

어린 시절, 우리는 남에게 상처를 주면 곧바로 "미안해"하고 사과를 했다. 하지만 어른이 된 지금, 이렇게 사과하는 사람을 만나기란 쉽지 않다. 그리고 사과를 받더라도 그것으로 충분하지 않다고 생각한다. 아이들이 잘못했을 때 우리는 그들의 두려움과 혼란스러움, 무지함을 본다. 그들은 한 사람의 인간으로 보는 것이다. 하지만 성인이 되면 다른 사람들을 그들이 우리에게 준 상처로 바라보는 경향이 있다. 그러면 그들은 자신이 야기한 고통으로 상처를 받는 피해자가 된다.

마음의 준비를 하고 용서를 시작해 보자. 용서하려면 삶이 공평하지 않다는 것을 받아들이고, 당신에게 상처를 준 사람을 바꿀 수 없다는 것을 인정하고, 당신이 바꿀 수 있는 사람은 오직 자신뿐이라는 것을 인정해야 한다.

용서할 마음의 준비가 되었으면 용서를 시작하자. 용서의 첫 단계는 그들을 다시 인간으로 바라보는 것이다. 그들의 실수를 인정하고, 때로는 나약하고 둔감하고, 혼란스러워하고 고통스러워한다. 그들은 실수투성이고, 부서지기 쉽고, 외롭고, 궁핍하고, 정서적으로 불완전하다. 다시 말해 그들은 우리 자신과 똑같다. 그들 역시 오르막길과 내리막길로 가득한 인생길을 걷고 있는 영혼들이다.

그다음 단계는 분노의 감정 밑에 깔린 슬픔, 고통, 증오의 상처를 찾아내어 충분히 느껴야 한다. 그리고 그 감정들을 풀어 주어야 한다. 용서는 당신에게 상처를 준 사람들에게 하는 것이 아니므로 그들을 걱정하지 않아도 된다. 그들이 한 행동은 당신보다는 그들의 세계, 그들 자신의 문제와 더 관련되어 있다. 그들과의 감정적인 고리를 끊을 때 우리는 자유를 발견할 수 있다.

우리는 삶에서 일어나는 일 중에서 용서하고 싶지만, 정말 용서할 수 없다고 느끼는 경우도 있을 것이다. 그럴 때는 그냥 신에게 맡기면 된다. "신이여, 용서하고 싶지만 그럴 수도 없습니다. 부디 저를 도와주세요."하고 신에게 도움을 청하면 된다.

우리가 가장 많이 용서해야 할 사람은 자기 자신이다. 자신이 한 일에 대해서나 자신이 하지 않은 일에 대해서까지 자신을 용서해야 한다. 잘못을 저질렀다는 생각이 들어도 스스로를 용서해야 한다. 배움을 얻지 못했다고 생각하면, 그것에 대해서도 용서해야 한다.

우리 자신을 용서하는 데 중요한 열쇠는 우리가 그때 더 좋은 방법을 알았더라면 다르게 행동했을 것임을 깨닫는 것이다. '이것은 커다란 실수가 될 거야.' 라거나 '누군가에게 상처를 주면 정말 기분이 나쁠 것이기 때문에 그렇게 할 거야.' 하고 생각하면서 그 일을 하는 사

람은 없다. 당신 자신이 옳은 일을 한다고 생각한 것이다. 우리는 모든 것을 알지는 못하는 불완전한 존재이기 때문에 우리 자신을 용서해야 한다.

실수하고, 우연히 서로에게 상처를 주고, 때로는 길을 잃기도 하면서 우리는 이 생을 살아간다. 우리가 완벽하다면 여기에 있지 않을 것이다. 그리고 우리 자신을 용서하는 법을 배울 수 있는 유일한 길은 실수를 하는 것이다. 인간이기 때문에 그런 실수를 저지른 것이다. 만일 자신이 한 일이 용서할 수 없을 만큼 끔찍하다면, 신에게 처분을 맡길 수 있다.

"신이여, 전 아직 저 자신을 용서할 수 없습니다. 저를 용서하시고 제가 스스로 용서할 수 있도록 도와주세요."[19]

화(火)

    사람은 누구나 행복하기 위해 태어났다. 그러나 실제로 행복을 만끽하면서 사는 사람은 많지 않다. 행복한 사람과 그렇지 못한 사람은 표정으로 알 수 있다. 행복한 사람은 미소를 짓고 그렇지 않고 화가 난 사람은 얼굴을 찌그린다. 마음의 평화가 깨어진 사람은 행복하지 않게 된다. 마음의 평화를 깨뜨리는 고통스러운 것들로는 분노, 두려움, 시기, 절망, 미움 등이 있다. 이 모든 것을 하나로 묶어 우리는 '화'라고 부른다.

    사람은 죽음의 시기에 이르면 다시 어린 시절로 돌아가 정직해진다. 죽음을 눈앞에 둔 사람들은 "난 두려워요." 또는 난 화가 나요." 하고 쉽게 말할 수가 있다. 우리도 그들과 마찬가지로 더 솔직해지는

법과 화내는 법을 배워야 한다. 화는 우리 삶에서 스쳐 지나가는 감정이어야지, 존재 그 자체가 되어서는 안 된다.

화가 났을 때는 무엇보다 자신과 대화하는 것이 중요하다. 당장 화가 났다고 감정을 주체하지 못해 괴로워하지 말고 일단 숨을 고르고 마음을 추슬러야 한다. 화가 났을 때는 내 마음을 돌보는 것이 가장 중요하다. 그리고 상황이 파악하여 무엇이 나를 화나게 했는지, 상대방이 내게 화를 내는 이유는 무엇인지, 그리고 그와 내가 무엇 때문에 싸우게 되었는지 헤아려야 한다.

화를 다스리는 방법으로는 의식적인 호흡, 의식적으로 걷기, 화를 끌어안기, 이완 및 명상, 나의 내면과 대화하기 등이 있다. 이 방법을 사용하면 우리는 마음속에서 화가 일어날 때마다 현명하게 대처할 수 있다. 우리는 짜증, 우울, 절망 같은 부정적인 생각이 있는 곳에 기쁨, 사랑, 즐거움 같은 긍정의 생각으로 바꾸면 된다. 그것이 바로 자신의 마음을 다스리는 평화의 길이며 행복을 만드는 법칙이다.

화가 날수록 말을 삼가 해야 한다. 사람은 화나게 하는 말이나 행동을 하면 누구나 고통을 받는다. 화가 난 상태에서 하는 말이나 행동은 관계를 더욱 악화시킬 뿐이다. 그러므로 우리는 화가 난 상태에서는 아무 말이나 행동도 하지 않으려고 애를 써야 한다.

화가 치밀 때마다 자신의 성난 얼굴을 거울에 비춰보아라. 짜증 난 자신의 모습을 보면 화를 다스려야겠다는 생각이 들 것이다. 그때 자신의 깊은 본성을 들려다 보고 화를 다스리면 될 것이다.

그윽한 마음으로 화를 감싸 안아야 한다. 화는 우리의 적이 아니라 우리의 아기다. 화는 우리의 위장이나 폐와도 같다. 위장이나 폐에 질환이 있다고 해서 우리는 그것을 떼어 버릴 수 없다. 화도 마찬가지다. 우리가 화를 받아들이는 것은 그것을 잘 보살필 수 있고, 긍정적인 에너지로 바꿀 수 있기 때문이다.

화가 났을 때 남의 탓을 하지 마라. 화가 치미는 순간 우리는 대개 그 원인을 타인에게 돌리지만, 자세히 들여다보면 바로 자기 자신에게 있던 어떤 화의 씨앗이 고통을 일으킨 주요 원인이라는 것을 알 수 있을 것이다.

무의식중에 입은 상처가 화를 일으킨다. 우리 대다수는 마음속에 상처를 가지고 있다. 그 마음속의 상처 중에는 더러 우리의 관심을 온통 집중해야만 치유할 수 있는 것이 있다. 그 상처는 마치 우리의 아기와도 같다. 의식의 가장 깊은 곳에 숨어 있던 어린 아기가 어느 순간에 고개를 내밀고 관심을 가져 달라고 요구하는 경우가 있다. 자신의 마음을 자각하면 우리는 그 목소리를 들을 수 있다. 자신의 돌보기 위해서는 우리의 마음속에 그 상처받은 아기를 먼저 돌보아야 한다.

화를 참으면 병이 된다. 애써 태연한 척하지 마라. 나를 화나게 한 사람에게 맞대응하지 않는다고 해서 화를 감추거나 피해서는 안 된다. 내가 지금 화가 났다는 것을 타인에게 알려주어야 한다. 그러나 말을 아주 차분하고 침착하게 해야 하고, 자신의 감정을 털어놓는 것은 되도록 빨리 해야 한다.

내 판단이 항상 옳다고 장담하지 마라. 내가 당한 고통의 원인은

내 안에 있는 화의 씨앗이며, 타인은 부차적은 원인에 지나진 않는다는 사실을 먼저 깨닫도록 하자. 우리는 우리의 모든 판단을 신중하게 재고해야 하며, 그렇지 않으면 고통을 당할 수 있다.

화를 풀려면 용서하고 화해해야 한다. 우리는 상대방과 언쟁으로 감정이 상할 때가 있다. 그때는 반드시 분쟁의 당사자와 화해를 해야 한다. 그래야 서로의 불편함을 씻고 내 마음의 위안을 얻을 수 있다. 만나서는 연민의 정을 가지고 최선을 다해서 그의 말에 귀를 기울여야 한다. 평가나 비판이나 분석을 해서는 안 된다.

상대방의 화가 당장 풀어지기를 기대하지 마라. 화는 살아있는 생명체이다. 화가 일어나면 다시 가라앉을 때까지는 시간이 걸린다. 화도 시간이 걸려야만 가라앉을 수 있다. 인내는 참사랑의 증거다. 타인을 사랑하고자 한다면 먼저 인내를 배워야 한다. 인내심이 없다면 결코 남을 도울 수 없다. 우리는 또 자신에 대해서도 인내심을 가져야 한다. 자신의 화를 끌어안는 것을 실천하는 데는 시간이 걸린다.

내게 화내는 사람의 말을 경청해야 한다. 수많은 사람들이 마음의 고통을 안고 있다. 그들은 아무도 그들과 그들이 처한 상황을 이해하지 못한다고 생각한다. 아무도 자기의 말에 귀를 기울여 줄 것 같지가 않다고 생각한다. 그러나 우리는 우리의 말에 귀를 기울여 줄 사람을 필요로 한다.

나를 사랑하지 못하면 남을 사랑할 수 없다. 진정한 이해를 위해 우리는 먼저 자신과 대화를 해야 한다. 자신과 대화를 할 수 없는데 어떻게 타인과의 대화를 기대할 수 있겠는가? 사랑도 마찬가지다. 자신을 사랑하지 않으면 남을 사랑할 수 없다. 자신을 받아들이지 못하는 사람, 스스로를 친절하게 대하지 못하는 사람은 다른 사람에게도 마찬가지로 행동한다.

　인생에서 우리의 '관계' 보다 소중한 것은 없다. 우리 왜 그동안 서로에게 상처를 입혔을까? 맞잡은 손이 이토록 따뜻하다는 걸 모른 채 왜 아픔을 주고받길 반복했을까? 이제는 서로 멀리하거나 미워하지 않는다. 화가 풀릴 때마다 우리는 더 행복해진다.

　우리는 행복을 누릴 권리가 있다. 우리 자신을 사랑할 권리가 있다. 타인의 아픔을 깊이 들려다 보는 것이 화를 치유하기 위한 최고의 약이다. 화에서 벗어나는 길은 여러 가지가 있지만 내가 이 세상에 홀로 존재하는 생명이 아니라는 것을 이해하고 통찰하는 것이 가장 깊은 위안을 얻기 위한 최선을 길임을 우리는 늘 기억해야 한다.[20]

두려움

죽음의 문턱에 갔다, 힘겹게 이기고 돌아온 사람들은 '우리가 두려워하는 대부분 것들이 실제로는 거의 일어나지 않는다.'는 사실을 알았다고 말한다. 두려움은 우리에게 실제로 일어나는 일과는 상관이 없다. 삶에서 일어나는 일들 대부분은 걱정과 두려움의 전조 없이 찾아온다. 우리가 가진 두려움은 죽음을 막아주는 것이 아니라 삶을 가로막는다.

우리는 삶에서 많은 것들을 두려워한다. 대중 연설하는 것이나 데이트 신청, 때로는 자신의 외로움을 인정하는 것조차 두려워한다. 사실 두려움은 매우 다루기 어려운 힘든 감정이다. 두려움은 자신의 실체를 너무도 잘 숨기고 있기 때문이다. 두려움의 실체를 깊이 들여다

보면, 모든 두려움의 근원은 대개 죽음이다.

당신이 직장에서 맡은 일 때문에 몹시 걱정하고 있다고 가정해 보자. 그 두려움의 껍질을 벗겨보면 맨 위에 일을 잘 못할까 봐 두려워하는 심리, 그 아래에 월급이 인상되지 않을지도 모른다는 두려움, 직장을 잃을지도 모른다는 두려움이 쌓여있고, 그 마지막에는 생존하지 못하리라는 두려움이 있을 것이다. 그 마지막 두려움은 본질적으로 죽음에 대한 두려움이다.

모든 두려움은 결국 전부 죽음에 대한 두려움으로 흘러가며, 결국에는 불행의 원인이 된다. 모든 두려움은 죽음에 대한 두려움에 뿌리를 두고 있으므로, 죽음과 관계된 두려움에서 해방되는 법을 배울 수 있다면 삶의 다른 일들에 쉽게 다가갈 수 있을 것이다.

죽음을 앞둔 사람들은 죽음의 두려움과 마주하면서 깨닫게 된다. 죽음이 자신을 파괴하지 못하며, 더는 힘을 발휘하지 못한다는 것을 알게 된다. 두려움은 살아있는 사람에게 매우 현실적인 문제이지만 그들에게는 더는 문제가 되지 않는다.

모든 두려움이 사라진다면 우리의 삶이 얼마나 달라질까? 만일 아무것에도 방해받지 않고 꿈과 행복을 추구할 수 있다면, 우리의 삶은 분명히 지금과 많이 달라질 것이다. 이것이 죽음을 앞둔 사람으로부터 얻는 지혜다. 죽음은 우리를 최악의 두려움과 맞서게 한다. 그것은 가능한 한 또 다른 삶을 보여주고, 그럼으로써 우리의 남은 두려움을 사라지게 한다.

두려움을 초월하기 위해서는 다른 감정으로 나아가야 힌다. 그것

은 곧 사랑의 감정이다. 우리 마음속 깊은 곳에 있는 감정은 오직 두 가지가 있다. 그것은 사랑과 두려움이다. 사랑으로부터는 행복, 만족, 평화, 기쁨이, 두려움으로부터는 분노, 미움, 걱정 그리고 죄의식이 나온다.

우리가 만들어 낸 두려움은 과거나 미래 중 어느 하나와 관련되어 있다. 사랑만이 현재의 감정이다. 두려움은 항상 과거에 일어난 어떤 경험이나 일에 근거를 두고 있으며, 미래에 일어나리라고 여겨지는 어떤 일들을 걱정하게 한다. 그러므로 현재를 산다는 것은 두려움이 아닌 사랑 속에서 살아가는 것이다. 사랑 안에서 사는 것, 그것이 우리 삶의 목표다.

우리 모두는 죽음의 가능성을 안고 살아가지만, 죽어가는 사람들에게 죽음은 확실한 현실이다. 그런 긴박한 상황에서 그들은 더 대담해진다. 삶의 종착점에 있는 환자들은 자신들이 더는 두려워할 것이 없고, 더는 잃을 것이 없다는 것을 깨닫게 되면 무한한 행복을 발견한다고 말한다. 우리는 두려움을 지혜로 바꾸어야 한다. 매일 조금씩 앞으로 나아가야 한다. 자신이 두려워하는 것들을 작은 것부터 하나씩 실천해야 한다.

인내(忍耐)

 인내는 가장 힘든 배움이다. 죽음을 앞두고는 가장 큰 절망감을 안겨 주는 배움일 것이다. 누구나 젊었을 때는 항상 바쁘게 돌아다니며 일을 하지만, 병에 걸려 신체에 장애가 있게 되면 누구의 도움을 받아야 한다. 만약 당신이 지금 아프거나 남에게 의지하고 있는 상태라면 모든 장소, 모든 상황에서 인내의 배움이 기다리고 있을 것이다. 인내가 가르쳐 주는 것 중 하나는, 원하는 것을 언제나 얻을 수 없다는 것이다. 지금 당장 원하지만 한동안은 얻을 수 없는 것도 있다. 하지만 인내한다면 결국에는 자신이 원하는 것을 얻을 수 있을 것이다.
 숨 가쁘게 현대를 살아가는 사람들은 기다리는 법을 잊어버렸고, 심지어 기다림의 의미조차 알지 못한다. 원할 때 원하는 것을 얻는 것

도 좋지만, 만족을 뒤로 미루고 기다릴 줄 아는 것도 중요하다.

문제가 되는 것은, 우리들 중에 주어진 상황을 받아들일 줄 모르는 사람이 너무 많다는 것이다. 그들은 세상을 바꾸고 개선해야 한다고 생각한다. 가만히 두어도 세상은 아무 문제 없이 잘 굴러간다는 이치를 알려고 하지 않는다.

인내심의 열쇠는 모든 것이 잘되리라는 믿음, 즉 인간이 모르는 큰 계획이 존재한다는 신뢰를 키우는 데 있다. 이것을 쉽게 잊어버리기 때문에 사람들은 자신의 계획에 맞지 않는 상황이 벌어지면 당황하며 어떻게든 상황을 통제하려 한다.

삶을 마감할 때조차도 어떤 이들은 죽음을 순수하게 받아들이고, 어떤 이들은 성급하게 자신의 죽을 때를 알려고 한다. 그러다가 죽음 준비가 되기 전까지는 죽지 않을 것이라는 말에 안심하곤 한다. 철학의 관점에서 보면 인내심은 규칙적으로 사용해야 하는 근육과 같다. 날마다 훈련하고 격려해야 한다. 아주 사소한 일상적인 상황에서 그 근육을 사용하지 않으면, 삶의 더 큰 도전들이 우리를 지탱해 줄 튼튼한 근육을 가질 수가 없다.

인내하라는 말은 피해자가 되라는 뜻이 아니다. 참아야 한다고 해서 무기력해지라는 의미가 아니며, 학대나 환경을 무조건 견디라는 뜻도 아니다. 인내하며 기다리면서 우리의 힘을 지킬 수 있다.

우리는 흔히 우리의 삶이 태어나서 잠자고, 밥 먹고, 일하고, 섹스하고, 그리고 죽는 것으로 이루어져 있다고 생각하며 그것을 바꾸고 싶어 한다. 하지만 삶은 결코 그런 것들이 전부가 아니다. 삶은 당신이 여러 상황에 얼마만큼 사랑, 자비, 유머, 인내를 실천하는가에 달려 있다.

신과 우주는 상황을 중심에 두고 작업을 하지 않는다. 그들은 당신 자신을 중심에 두고 일하고 있다. 우주의 계획은 당신의 직업보다 훨씬 더 클 수 있다. 우주는 당신의 삶에 누가 있는지, 없는지보다 당신의 하는 삶의 경험에 더 관심이 있다.

우주가 중요하게 생각하는 것은 당신 본질이며, 언제 어떤 상황에서든 진정한 당신이 될 수 있도록 하기 위하여 우주는 필요한 것들을 당신 삶 속에 가져다 놓을 것이다. 중요한 것은 그것을 신뢰하고 인내하는 것이다.

받아들임(受容)

죽어가는 사람은 어느 순간 사랑의 힘이 자신을 데려가리라는 것을 깨닫고는 더는 죽음에 저항하지 않게 된다. 이런 받아들임의 자세는 죽어가는 사람에게 매우 중요하다. 죽음을 받아들인 사람은 남은 시간이 아무리 짧더라도 그 시간 동안 더 많은 생의 즐거움과 의미를 발견할 수 있게 된다.

받아들임으로써 우리는 경이로운 평화를 얻을 수 있다. 운명에 순응하는 것을 나약함의 상징이나 포기, 굴복으로 생각할 수도 있다. 하지만 받아들임은 나약함이 아니다. 오히려 모든 것이 잘될 것이고 잘 풀릴 것이라는 믿음에 자신을 맡김으로써 위안과 힘을 얻는 것이다.

받아들이라는 신호는 우리가 어떤 상황과 싸우다가 지쳤을 때 나온다. 손을 들고 항복을 하기 때문에 죽음의 상황에서 벗어날 수 있다. 걱정을 멈추고, 자기 파괴적인 싸움을 중단하는 것이다. 그 싸움은 우리를 삶에 집중할 수 없게 만들고, 즐거운 관계를 망치고, 창조성을 파괴하고, 행복과 만족감을 사라지게 한다. 이제 자신이 생각하는 뜻에 따라 물이 흐르는 방향에 따라 거스르지 말고 자연스럽게 몸을 맡길 때이다.

받아들인다는 것은 어떻게 하는 것일까? 그것은 그냥 줄다리기 게임을 끝내는 것과 같다. 그냥 줄을 내려놓는 것이다. 우리의 방식을 내려놓는 것이다. 일이 어떻게 되어야 한다는 마음속 계획을 버리고, 우주가 우리에게 가져다주는 것을 받아들이고, 우주의 질서를 알지 못한다는 것을 인정하는 것이다. 삶에 자신을 내맡기기 위해서는 매일 아침 일어나 그냥 '내 뜻대로가 아닌, 당신 뜻대로'를 말하기만 하면 된다.

받아들이는 것은 포기하는 것과 차이가 있다. 불치병 진단을 받고, 양손을 추어올리며 "희망이 없어 난 죽게 될 거야!"하고 말한다면 그것은 포기하는 것이다. 받아들임은 최선이라고 생각되는 치료법을 선택해 시도해도 효과가 없을 경우, 우리는 삶에 인간의 힘으로는 어찌할 수 없는 한계가 있음을 인정하는 것이다. 포기란 생명력을 부인하는 것이고, 받아들임은 있는 그대로를 인정하는 것이다.

자신의 힘으로 바꿀 수 없는 상황을 인정히려 들지 않으면 우리는

지치게 되고 그나마 남아 있는 힘과 마음의 평화마저 잃게 된다. 그렇다고 모든 일을 받아들이라는 것은 아니다. 당신이 변화시킬 수 있는 상황 때문에 불행하다면 당신의 힘으로 바로 잡아야 한다. 다만 우리가 뛰어넘을 수 없는 장애물에 대하여 받아들이라는 것이다.

지금 이 순간 암을 앓고 있다고 해서 그것을 당장 고칠 수는 없다. 이런 나쁜 상황들 속에서 우리는 불행한 그 사실 자체를 바꾸지는 못한다. 그때는 있는 그대로 삶을 받아들이는 것이 가장 빠르고 강력한 방법이 될 수 있다.

우리는 내일이 와서 상황이 바뀔 때까지는 행복할 수 없다고 생각한다. 하지만 내일 행복 할 수 있다면 오늘도 가능할 수 있다. 내일 사랑할 수 있다면 오늘도 사랑할 수 있다. 아무것도 변하지 않아도 치유의 가능성은 존재한다. 있는 그대로의 삶에 순종한다면 삶은 기적처럼 변할 수 있다. 순종하기 가장 좋은 때는 언제일까? 또는 어떤 상황일까? 매일, 매 순간, 매 상황이 순종할 수 있는 기회이다. 우리는 태어날 때와 죽을 때 우리보다 더 큰 힘에 순종한다. 무엇인가 바꿔야 하고 당신에게 바꿀 힘이 있다면 그렇게 해야 한다. 하지만 바꿀 수 없는 상황을 인정하는 방법도 배워야 한다.

변화의 필요성은 분명하게 드러날 때도 있고, 그렇지 않을 때도 있다. 우리가 삶에 순응할 때를 알지 못한다면, 다음과 같은 평안의 기도가 마음을 다스려 주는 데 도움이 될 수 있다. '신이시여, 제게 바꿀 수 없는 일은 받아들이는 평화를, 바꿀 수 있는 일은 바꾸는 용기를, 그리고 그 둘을 구분할 수 있는 지혜를 주소서.'

행복(幸福)

죽음을 앞둔 많은 사람들은 자신에게 주어진 삶이 얼마 남지 않다는 것을 알고는 진정으로 자신의 삶을 들여다보게 된다. 죽음을 흔쾌히 받아 들이고, 살아 있는 동안에 진정으로 삶을 즐기게 된다. 그리고 자신이 전보다 저 행복하다는 것을 깨닫게 된다.

삶 속의 어떤 것들도 영원히 지속되지 않음을 깨달을 때 그 의미가 변하게 된다. 중병으로 회복된 사람들이 자신들이 시한부 인생이었을 때 더 행복했다고 말하는 것은 이상한 일이 아니다. 우리가 남은 시간이 제한되어 있어서 그 시간을 정말 소중히 보내야 한다는 사실을 깨달을 때 우리는 더 행복해진다.

우리는 대부분 행복을 어떤 사건이 가져다주는 것으로 생각하지

만, 실제로 행복은 우리 주위에서 진행되는 일과는 관계없는 마음의 상태이다. 많은 사람들이 어떤 일을 얻거나 어떤 일을 하게 되면 완벽하게 행복해 질 것이라고 믿지만, 실제로 그런 일이 일어나도 변하는 것은 없다. 복권에 당첨되고, 아름답고 능력 있는 배우자를 만나고, 얼굴에 주름을 제거하는 데에서 행복은 얻어지지 않는다. 그 모든 것은 일시적으로 기본을 좋게 해 주겠지만 그런 기분은 금방 사라지고 곧 예전으로 돌아가게 된다.

실제로 행복한 사람들은 가장 덜 자기중심적인 사람들이다. 그들은 불행한 사람들보다 더 자발적으로 자신의 시간을 내주고, 다른 사람들을 도우며 더 친절하고 더 많이 사랑하고, 용서하고, 배려한다. 불행은 이기적인 행동을 낳지만, 행복은 주는 능력을 더 키워 준다. 진정한 행복은 어떤 사건의 결과가 아니며, 환경에 좌우되지 않는다. 당신의 행복을 결정하는 것은 주위에서 일어나는 일이 아닌 바로 당신이다. 행복은 무슨 일이 일어나는가가 아니라, 일어난 일을 어떻게 다루는가에 달려 있다. 행복은 일어난 일을 우리가 어떻게 해석하고 인식하고, 그 전체를 어떤 마음 상태로 받아들이는가에 따라 결정된다.

행복은 행복한 순간을 경험하는 데서 온다. 그리고 행복은 느낄수록 더 많아진다. 어느 날 당신은 1분간 행복을 느낄 것이다. 그 1분이 한 시간이 되고, 그다음 행복한 저녁이 되고, 더 나아가 행복한 하루를 보낼 수 있게 된다.

비교는 불행으로 가는 지름길이다. 우리 자신과 타인을 비교한다면 결코 행복해 질 수 없다. 우리 자신을 과거나 미래와 비교하는 것도 마찬가지다. 오늘의 자신의 모습을 타인과 비교하지 않고, 과거의 모습과 비교하거나 미래를 두려워하지 않고, 있는 그대로 아무 문제 없다고 여기는 데서 행복은 찾아온다.

우리는 어떤 특정한 일이 일어나면 행복해 질 것이라고 스스로에게 말하면서 미래의 나라에서 살고 여행한다. 새 일을 시작하면, 능력 있고 예쁜 짝을 찾게 되면, 아이가 다 크고 나면, 승진하면, 아이가 좋은 대학에 들어가면 등을 바라고 기다린다. 그러나 대개는 자신이 기다리던 일이 일어난 후에도 행복하지 않다는 것을 깨닫고 크게 실망한다. 미래보다는 지금의 행복을 선택해야 한다. 우리가 행복해야 할 때는 지금 이 시간이다. 미래에 행복할 수 있는 것처럼 지금 이 순간의 상황에서도 행복할 수 있다.

우리는 고통을 받지만, 고통을 넘어설 수 있다. 상실을 경험하지만 더불어 영원한 사랑을 느낄 수 있다. 삶을 당연한 것으로 받아들이지만 삶이 영원하지 않다는 것을 알게 된다. 부족함과 풍요, 적고 많음, 크고, 작음의 모순으로 가득한 세상에 우리는 살고 있다. 삶의 반대 되는 것들을 인식한다면 더 행복해질 것이다.

놀이

　죽음을 앞둔 사람들이 지난 삶을 되돌아보면서 가장 후회하는 것은 "인생을 그렇게 심각하게 살지 않았어야 하는 건데"라는 것이다. 죽어가는 사람들 중 누구도 "좀 더 일을 했어야 했는데.", "돈을 좀 더 모았어야 했는데."라고 말하는 사람은 없다. 사람들은 자신이 성취해 낸 것들에 자랑스럽게 회상하면서도, 삶에는 그것보다 더 중요한 것이 있음을 발견하게 된다. 그리고 일에서의 성취가 사생활과 조화를 이루지 못하면 모든 것이 공허하다는 사실을 깨닫게 된다.

　많은 사람들은 성공을 위해 밤낮을 가리지 않고 일하면서도, 정작 자신들이 왜 성공하려고 하는지 잊고 있다. 그리고 모임에 가더라도 좋은 연줄을 위해서 나갈 뿐, 단지 재미를 위한 모임 같은 곳에는 가지 않는다. 우리는 성공을 위해 사랑하는 사람을 뒷전으로 미루는 경향이 있다. 그렇게 하는 것이 그들에게 더 많은 것을 준다고 생각한다. 그러나 그들이 원하는 것은 우리 자신이다. 인간이 사는데 성공과 권력이 중요한 것은 사실이다. 그러나 놀이도 마찬가지로 중요하다. 인간의 내면에는 놀고, 해방되고, 스트레스와 긴장을 풀려는 욕구가 존재한다. 불행히도 우리는 놀고 싶은 충동을 억제하다가 나중에는 그것이 존재한다는 사실조차 잊어버리게 된다.

지위가 높거나 돈이 많은 사람도 놀이를 갈망한다. 그러나 많은 사람들은 놀이를 잃어버린 채 살아가고 있다. 노는 방법을 잊어버렸고, 놀이가 무엇인지조차도 잊어버리고 살아간다. 놀이는 내면의 기쁨이 바깥으로 표현된 것이다. 웃음, 노래, 춤, 수영, 등산, 요리, 달리기, 게임 등 즐거움을 주는 것이면 무엇이든 놀이가 될 수 있다. 놀이는 삶의 모든 측면을 더 의미 있고 즐겁게 만든다. 자신이 하는 일에 더 만족을 느끼게 하고 인간관계도 좋아진다. 놀이는 사람을 젊어지게 하고 긍정적으로 만들어 준다.

삶을 너무 심각하게 받아들이면 놀이를 잊어버린다. 생산성을 생각하기 이전의, 순수하게 놀이 자체를 즐기던 시절을 기억해야 한다. 우리의 가슴이 열려 있었고, 그 후의 결과에 대해 어떤 죄의식도 느끼지 않고 놀 수 있던 그때로 돌아가야 한다.

사람들은 대부분 '놀이는 악마의 일터'이며 '놀이보다는 일이 먼저'라고 생각한다. 성공이라는 사다리를 올라가면서 우리는 즐거움을 느끼는 법을 잊어버리게 된다. 삶을 힘들다고 생각하며, 계속해서

삶을 개선하고 고치고 싶어 한다. 그러나 성공한 많은 사람들은 은밀히 놀 장소를 찾아다니고 있으며, 또 어떤 사람들은 놀이를 자연스럽게 즐기지 못하고 불건전한 방식으로 해소한다. 너무 오랫동안 놀이에 대한 욕구를 억압해 왔기 때문에, 그것들을 불륜이나 약물 중독, 식탐 등의 형태로 표출한다. 아무리 나이가 들어도, 또 어떤 상황에 부닥쳐도 우리는 놀 수 있다. 언제든지 놀이에 대한 감각을 되찾을 수 있다. 그것은 언제나 우리 안에 있기 때문이다.

놀이와 놀이 시간을 소중하게 생각하고 그것을 자신의 삶에 적용하는 것은 지혜이다. 당신이 독단 등의 특징을 가진 유형의 사람이라면 놀이시간을 당신의 스케줄에 넣고, 때로는 자신에게 놀이를 강요하기도 해야 한다. 자신에게 놀이 시간을 주지 않으면 결국 당신이 다른 사람에게 아무것도 줄 수 없다는 것을 알아야 한다. 지금 놀지 않으면 언젠가 후회하게 될 것이다.

하지만 놀이를 너무 심각하게 받아들이면 놀이의 즐거움을 잃어버린다. 놀이는 그냥 즐기면 되는 것이다. 그러면 우리의 삶도 즐거운 삶이 될 것이다.

PART 5

영원한 여행을 위한 선택

Well-dying

치료의 종류

우리가 살아가다 죽음을 맞이하는 방식에는 늙고 병들어 죽는 자연사와 전쟁, 재해, 자살 등 갑작스러운 사고사로 구분할 수 있다. 우리나라에는 매년 약 255천명이 죽음을 맞는데 그 중 약 18만 명이 만성 질환을 앓다가 사망하고, 그 중 임종 직전에 심폐소생술이나 인공호흡기를 달고 사망하는 환자는 3만 명이 넘는다. 이는 매년 3만 명 이상이 인생의 마지막 귀중한 시간을 제대로 가지지 못하고 죽음을 맞는다는 것이다. [21]

우리는 질병이나 사고를 맞으면 병원을 도움을 받을 수밖에 없다. 일단 병원에 가게 되면 병원과 의료진은 생명을 살리는 시술을 하게 될 것이다. 우리가 흔히 '치료'라는 말을 할 때 그것을 의미하며, 이는 병을 없애 환자를 낫게 함으로써 의식과 신체 기능을 회복시켜 자연수명을 누리게 하는 치료이다. 이를 '치유치료'라고 한다.

의료진은 최선으로 치료하다가 어느 시점에 가면 치료가 불가한 시점에 도달하게 된다. 이때 환자의 병 자체는 낫게 할 수는 없지만, 생명을 연장하는 시술을 하게 될 것이다. 병은 그대로 두고, 단지 그 병이 죽음을 유발하는 과정만을 차단하는 것이 연명치료이다.[22]

의료진이 치료가 불가하다고 판정했을 경우 환자의 고통과 불편을 줄여주고 삶의 질을 유지시키기 위한 치료를 하게 되는데 이를 완화치료라 한다. 완화치료는 각 환자의 증세 등 제반 자료를 종합하여 환자 맞춤형 치료를 하는 것을 말한다. 완화치료의 내용은 환자에 따라 달라질 수밖에 없고, 완화치료는 환자의 고통을 없애는데 주안점을 두게 된다.

단기간 내에 죽음이 예상되는 말기 환자나 임종기 환자에게 신체적 통증 완화와 더불어 상담 등을 통해 환자가 정신적 고통을 덜고 삶의 의지를 찾을 수 있도록 도와주는 전인적 치료법을 호스피스 치료라 한다. 이 치료는 환자 가족이 간호에 대한 부담을 들고 사별의 아픔을 이겨내도록 도와주기도 하는 치료기법이다.

호스피스 치료 선택 시기

　말기 환자나 임종기 환자는 어느 시점에 가면 연명치료를 계속 받을 것인지 완화·호스피스 치료를 받을 것인지 결정해야 할 상황에 놓이게 된다. 이때부터는 삶의 질을 고려해야 할 시점이다. 우리나라의 많은 환자가족은 아직도 연명치료를 하는 것이 도리라고 생각하는 경향이 많다. 많은 의료진은 말기 환자 가족으로부터 "끝까지 최선을 다해 주세요."라는 말을 참 많이 듣는다고 한다. 그런데 "그 최선이라는 것이 치료하다가 나빠지면 중환자실에 가서 인공호흡기 달고 다시 항암 치료받고, 그리고 중환자실에 죽음을 맞는 게 최선이라고 생각하는 것이 문제다."라는 것이다. 환자에게 고통받는 시간을 연장하는 것은 환자를 위한 것이 아닌데도 불구하고, 무의미한 연명치료를 포기하지 못하는 이유는 사회, 문화적 요인이 크다.

서울대학교병원에서 입원하여 치료를 받다가 죽음을 맞은 말기 암 환자 가족을 상대로 조사한 결과를 보면, 환자와 환자 가족이 환자의 죽음에 대하여 솔직한 대화를 하고 있는 경우는 그리 많지 않다고 한다. 대부분 솔직하고 진정한 대화를 하지 않는다는 것이다. 죽음을 맞는 당사자가 자신의 병과 상태에 대한 정보를 알고 못하고 있으며, 환자가 자신의 입장에서 문제를 정리해야 하는데 그것을 못하고 있다는 것이다.[23]

일반적으로 더는 치료 효과가 없다고 여겨지는 시기는 대개 임종 전 6개월로 볼 수 있다. 말기 치료에서 완화적 치료는 다음과 같이 시기별로 구분할 수 있다. 호스피스 치료를 언제 시작 할 것인지는 환자의 정신상태, 병력, 투병기간, 치료의 반응 및 예후, 환자나 가족의 병에 대한 인식 정도 등에 따라 다르겠지만 가능한 빠른 시기에 호스피스를 선택하는 것이 바람직하다.

- **여명이 6개월 정도 예상되는 환자로 암이 계속 진행되는 경우**

대부분의 암 치료 병원에서는 이 시기에도 항암 치료를 적극 권유하고 시행한다. 이때는 암을 완치시키기 위한 치료적 항암 치료를 계속하거나 암 덩어리의 크기를 줄여서 이 때문에 생기는 통증이나 증상을 완화시키는 목적의 완화적 항암치료가 행해진다.

- **여명이 2~3개월 남았을 때**

이 시기에 환자는 대개 기운이 소진되고 활동성이 급격하게 떨어진다. 지금까지 적극적인 치유치료를 받아오던 환자도 대부분 더는 치료에 견디기 힘들게 되고 가족들의 부축으로 움직일 수 있게 된다. 대다수의 담당 의료진은 의학적 치료가 도움되지 않는다고 생각하고 환자와 가족들에게 치료의 중단을 선고하거나 단지 통증 완화를 위한 진통제 투여만 한다.

- **여명이 1개월 미만일 때**

이때는 환자의 체력 및 식욕이 급격히 떨어지고 통증의 정도가 심해진다. 환자는 거의 하루종일 침대에 누워 있게 되고, 수면 상태가 길어진다. 특별한 처방이 없고 복수나 흉수 뽑는 등의 처치, 수액제나 진통제 주사를 투여하게 된다.

- **임종이 임박했을 때**

대개 병원이나 집에서 임종의 과정을 맞게 된다. 병원에서 임종할 경우 하루나 이틀 전 1인 실로 옮겨 가족과 마지막 시간을 보내게 된다. 고통이 없는 경우 집에서 가족과 함께 마지막 임종을 맞기도 한다. [24]

사전의료의향서

사전의료의향서는 판단능력을 상실한 경우를 대비하여, 소생이 불가능할 경우 무의미한 연명 치료를 하지 말되, 통증을 완화하기 위한 조치는 최대한 해 줄 것 등 진료와 치료 내용에 대한 자신의 소망을 문서에 적고 서명을 해두는 것이다. 환자가 의식불명 상태에 있을 경우 가족과 친지들에게 평소 구두로 연명치료 거부 의사를 밝히는 것을 고려할 수 있다. 하지만 그 내용을 모든 가족 구성원들이 일관되게 이해하고 합의할 것이라는 보장이 없기 때문에 문서로 남겨두는 것이 필요하다.

사전의료의향서와 비슷한 것으로 존엄사 선언서((living will)가 있다. 사전의료의향서가 주요 연명치료별로 시행의 가부를 구체적으로 밝히는 것에 비해, 존엄사 선언서((living will)는 연명치료와 완화의료 등 최소한의 치료 내용을 선언적으로 밝혀두는 것으로 이 둘에는 약간의 차이가 있다.

사전의료의향서의 필요성을 말해주는 국·내외 두 사건을 소개하고자 한다.

해외의 사례는 1990년 심장발작으로 뇌 손상을 입은 후 식물인간 상태로 누워있던 미국인 테리 시아보이다. 1998년 남편인 마이클 시아보는 테리가 평소 인위적인 방법으로 살고 싶지 않다는 말을 했다며 병원에 연명장치 제거를 요청했다.

그러나 테리의 부모는 이를 반대하여 마이클은 테리의 부모와 오랜 법정투쟁을 벌였다. 테리의 연명장치 제거는 미국 내 여러 단체, 부시 대통령, 플로리다주 의회, 연방의회 및 교황청까지 가세하면서 세계적인 이슈가 되었다. 2005년 법원을 판결을 받아 생명유지 장치를 제거한 테리는 곧 세상을 떠났다. 테리 시아보가 연명장치에 의하여 않고 자신의 죽음을 맞이하는 데에 15년이라는 긴 시간이 걸린 것이다.

만약 테리 시아보가 건강할 때 자신이 무의미한 연명치료를 원치 않는다는 의사를 가졌다고 추정할 만한 증거를 문서로 남겨 두었다면 문제를 그토록 오래 끌지도, 복잡해지지도 않았을 것이다.[25]

2008년 5월 식물상태 환자였던 김할머니(77) 가족들은 무의미한 연명치료를 중단해 달라며 서울의 S병원을 상대로 소송을 냈다.

2009년 5월 대법원은 환자가 다시 의식을 회복하고 인공호흡기 등의 도움 없이 생존 가능한 상태가 될 가능성이 없어 보이고, 인공호흡기 부착의 치료행위는 상태회복 및 개선에 영향을 미치지 못하는 치료로서 의학적으로 무의미하다고 판단되며, 환자가 평소에 "내가 병원에서 안 좋은 일이 생겼을 때 호흡기는 끼우지 말라"고 말했던 '자기결정권'과 '사전의료지시'의 정황을 인정하고 가족의 손을 들어줬다. 만약 김 할머니가 2008년 2월 의식을 잃기 전에 자신의 의사를 사전의료의향서로 작성해 두었다면 어떻게 됐을까? 적어도 가족이 병원을 상대로 소송을 제기한 때부터 대법원 판결을 거쳐 실제 인공호흡기를 떼기까지 1년이 넘도록 중환자실에서 호흡기에 의지한 채 홀로 누워 있는 일은 없지 않았을까? 우리 주변에서도 인공호흡기로 호흡을 하고 수액과 진정제를 투여받으며 자신의 의사표시도 못한 채 극심한 고통 속에 연명하다가 눈을 감는 말기 환자들을 병원에서 흔히 볼 수 있다.

이 같은 경우 무의미한 연명치료를 거부하고 품위 있는 죽음을 맞이하려는 환자의 의지와 무관하게 인위적으로 생존 기간을 연장하려는 노력은 품위 있는 죽을 권리와 생명존중의 딜레마에 빠지게 된다.

사전의료의향서를 문서로 남기지 않았을 경우, 위에서 본 미국의 테리 시아보와 우리나라 김할머니의 경우에서와 같이 많은 문제가 있을 수 있다. 연명치료를 중단시키려던 테리 시아보의 남편과 유지시키려던 부모 사이의 치열한 법정투쟁이 이런 가족 갈등의 가능성을 단적으로 보여주고 있다.

또 환자가 아닌 가족의 입에서 나온 결정은 가족 구성원들에게 정신적 부담을 지울 수 있다. 자녀들 스스로 불효를 의심하고 타인의 눈총을 의식해야 할지도 모른다.

연명치료 수단들

연명치료의 범위에 대하여는 인공호흡기나 심폐소생술과 같은 고도의 의료기술 혹은 의료 장비가 필요한 특수 연명치료와 영양 및 수액공급이나 진통제 투여와 같은 연명치료로 구분한다. 연명치료의 적용 범위에 대해서는 나라, 종교, 문화, 개인의 철학 등에 따라 달라 현재까지 통일되지 않고 있다. 모든 의료행위를 모든 환자에게 시행할 수 없기 때문에 적절한 의료행위에 대한 합의가 필수적이다. 여기서는 연명치료 수단을 소개하고 우리나라 연명치료의 사회적 합의에 대하여는 다음에 설명할 것이다.

■ **인공호흡기**

뇌사에 빠지면 호흡중추도 죽기 때문에 호흡이 정지된다. 심장은 뇌사에 빠져도 계속 뛸 수 있지만, 호흡이 정지되면 산소와 이산화탄소의 순환이 이루어지지 않기 때문에 신체에 필요한 산소를 공급할 수 없어서 결국 심장도 멈춘다.

뇌사에 빠져도 호흡이 멈추지 않는다면 심장은 여전히 뛰게 되고 환자는 계속 살아 있을 수 있다. 뇌의 호흡중추가 완전히 죽었어도 인공호흡기를 장착하면 호흡을 할 수 있기 때문이다. 뇌가 죽어서 호흡을 계속할 수 없거나 폐의 기능마저 거의 잃어도 인공호흡기만 있으면 사람은 심장이 멈추지 않는 한 계속 살아있을 수 있다.

인공호흡기 장착을 결정할 때는 신중을 기하여야 한다. 인공호흡기는 산소마스크와 같이 간단히 코에 대거나 뗄 수 있는 것이 아니다. 인공호흡기는 호흡을 도와줄 '기계장치'를 사람의 호흡기관에 관으로 연결하는 시술 장치이다. 인공호흡기를 장착하는 동안에는 삽관 튜브가 계속 기관에 놓여있게 된다. 기다란 관을 기관에 넣은 채로 계속 있으려면 환자는 고통을 겪을 수밖에 없다. 삽관튜브가 성문을 지나 기관에 유치되기 때문에 발성을 할 수 없어 대화가 불가능하게 된다. 또 장기적으로 인공호흡기를 장착하는 환자는 목구멍을 절개하고 기관을 노출시켜 그곳으로 인공호흡기를 연결한다. 이처럼 인공호흡기를 장착하는 환자는 많은 고통을 격을 수밖에 없다.

인공호흡기를 장착하는 경우, 고통 외에 또 한 가지 중요한 문제는 한번 장착하면 쉽게 제거하지 못한다는 것이다. 한번 장착한 인공호흡기를 제거하는 것은 의사로서도 쉬운 일이 아니다. 인공호흡기 제거는 바로 죽음을 의미하기 때문이다. 이를 알고도 인공호흡기를 제거하는 일은 담당의사는 물론 가족에게도 마치 살인을 저지르는 것 같은 느낌을 준다.

■ 심폐소생술(CPR Cardiopulmonary Resuscitation)

심폐소생술은 멈춘 심장과 폐를 다시 뛰게 만들려는 시도다. 이것은 중요한 장기들이 다시 뛰게 할 수 있고 계속 작동해서 생명을 유지할 수 있게 만들 수 있다는 가정 아래 행해진다.

심폐소생술에서 가장 중요한 것은 시간이다. 사람의 심장이 멈추게 되면 산소부족으로 회복 불능의 뇌 손상이 일어나기 전에 이를 다시 뛰게 만들어야 하는데 그 시간이 약 5분이다. 생명이 없는 사람의 몸을 넓은 판재 같은 딱딱한 곳에 눕힌다. 정맥을 찾아서 정맥주사를 놓는다. 큰 호흡 튜브를 목구멍을 통해 밀어 넣어서 호흡기로 폐에 산소를 강제로 공급한다. 양손 바닥을 환자의 흉골이나 가슴뼈 위에 얹고 리듬에 맞춰 세게 내리눌러서 피가 심장에서 다른 장기로 공급되도록 한다. 가슴뼈를 누르는 동안 환자의 가슴뼈들이 부러지는 경우도 있다.

심장에 충격을 가해 다시 저절로 움직이도록 하기 위해 환자의 가

슴 한쪽에 전기 패들을 얹어 놓고 강력한 충격을 한두 차례 가하기도 한다. 이 전기제세동 방법은 치명적인 특정부정맥이 나타나서 심장이 정지한 경우에는 효과를 발휘한다. 효과를 거두지 못하면 심폐소생술은 중단되고 사망시간이 기록된다.

심폐소생술이 처음 도입되었을 당시 그것은 죽어 가지만 되살릴 수 있는 사람을 구하기 위한 응급조치였다. 죽음을 되돌리거나 피할 수 없는 말기 환자들한테는 이 심폐소생술은 삶이 아니라 죽음의 과정을 연장시킬 뿐이다. 말기 암 환자나 고령 환자에게 심폐소생술을 시행할 것인지는 모든 여건을 충분히 고려하여 신중히 결정하여야 한다.

■ 고칼로리 수액

많은 사람들은 경정맥 용액이 영양분을 공급해 준다고 생각한다. 그러나 그것은 사실이 아니다. 주삿바늘을 통해 혈관으로 공급되는 경정맥 용액은 소독수 1리터에다 티스푼으로 설탕이나 소금 약간을 섞어서 만든 것이다. 비타민을 비롯한 포타슘, 나트륨 같은 전해액이 수액에 첨가될 수 있기는 하지만 이러한 수액이 적절한 영양분을 포함하고 있지는 않다. 용액은 탈수증을 이겨 내고 중요한 약물이나 전해액을 신속히 공급하기 위해, 그리고 약물을 신속하게 투여할 필요가 있는 경우 혈관을 열어 두기 위해 사용된다.

튜브 영양 시에는 용액 영양분을 코를 통해 식도를 지나 위에 집어넣은 튜브를 이용해 조심스럽게 주입한다. 이 튜브는 불편하며 시간이 지나면서 콧구멍과 식도의 막을 손상시킬 수 있기 때문에 일시적인 용도로만 사용하는 것이 좋다.

총정맥영양법(TPN)은 유아용 우유처럼 생긴 무균 용액을 시술을 통해 심장으로 통하는 대동맥에 연결시킨 카테터(혈관 튜브와 비슷함)를 통해 공급한다. 이 영양제에는 비타민과 전해액도 들어 있는데 조심스럽게 다루어야 한다. 또한, 몸이 이런 식의 영양공급을 감당해 내고 있는지 혈액검사를 통해 수시로 모니터링 해야 한다. 각종 말기 암 환자들에게 TPN 같은 적극적인 영양지원을 하는지에 대하여는 논란이 있으므로 적용에 신중을 기하여야 한다.

말기 환자가 식사하지 못하는 것은 영양분이 더는 필요 없어지기 때문에 일어나는 자연스러운 현상으로 의학계는 보고 있다. 영양공급을 할 것인지? 말 것인지는 환자의 의식이 있는 경우는 환자와 협의하여 환자가 원하는 대로 하는 것이 좋다. 의식이 없는 경우 사전의료의향서 등 환자의 의사를 추정하거나 가족과 의료진이 협의하여 결정하는 것이 바람직하다.

■ 수혈

빈혈이나 혈소판 수치가 떨어져 수혈하는 경우가 많다. 그러나 죽

음이 임박한 말기 환자에게 수혈할 것인지는 신중히 결정해야 한다. 수혈하여 말기환자의 고통을 줄이는 데 도움이 되는지 잘 검토하여 시행해야 한다.

　대부분의 말기 암 환자들은 헤모글로빈 수치가 점차적으로 떨어진다. 빈혈과 혈소판 수치를 개선하기 위해 수혈하더라도 그 효과는 일시적일 수밖에 없다. 수혈이 수명을 얼마나 연장시키는지 확실하지도 않고 환자의 고통을 줄여 준다는 근거가 없다. 말기 암 환자의 경우 암 자체로 고통을 받는 것이지 빈혈로 고통을 받은 것은 아니다. 말기 환자에게 수혈하는 문제는 신중히 검토되어야 한다.[26]

연명치료의 중단

보건복지부에서는 2010년 7월 연명치료중단 제도화 관련 사회적 협의체를 구성하고 그 협의체의 논의결과를 발표했다. 합의된 내용을 보면 연명치료 중단 대상 환자, 중단 가능한 연명치료 범위, 사전의료의향서 작성조건 및 절차, 의사결정 기구에 대한 문제는 합의되었으나 추정에 대리에 의한 의사표시와 입법 여부는 합의되지 않았다.

회생 가능성이 없는 말기환자에서 단순히 죽음의 시간을 연장하는 무의미한 연명치료는 중단될 수 있도록 하고 있기에 불필요한 의료행위를 받지 않기 위해서는 사전의료의향서에 심폐소생술이나 인공호흡기 거부 의사를 의식이 있을 때 밝혀두도록 하고 있다.[27]

연명치료중단 제도화 관련 사회적 합의안의 내용은 다음과 같다.

〈대상 환자〉

연명치료 중단 대상은 말기환자로 제한한다. 지속적 식물상태(PSV) 환자는 대상에서 제외하되, 말기상태이면 포함하는 것으로 한다.

〈중단 가능한 연명 치료의 범위〉

말기환자의 수분·영양공급 등 일반 연명치료는 중단될 수 없으며, 심폐소생술·인공호흡기 등 특수연명치료에 한하여 중단될 수 있다. 단 구체적인 치료 항목은 의료기술 발달 및 환자상태 등을 감안하여 정할 수 있도록 한다.

〈사전의료의향서 작성 절차〉

- 말기환자가 연명치료중단에 관한 의사표시를 하는 경우에는 사전의료의향서 작성을 원칙으로 한다.
- 사전의료의향서 작성자는 민법상 성인으로 하고, 작성 전 담당의사와 상담 후 2주 이상 숙려기간을 거쳐 작성한다. 다만 말기환자가 아닌 경우에는 죽음 대비 문화 조성 차원에서 사전의료의향서 작성 절차를 다양하게 정할 수 있다. (의사 외의 자도 설명, 의료기관 외 기관에 사전의료의향서 제출 등)
- 사전의료의향서는 언제든지 철회할 수 있다.

- 사전의료의향서는 서면으로 작성하는 것을 원칙으로 한다. 다만 서면에 의한 의사표시가 불가능한 경우에 예외적으로 구두에 의한 의사표시를 인정할 수 있으나, 이 경우 본인 의사임을 증명하여야 한다.
- 사전의료의향서 작성 시 공증절차를 의무화하는 것은 반대한다.

〈추정 및 대리에 의한 의사표시〉

- 직접적인 의사표시가 불가능한 말기환자의 경우, 예외적으로 추정에 의한 의사표시를 인정할 수 있으며, 이 경우 병원윤리위원회를 통한 의사확인 등의 절차가 병행될 수 있다. 이에 대하여는 합의가 이루어지지 않았다.
- 미성년자 또는 지적장애인에 대해서는 추정 의사표시와 동일한 절차(병원윤리위원회 확인)하에 대리인에 의한 의사표시를 인정할 수 있다. 단 이때 미성년자나 지적장애인 당사자 의견을 최대한 존중하여 대리인이 결정하도록 해야 한다.
- 성인에 대한 대리 제도의 도입에 대하여는 찬반 의견이 대립되어 합의를 하지 못했다.

〈의사결정 기구〉

- 국가 차원의 정책 심의기구로 보건복지부장관 소속하에 국가말기의료심의위원회를 설치하고, 민간위원 위주로 구성하여 연명치료 등에 대한 사항을 논의하도록 한다.

- 의료기관별로 연명치료중단에 관한 사항을 논의하기 위한 병원윤리위원회를 설치·운영하도록 한다.
- 지방·중소병원 등을 위해서는 공용으로 이용할 수 있는 윤리위원회 운영 등의 국가지원제도를 마련할 필요가 있다.

〈기타〉

- 본인이 건강할 때 죽음을 대비하여 사전의료의향서를 직접 작성하는 문화를 조성하기 위해 정부가 적극적으로 노력하여야 한다.
- 연명치료중단의 입법에 대하여는 의견이 대립되어 합의를 하지 못했다.

장기 기증

■ **장기기증이란?**

장기기증이란 건강한 삶을 살다가 이 세상을 떠날 때 나에게는 더는 필요 없는 장기를 꺼져가는 생명을 위하여 대가 없이 주는 것이다. 또한, 생존 시에 아프거나 장기이식을 받으면 살 수 있는 말기 장기부전 환자에게 건강한 자신의 장기 중 일부를 기증하여 사랑을 실천하는 생명 나눔을 말한다.

장기기증자가 다른 사람에게 줄 수 있는 장기 및 조직은 신장, 간장, 췌장, 췌도 소장, 심장, 폐, 골수(조혈모세포), 각막 등이 있다. 장기기증은 기증희망자가 살아있을 때 기증할 것인지, 뇌사상태에 기

증할 것인지, 심장사일 경우에 혹은 사후에 기증할 것인지에 따라 기증할 수 있는 장기 및 조직의 종류와 절차가 다르다. [28]

■ 장기기증의 종류

• 사후 각막기증

각막은 홍채와 동공을 보호하는 눈 앞쪽의 투명한 막을 말한다. 두께는 약 1미리, 직경은 약 10미리 이며 안구의 바깥쪽 표면에서 처음 빛을 받아들여 시신경에 전달하는 역할을 하는 조직이다.

각막기증은 생후 6개월에서 98세까지 건강했던 사람으로 간염, 에이즈, 활동성 폐혈증, 백혈병, 임파종, 각종 전염성 질환이 없으면 가능하고, 근시, 원시, 난시, 색명 관계없이 가능하다.

기증희망자가 사망하면 (재)사랑의 장기기증운동본부, 전화 1588-1589 또는 홈페이지 www.donor.or.kr)에 연락하면, 유족과 협의하여 이식조치를 한다. 각막기증은 사후에만 가능하며 사후 6시간 이내에 각막을 적출해야 한다. 소요시간은 약 30분이고, 적출된 각막은 선정된 시각장애인 2인에게 각각 1개씩 이식된다. 4촌 이내 친척인 경우 이식인 지정이 가능하지만, 그 외에는 특별한 경우를 제외하고는 이식인 지정은 불가하다.

- **뇌사 시 장기기증**

뇌사란 뇌간을 포함한 뇌 전체가 손상되어 보통 3~4일 이내에 사망하며, 길어야 2주를 넘기지 못하는 상태를 말한다. 뇌사판정은 일반병원에서는 불가능하며, 의료진이 잠재 뇌사라고 추정 시 장기기증운동본부로 연락하면 뇌사 판정 및 기증 절차를 안내받을 수 있다.

그러나 식물인간 상태는 대뇌의 중요한 부분은 이미 회복이 불가능할 정도로 정지되어 있지만, 뇌간 기능은 아직 남아 있어 뇌간에서 관장하는 호흡/소화/순환/혈압유지 등 생존에 필요한 기능은 유지되고 있다. 따라서 장기기증 대상이 아니다.

뇌사판정 신청은 뇌사판정 대상자의 가족이 하면 되고, 가족이 없는 경우에는 장기 등 기증희망자로 등록 된 자에 한하여 진료를 담당한 의사가 할 수 있다. 이식 가능한 기간 내에 장기를 기증하면 대략 9개의 장기와 조직으로 70명 정도가 새로운 생명을 얻을 수 있다.

- **생존 시 장기기증**

신장 기증은 환자 가족이나 타인에게 생존 시 신장을 기증하는 것으로 건강한 기증자의 신장 하나를 적출하여 이식 대상 환자에게 이식하는 것을 말한다. 신장 기증은 기증자의 가족 동의가 필수적이다. 헌혈도 장기기증으로 보고 있다.

■ 장기기증의 실태

뇌사자 장기기증이 가장 잘 되고 있는 나라는 스페인이다. 스페인에서는 인구 100만 명당 35명이 뇌사자 장기기증을 하는 반면 한국은 5명이 생명을 나눠주고 떠난다. 그 결과 장기이식 대기기간이 스페인의 경우 평균 70일 이지만, 우리나라는 평균 2년을 기다려야 한다.

스페인에서는 '옵트아웃(opt out-미리 장기기증 거부 의사를 밝히지 않은 사람은 모두 기증에 동의하는 것으로 간주)' 제와 간호사가 아닌 의사가 코디네이터를 맡는 등 선진 장기기증 시스템을 구축하고 있다. 또 국민의식 면에서도 '장기를 기증하면 언젠가 나도 혜택을 본다.' 는 인식이 자리 잡고 있어 장기기증이 성공할 수 있다고 한다.

반면 우리나라는 뇌사자의 장기기증이 드물어 살아있는 사람의 간을 나누는 '생체이식' 이 전체 수술의 3분의 2를 차지하고 있다. 반면 선진국의 경우 간이식 수술 중 약 90퍼센트가 뇌사자 간이식이다.

2009년 선종하신 김수환 추기경이 각막기증을 하고 떠나신 것은 우리 모두가 잘 알고 있는 사실이다. 최근 종교 지도자를 중심으로 장기기증이 늘어나고 있다고 하니 그래도 다행이다. 이를 본받아 장기기증자가 증가하고 있는 이때 훌륭한 장기기증 시스템과 장기기증 문화를 정착시켜야 하는 노력이 더욱 필요하다.

시신기증

시신기증은 돌아가신 후 아무런 조건 없이 의학발전을 위하여, 즉 해부 및 연구를 위하여 자신의 몸을 기증하는 것을 말한다. 시신기증은 돌아가신 고인이 전염병이 없는 질병이나 암, 그리고 자연사인 경우 기증등록이 가능하다. 시신기증은 본인과 가족의 뜻이 일치하여야 한다.

시신기증 절차는, 시신기증 희망자가 사망 시 가족은 기증을 희망하는 기관(대학병원 등)에 연락하여 시신인도 절차를 협의한다. 그리고 장례식 후 기증 기관에 시신을 인도한다. 시신 인도 기관에서는 관계 규정에 의하여 시신을 이용하여야 하며, 이 기간은 보통 6개월에서 2년 정도 소요된다. 인도 기관에서는 연구가 끝난 후 유족에게 연락하여 유족과 시신 처리를 협의한다. 시신 처리 방법에는 유족의 희망에 따라 화장 후 분골로 돌려주거나, 각 기관이 준비해 둔 납골당에 안치 또는 기념탑에 이름을 새겨 넣는 등의 방법이 있다.

시신기증자의 기관 시신 인도 시에는 '시체해부 및 보존에 관한 법률' 규정에 의한 유족승낙서에 가족이 자필 서명하여야 한다. 이때 사망진단서와 가족관계 증명서 등 사망자와 가족관계를 증명하는 서류가 필요하다. 고인이 집에서 사망한 경우에는 시체 검안서가 필요하고, 사고로 돌아가신 경우에는 검사 지휘서가 추가로 필요하다.

임종기에 나타나는 증상들

말기환자가 점차 기력이 떨어져 임종기에 이르게 되면 여러 가지 임종의 증상이 나타난다. 그러나 나타나는 증상은 환자와 질환의 종류에 따라 다르다. 다음에 소개하는 증상은 병의 종류에 관계없이 자연적으로 죽음을 맞는 환자에게서 나타나는 일반적인 증상들이다. 이런 증상들은 보통 환자 본인보다 임종의 지켜보는 환자의 가족 및 지인들에게 더 충격적이다. 임종기에 일어날 증상을 미리 알아두고 마음의 준비를 하면, 증상을 보면서 받게 될 충격을 줄일 수 있을 것이다.[29]

- **식욕 감퇴 및 체중 감소**

임종환자는 체력이 급격히 떨어지고 음식섭취를 본능적으로 거부하게 된다. 음식물을 소화하려면 에너지가 필요하고 영양분 섭취 시 환자의 체력 보강보다는 암세포 등 질환의 세포 번식에 쓰이기 때문에 몸이 알아서 거부하는 현상이다. 임종환자는 보통 단백질이 많이 든 음식을 싫어하고, 그나마 담백하고 맛과 향이 없는 음식을 조금 받아들인다. 보통 건강할 때 좋아하던 음식을 멀리하고 평소 싫어하던 음식을 좋아하게 된다. 이때 환자가 싫어하는 경우 식사를 억지로 권할 필요는 없으며 푸딩이나 주스 등 환자가 원하는 것을 제때에 조금씩 주는 것이 좋다. 임종환자의 식욕감퇴 및 체중 감소는 정상적인 증상이다.

- **삼킴 곤란**

임종이 임박한 환자들은 일반적으로 체력이 너무 약해져 목넘김을 할 수가 없게 된다. 유동식을 넘기려고 해도 입 밖으로 흘리거나 입에 넣어도 음식물이 기도를 막아 기침을 하게 된다. 이 증상이 계속 진행되어 결국 목넘김을 전혀 할 수 없는 단계에 도달하게 된다. 이때부터는 가족 등 간호하는 사람은 환자에게 음식이나 유동식을 권하지 않는 것이 좋다. 이때에는 환자의 입안을 비워두고 작은 얼음조각이나 면봉으로 물을 입가를 적셔주어 갈증을 없애주면 된다.

• **쇠약**

환자는 병이 진행됨에 따라 장기 부전, 영양실조와 탈수 등 많은 요인에 의하여 점차 쇠약해 진다. 환자는 승산이 없지만 병마와 싸우는데 모든 에너지를 소비한 결과다. 쇠약에는 약이 소용없다. 이때에는 기력이 떨어져 말하기도 어렵고 듣는 것조차 힘이 들므로 운동은 하지 않은 것이 좋다.

• **종창**

임종이 임박해지면 심장, 신장 기능이 약해져 여과 기능을 못하게 되면서 체액이 축적되어 환자의 몸에 부담을 주게 된다. 우리 몸은 축적된 체액을 심장에서 멀리 떨어지고 생명 유지에 덜 중요한 곳으로 보내게 된다. 그렇게 해서 체액은 동맥과 정맥에서 빠져 나와 주변 조직으로 유입된다. 이런 현상으로 인해 환자의 발, 다리가 붓고 때로는 손과 얼굴이 부풀어 오르기도 한다.

이때에는 이뇨제로 신장을 자극해서 소변 배출을 돕거나 카테터를 방광에 삽입하여 욕창에 감염되는 것을 방지하기도 한다. 이뇨제를 투여하면 쇠약한 환자가 화장실에 자주 가야 하는 불편이 있고, 카테터를 삽입한 환자는 생활에 불편함과 수치스러움을 느끼므로 이런 점을 고려하여 선택하여야 한다. 보통 수액 주입을 줄이고 얼음조각이나 하드 아이스크림으로 환자의 입을 적셔 주는 것이 더 바람직하다.

- 수면증가

임종기가 가까워지면 점차 잠이 늘어나고 깨어있는 시간이 줄어들게 된다. 임종환자에 이런 증상은 정상이다. 질 수 밖에 없는 싸움이지만 병마와 싸우는데 모든 에너지를 써야 함으로 충분한 휴식이 필요하다. 간호하는 사람은 환자가 편안하게 쉴 수 있도록 곁에서 조용히 기다려주는 것이 좋다.

- 의식 착란/정신 착란

병으로 죽어가는 환자 중 많은 환자가 죽기 전에 의식착란을 경험하는 것으로 추정되고 있다. 착란의 원인은 질환과 관련된 것일 수 있고, 기력이 떨어져 생각을 제대로 못한 탓이거나 간혹 약물 부작용일 수도 있다. 의식 착란을 지켜보는 가족이나 간호하는 사람도 힘들겠지만, 최대한 사랑과 이해심을 갖고 조용히 기다리는 인내심이 필요하다.

- 불안과 흥분

임종환자는 자신의 요구 사항을 말로 표현하지 못하기 때문에 자주 흥분한다. 이때 가족과 간호하는 사람은 미처 챙기지 못한 것이 있나 꼼꼼히 챙겨 보아야 한다. 예를 들면 보고 싶은 사람이 있는지, 용서하고 화해해야 될 사람이 더 있는지 등과 남은 사람은 걱정하지 않아도 된다는 확신을 주는 것 등이 있다.

임종의 징후

마지막 임종의 순간이 다가오면 평소와 다른 여러 징후가 있다. 이러한 징후들을 알고 환자를 상태를 잘 관찰하면 하나하나 차분한 임종을 준비할 수 있다. 마지막 가는 임종자의 임종에 함께 해야 사람들에게 연락하고, 함께 모인 자리에서 편안한 가운데, 영원한 세계로 가고, 보내는 감사와 축복의 시간을 가질 수 있을 것이다.

• **소변 배출량 감소**

체액 유입 감소와 신장 기능 약화로 인한 자연스러운 증상이다. 소변 색갈이 차(茶)처럼 진해져 탁해지고 고약한 냄새가 난다. 병이 더 진행되면 신장은 더 이상 소변을 생성하지 않게 되고, 그 기능과 수명이 다하여 장기로서 활동을 마감한다.

- **반점**

심장의 기능이 약해짐에 따라 혈액 순환이 제대로 이루어지지 못하게 된다. 이로 인해 신체의 혈액이 낮은 부위로 몰리거나 고이게 된다. 침대에 누워있는 환자는 등을 따라 그리고 메트리스에 닿는 부위를 따라 이 증상이 생기게 된다. 피부가 푸른빛이나 자줏빛을 띠는 반면, 반점이 생기고 탈색되는 부위도 있다.

- **죽음의 가래 끓는 소리**

건강한 사람은 가래가 생기면 뱉어내면 되지만 임종환자는 체력이 떨어져 그렇게 할 수가 없다. 그래서 환자가 숨을 쉴 때 목구멍 안의 가래가 아래위로 움직여 가르랑거리는 소리를 내는 것이다. 자연사를 맞이하는 대부분의 환자들은 마지막에 죽음의 가래 끓는 소리와 관련 되는 폐렴으로 생을 마감한다. 약물이나 붙이는 패치를 사용하면 증상을 완화시켜 주기도 하지만 일시적이다.

- **임종 직전의 혼수상태**

임종환자들은 시간이 지날수록 사고가 불명확해지고 주변 사람들과 일들로부터 동떨어진 느낌을 준다. 수면시간이 점차 늘어나고 깨어도 금방 다시 잠들어 버린다. 이러한 반의식의 상태는 너무도 편안한 상태다.

이때 알아두어야 할 중요한 사실은 환자가 반응을 보일 수는 없어도 환자는 우리말을 들을 수 있고 주변에서 일어나는 일을 알고 있다는 점이다. 사람의 모든 감각 기능 중 청각이 마지막으로 사라지는 사실을 알아야 할 것이다.

• **호흡 변화**

임종의 순간이 다가오면 혈압이 감소하고 맥박 수는 증가한다. 맥박 수가 분당 120회 이상 되는 상태가 지속되면 임종이 임박했다고 볼 수 있다. 마지막 숨은 보통 너무 약하고 조용해서 자칫하면 못 듣고 놓치기가 쉽다, 이는 지극히 자연적이고 평화로운 죽음이다.[30]

> 인간의 죽음은
> 자유를 향해 걸어가는
> 길 위에서 펼쳐지는
> 최고의 축제이다.
>
> — 디트리히 본훼퍼 —

PART 6
죽음 준비교육

Well-dying

죽음 준비교육이란?

죽음 준비교육은 말 그대로 죽음을 가르치는 교육을 뜻하는 데, 영어로는 death education 이다. 이는 이 세상에 태어난 사람은 반드시 죽을 수밖에 없다는 사실을 인식하고, 죽음을 올바르게 맞이하기 위하여 하는 배움의 과정을 말한다.

또한 죽음 준비교육은 누구도 대신 해 줄 수 없는, 자기 자신의 삶을 마지막까지 소중하게 이어 가기 위한 가르침이다. 이것은 바로 제대로, 바르게 죽기 위한 공부, 보다 나은 삶을 이끌어 내기 위한 삶의 교육이다.

죽음을 경험하는 것은 불가능하다. 하지만 죽음을 인간의 삶에 있어 아주 중요한 문제로 인식하여, 자신과 다른 사람의 죽음을 준비하는 것은 다른 무엇보다 중요하다. 이러한 것을 깨우쳐 주는 것이 죽음 준비교육이다. 더 나아가 각자 주어진 삶의 가치를 제대로 알고 실질적인 정보를 얻게 해주어, 죽음에 대한 불안과 두려움을 줄여 삶을 보다 더 열정적이고 가치 있게 해 주는 것이다.

사람은 누구나 제대로, 그리고 바르게 죽고 싶어 한다. 그러나 제대로, 바르게 죽는 법을 가르쳐 주는 학교도 학원도 없다. 잘사는 법, 성공하는 삶에 대한 서적과 강좌는 넘쳐나지만 잘 죽는 법과 well-dying에 대한 자료와 교육은 아주 부족한 것이 우리의 현실이다.

그나마 다행인 것은, 최근 죽음과 죽음 준비교육에 대해 관심이 조금씩 일어나고 있다. 이는 죽음문화 선진국의 지난 추이를 고려해 보면 국민 소득 2만 불을 넘으면 일어나는 자연스러운 현상으로 이해된다. 죽음문화가 앞선 선진국에 비해 죽음준비교육에 대한 이해가 부족하고, 죽음준비교육 시스템에서 보완할 것이 많이 있지만, 우리에 맞는 죽음준비교육 시스템으로 점차 발전 시켜 나가야 할 것이다.

죽음 준비교육의 목적

• 인생의 가치관 재정립

20세기 독일의 실존철학자 마르틴 하이데거는 인간을 '죽음의 존재'라고 정의했다. 태어난 순간부터 죽음을 향해 나아가는 유한한 존재라는 의미이다. 인간은 죽음을 직시함으로써 자신에게 주어진 시간이 얼마나 짧은지, 그리고 얼마나 소중한지 깨닫게 된다. 사람들에게 삶의 가치를 깨닫게 해주고, 행복하고 건강한 삶을 영위할 수 있는 라이프스타일을 갖도록 하는데 도움을 준다.

• 죽음에 대한 공포로부터 해방

죽음 준비교육은 죽음에 대한 개인적 공포와 내부의 갈등을 다루는 효과적인 문제해결 기술과 대면 전략을 통하여 죽음을 대하는 방법을 도와준다.

- **내세에 대한 희망**

  인생은 죽음으로 막을 내리고 모든 것이 무(無)로 돌아간다면 삶이 참으로 허무하게 느껴질 것이다. 과학으로 사후세계의 존재를 증명할 수 없지만 부존재에 대한 증명 역시 할 수가 없다. 그래서 죽음이 끝이 아니고 새로운 삶의 시작이라고 가정한다면 죽음에 대한 공포는 크게 줄어들 수 있을 것이다. 거의 모든 종교가 말하듯 현재의 삶이 내세의 삶에 절대적 영향을 미친다고 한다면 현재의 삶에 대한 자세 또한 달라질 것이다. 환자에게 죽음교육을 통하여 영적인 도움을 줌으로써 죽음이 끝이 아니라는 희망을 갖도록 도와준다.

- **죽어가는 과정에 대한 이해**

  삶의 마지막 단계에 있는 환자들이 어떤 문제를 만나고, 무엇을 필요로 하는지 이해할 수 있도록 도와준다. 의료진이 더 이상 도움을 줄 수 없는 단계에 이르게 되면 가족과 친지들의 따뜻한 인간적 배려가 필요하다. 환자, 의료진, 가족이 죽음의 과정을 이해하고 각 단계별 과정에 적절히 대처한다면 보다 평안하고 품위 있는 죽음을 맞이할 수 있을 것이다.

- **죽음과 관련된 생명윤리, 의학, 법적 이해**

품위 있는 죽음을 위해 무의미한 연명치료를 원하지 않는 사람은 미리 '사전의료의향서'나 '존엄사 선언서(living will)'를 작성해두는 것이 필요하고, 또 편안한 임종을 희망하는 경우에는 호스피스 병원을 알아두는 것이 좋다. 의미 있는 죽음이 되도록 장기기증이나 시신기증과 같은 관련 정보를 미리 알고 조치해 두는 것이 필요하다.

법적으로 가장 중요한 문제는 유언장을 작성하는 일이다. 재산 문제뿐만 아니라 가족과 사랑하는 사람들에게 하고 싶은 말을 미리 작성하여 남기는 것이다. 이는 각자 삶의 아름다운 마무리와 남겨진 가족에게도 중요한 과정으로 죽음이 임박해서가 아니라 평소 준비해두어야 한다.

- **죽음 계획 수립**

죽음 준비교육은 이 밖에도 사랑하는 사람을 잃었을 때 성숙하게 대응할 수 있도록 돕고, 자살을 방지하며, 말기 환자의 알 권리에 대한 인식을 새롭게 하고, 자신에게 맞는 장례나 자신이 원하는 장례방식을 선택하는 등 죽음에 대한 다양한 문제를 미리 준비하여 자신의 철학에 맞는 죽음 계획을 수립하는데 도움을 준다.[31]

죽음 준비교육의 과정 및 내용

죽음 준비교육은 언제, 어디서, 무엇을 해야 하는 것일까? 그 대답은 항상, 어디서든 해야 한다라고 답해도 틀린 말이 아니다. 30~40년 전에만 해도 우리는 죽음과 함께 더불어 살아왔다. 가족과 이웃의 죽어감과 죽음을 보면서 살아왔고, 언제, 어디서고 죽음의 장에 함께 참여하고 배워왔다. 그것이 죽음 준비교육 그 자체였다. 그러나 산업화의 영향으로 핵가족화 되고, 도시화로 주거형태가 아파트와 같이 공동주택문화로 바뀌고, 죽어감과 죽음이 병원이라는 밀실에서 이루어지는 형태로 바뀌었다. 가정에서 가족과 함께 죽어감과 죽음을 맞이할 기회가 줄어들면서 자연스런 '죽음 준비교육 장소'와 '죽음 준비교육 기회'가 사라져 버렸다.

죽은 준비교육은 유아 청소년의 죽음 준비교육, 중·고교에서의 죽음 준비교육, 대학의 죽음 준비교육, 평생교육으로서의 죽음 준비교육, 전문가를 위한 죽음준비교육으로 구분할 수 있다

미국, 독일 및 일본 등 죽음 준비교육이 앞선 나라에서는 위의 다섯 단계에 대한 죽음 준비교육이 시스템화 되어 있다. 그러나 우리나라의 학교 교과과정에는 아직 죽음에 대한 강좌가 제대로 정착되어 있지 않고 겨우 몇몇 대학 및 문화원을 중심으로 죽음 준비학교 과정이 개설되어 있을 뿐이다.

■ 유아·청소년을 위한 교육

한국에서는 어린이게 대한 죽음 준비교육이 거의 이루어지지 않고 있다. 그러나 유아·청소년을 위한 죽음 준비교육의 필요성은 어른의 교육 못지않게 중요하다. 나는 가까운 장래에 초등학교 때부터 정규 교과목에 포함되기를 기원한다. 다음 세대를 이끌어 갈 어린들의 다른 사람에 대한 사랑과 농성심 배앙 및 자실 예방을 위히여 '죽음 준비교육은 꼭 필요한 교육 중의 하나이기 때문이다.

• **죽은 사람을 애도하는 마음은 어린이도 똑같다.**

어른들은 사랑하는 사람의 죽음을 체험할 때, 자신들의 슬픔을 참아내는 데 집중하다보니 어린이들의 슬픈 기분을 고려하지 못하는

경우가 많다. 그러나 어린이들은 그로 인해 마음에 상처를 입는 경우가 많다. 어린이들이 가까운 사람의 죽음으로 마음의 상처를 받지 않도록 고려하여야 한다.

• **어린이의 장례식 참여**

예를 들어 엄마는 아빠의 장례식에 어린 자녀를 참석시켜야 할지 고민할 수도 있다. 이 경우 어른의 생각에 따를 것이 아니라 어린 자녀의 뜻을 존중하여 자유롭게 결정하도록 하는 것이 좋다. 최근 많은 심리학자들은 어린 자녀를 장례식에 참여시키는 것이 나중에 아이가 비탄을 극복하는 데 긍정적 영향을 미친다고 보고하고 있다.

■ **중 · 고교에서의 죽음 준비교육**

독일의 중학생용 교과서의 한 가지 사례를 소개하면 다음과 같다. 이 내용은 '죽음과 죽어가는 과정'은 중학생용 교과서 시리즈 중 아홉 번째 책이다. 이 책은 주로 가치관의 측면에서 죽음을 다루고 있다.

1) 죽음과 장례식

세계 각국의 죽은 사람을 매장하는 자료와 사진을 담고 있다. 장례식의 의의, 장례에 관한 다양한 관습, 부고의 사례, 장례식을 위한 구

체적 제안 등에 학생들이 자유롭게 생각하도록 유지하고 있다.

2) 청소년의 자살

청소년 자살의 구체적인 사례를 거론하면서, 그 원인과 동기에 대해 설명한다. 이어서 자살을 예방하는 방법을 자세히 소개하고 있다.

3) 인간답게 죽는 방법-윤리적인 문제

이 장에서는 몇 가지 사례에 기초하여 생명을 인위적으로 영위하는 문제, 안락사에 대한 문제를 다루고 있다. 또 죽어가는 사람이 마지막 시간을 어떻게 하면 인간답게 보낼 수 있을까? 이를 우리는 어떤 도움을 줄 수 있을까라는 식으로 폭넓은 영역에서 다루어지고 있다.

4) 생명에 대한 위협-죽음과의 대결

처음에는 생명의 자연스러운 종말인 피할 수 없는 죽음과, 좀 더 주의하고 노력함으로써 피할 수 있는 죽음을 구별하여 설명하고 있다. 인위적으로 생명을 위협하는 것으로는 전쟁과 원자력발전소의 사고에 의한 환경오염과 발암물질을 취급하는 직장에서의 직업병, 교통사고, 마약 등을 다루고 있다.

5) 죽음의 해석

동서고금의 철학과 종교가 죽음의 의미와 해석, 사후 생명의 가능성을 어떻게 이해해야 하는지에 대해 다루고 있다. 유태교, 이슬람교, 마르크시즘 등의 생사관도 소개하고 있다.

또한 묘지를 견학하여 묘비명을 연구하도록 하기도 하고 신문의 사망 광고를 모아 이 자료로부터 죽음이 어떻게 표현되고 있는지 분석하는 숙제도 내 준다. 어떤 경우에도 죽음의 의의와 관한 특정한 해석을 결코 학생에게 강요하지 않고 다양한 해석을 적극적으로 소개하여 학생 자신이 자유롭게 선택할 수 있도록 유도하고 있다.

■ 대학의 죽음 준비교육

미국, 일본, 독일 등에서는 대학의 죽음 준비교육이 체계화되어 있으나, 우리나라에서의 죽음 준비교육은 아직 제대로 이루지지 않고 있다. 선진 죽음 준비교육을 시행하고 있는 앞 나라들의 시스템을 보면 '죽음 준비교육은' 은 단순히 지식의 전달에 그치는 게 아니라 학생 자신이 직접 죽음에 대해 생각하도록 하는 방향으로 진행되고 있다.

다음은 일본의 조치대학(上智大學)의 '죽음철학' 커리큘럼이다. 이 학습 내용과 미국, 일본, 독일 등에서 죽음 준비교육 선진국에서 이미 시행하고 교과 내용으로 이를 참고하여 향후 우리가 죽음 준비교육에서 다루었으면 하고 소개한다.[32]

1. 죽음에 대한 이해 : 죽음의 이해, 철학적·의학적 죽음의 의의,

죽음교육의 필요성

2. 죽음에 이르는 과정 : 6단계와 그 이해

3. 비탄 교육 : 비탄교육의 필요성, 비탄과정, 배우자를 잃었을 때, 돌연사, 자살 등의 대비

4. 죽음에 대한 공포 : 죽음의 공포 유형 및 극복 방안

5. 죽음과 유머의 역할

6. 자살 : 자살의 정의, 동기, 통계, 윤리적 평가, 자살방지

7. 사후 세계 : 임사체험, 사후세계에 대한 철학적, 종교적 고찰

8. 죽음의 역사 : 죽음의 역사, 생사관의 변천, 후반에서 '이별 편지'

9. 말기환자와의 대화

10. 호스피스 : 호스피스의 역사, 이념, 호스피스 운동의 발전 단계 등

11. 문학에서의 죽음 : 그리스, 독일, 러시아, 일본 등

12. 음악에서의 죽음 : 레퀴엠(,Requiem), 죽음과 소녀 등

13. 예술에서의 죽음 : 회화, 조각, 미술 등

14. 피할 수 없는 죽음과 피할 수 있는 죽음 : 교통사고, 전쟁, 민족분쟁, 핵무기, 환경오염 등

15. 뇌사와 장기 이식

16. 연명치료 및 안락사

17. 유언장, 사전의료지시서, 존엄사 선언서(living will), 의료대리인지정, 장기기증 희망등록

18. 장례 : 장례의 의의, 장례계획, 장사문화
19. 죽음을 앞에 둔 인간적 성장

■ **평생교육으로서의 죽음 준비교육**

젊었을 때는 시간이 얼마든지 있고 인생은 길다고 생각한다. 하지만 중년기가 되면 이루어 놓은 것 없이 자신의 인생의 반이 지나갔음을 자각하게 되는데, 이 시기에 특유한 정신적 위기를 경험하게 된다. 이 새로운 시간 인식은 심각한 우울 상태에 빠지는 계기가 되기도 하지만 시간의 중요함을 재발견하게 되는 기회이기도 하다. 중년기는 이렇게 시간 인식의 변화를 인생에 있어서 하나의 도전으로 보고 적극적으로 대응하는 것이 요구되는 시기라고도 말할 수 있다.

'죽음'이라는 것은 피해갈 수 없는 것인데, 반대로 이 위기적 상황이야말로 자신의 가치관의 재평가를 위한 좋은 기회라고 생각하면, 새로운 자아를 발견할 수 있을 것이다.[33]

• **마음을 비우고 집착을 끊는다.**
자신이 쌓아온 과거의 업적이나 직위에 얽매이지 않고, 재산이나 물건에 대한 집착을 버리고 긍정적으로 살아가는 것을 생각한다.

- **양보와 화해**

죽음을 맞이하기 전에 가족이나 다른 사람과의 화해를 권유한다. 다른 사람을 용서하고, 다른 사람으로부터 용서를 받아 정신적인 응어리가 남지 않도록 한다.

- **감사의 표명**

자신의 인생을 되돌아보면 얼마나 받았는지를 알 수 있다. 자연스럽게 주위 사람들에게 감사의 마음을 표시한다.

- **이별을 위한 연습**

죽는다는 것은 새로운 여행을 떠하는 것이다. 그 동안 함께 했던 사람들과의 이별 인사를 연습해 본다.

- **유언장 작성**

자신이 죽은 후 유산을 둘러싼 분쟁이 발생하지 않도록 법률적으로 적정한 유언장을 만들어 두는 것은 마지막 선물이다.

- **자신의 장례식 계획**

평소 자신의 장례식에 대한 희망과 방법 등을 주위 사람들에게 이야기해 두거나 기록해 두는 것도 남겨진 사람들에게 대한 배려이다.

죽음을 맞이하는 방식

죽어가는 사람으로 사는 방법을 배우는 것은 삶의 살아가는 방법을 배우는 것과 결코 다르지 않다. 직업을 그만두거나 중요한 보상이나 인정을 받는 일 역시 인생의 순간을 경험하는 과정과 같은 초월의 경로를 걷는 것으로 시작된다. 이 '여섯 단계'는 최적의 성장과 창조적인 삶으로 가는 길이다.

여기 소개하는 여섯 가지 단계는 로스 박사가 〈죽음과 죽어감 On Death and Dying〉에서 제시한 '죽음의 다섯 단계에다 알폰스 데켄 박사가 〈죽음을 어떻게 맞이할 것인가〉에서 제시한 '기대와 희망'의 단계를 포함한 것이다.

첫 번째 반응, 부정의 단계

"아니야, 내가 그럴 리가 없어." 시한부 인생을 선고 받은 환자가 가장 먼저 보이는 전형적인 반응이다. 로스 박사는 부정은 꼭 필요한 중요한 단계라고 말한다. 죽음을 피할 수 없다는 사실을 깨닫게 될 때 그 충격을 완화시켜주는 역할을 한다. 가까운 장래에 죽음이 찾아올 것을 아는 환자가 최초로 보이는 반응은 부인의 단계다. 대부분의 사람들은 자신이 죽어야 한다는 것을 부정하게 된다. 오진(誤診)이라고 굳게 믿는 환자도 있다. 인간인 이상 죽음에 직면하면 비슷한 체험을 하게 된다. 무엇보다 자신이 죽게 된다는 사실을 인정하고 싶지 않은 것이다.

두 번째 반응, 분노의 단계

"왜 하필 나야?" 환자는 다른 이들은 멀쩡하게 살아가는데 왜 자신만 죽어야 하는지에 대해 분노한다. 그것은 죽고 싶지 않다. 더 살고 싶다는 절실한 희망이 형태를 바꿔 표출된 것이다. 분노를 표출하는 구체적인 대상은 주로 신이 된다. 이는 신이 죽음의 선고를 내렸다고 믿기 때문이다. 이와 같은 분노는 표출해도 될 뿐만 아니라 반드시 거쳐야 하는 단계라고 로스 박사는 주장한다. 이 말에 충격을 느낄 사람들에게, 로스 박사는 단순 명쾌한 대답을 건넨다. "하느님은 다 받아

주십니다." 이 단계에는 환자와 아무 대화도 이루어지지 않는다.

세 번째 반응, 협상의 단계

환자는 의사와 운명 혹은 신과 어떤 시한부 약속을 주고받지만, 다가오는 죽음을 조금이라도 연기하고자 한다. 예를 들어 딸의 결혼식에 참석하고 싶다. 한 번만 더 고향의 부모 묘를 찾아가고 싶다. 그것을 마칠 때까지 어떻게든 살 수 있게 해 달라. 그 대신 매일 기도를 올리겠다는 등의 타협을 의사나 신에게 하게 된다.

이 단계에는 환자가 주위사람들에게 개방적이고 협조적이기 때문에, 이성적 대화가 가능한 시기이다. 환자가 품고 있는 미해결된 문제를 정리하고 인생의 재평가를 행하는 좋은 기회이기도 하다. 예를 들어 유언을 쓰도록 권유한다든가, 환자가 주변정리를 할 수 있도록 도와 줄 수 있는 최적의 시간이다.

이 시기에 인생의 재평가를 충분히 행하지 않으면 편안하게 죽음을 맞이할 수 없는 사람이 많다. 그러므로 가족들은 환자가 마무리하지 못한 일을 마무리 할 수 있도록 관심과 배려로 도와주어야 한다. 로스 박사에 의하면 "심지어 단 한 번도 신을 섬기지 않았던 사람들조차 신을 부른다."고 한다. 이 순간 이들의 약속은 완전히 터무니없다. 어쨌든 지키지 않을 약속이기 때문이다.

네 번째 반응, 우울의 단계

"그래, 나야." 처음에는 과거의 상실과 끝내지 못한 일, 잘 못했던 일 등을 한탄한다. 그러다가 차차 '예비 슬픔' 상태에 진입하면서 죽음이 찾아올 날을 준비한다. 말수가 적어지고 누가 찾아오는 것도 달갑지 않게 여긴다. 로스 박사는 이 과정을 이렇게 말한다. "죽어가는 환자가 더는 다른 사람들을 보고 싶어 하지 않는다면 이는 그 사람과 끝내지 못했던 일을 끝냈다는 신호다. 이는 반가운 소식으로 이제야 평온하게 홀가분해질 수 있다는 뜻이다." 주위 사람들은 더 이상 아무것도 할 수 없더라도 가능한 한 환자 곁에 함께 있어주는 배려가 필요하다.

다섯 번째 반응, 수용의 단계

"주어진 시간이 이제 다 끝났어. 괜찮아." 로스 박사는 이 단계를 "행복하지는 않겠지만, 불행하지도 않다. 감정이 없는 상태지만, 그렇다고 체념 상태도 아니다. 이는 진정한 승리의 단계다."라고 묘사한다. [34]

여섯 번째 반응, 기대와 희망의 단계

알폰스 데컨 박사의 연구에 의하면 병원과 호스피스 병동에서 사후의 생명을 믿는 사람들이 최후의 순간까지 희망으로 가득 차 밝은 태도를 취하는 모습을 볼 수 있었다고 한다. 그런 사람들은 수용의 단계가 아니라 영원한 미래를 적극적으로 희망하고 있는 것이다. 그들은 특히 사랑하는 사람과의 재회를 크게 기대하고 있는 것이다. [35]

위 단계들은 죽어가는 환자들이 처하게 될 각기 다른 국면을 이해하는 데 무척 유용한 지침이 될 수 있다. 죽음을 앞둔 사람들이 보통 위와 같이 '6단계'를 거쳐 죽음에 도달하나, 모든 사람이 다 겪는 것도 아니고, 반드시 이 단계들이 순차적으로 일어나는 것은 아니다. 심각한 병을 앓는 환자들이 대화중에 몇 가지 감정을 한꺼번에 나타내는 경우를 볼 수 있다. 물론 모든 환자가 그런 감정을 다 겪는 것은 아니지만 대부분이 몇 가지 감정을 겪는다. 이는 환자뿐만 아니라 가족도 겪는다.

절대적인 기준이 아니므로 모든 이들이 모든 이들이 모든 단계를 정확한 순서로 거친다고 확신할 수는 없지만, 통찰력을 지니고 유연하게 활용한다면 왜 환자가 저런 행동을 하는지를 이해하는데 귀중한 도구로 삼을 수 있다.

죽음을 맞이하는 방식은 사람의 생사관과 종교, 또 죽음 준비교육을 받았는지의 여부에 따라 차이가 있다. 어떤 경우에도 죽어가는 과

정에서 겪게 되는 헤아리기 어려운 고뇌를 적극적으로 극복한 사람은, 인생의 마지막 단계에서 크게 성장하는 것을 알 수 있다. 가족 등 주의 사람들은 환자가 지금 어떤 단계에 있는지 잘 이해해서 적절하게 보살펴 주는 것이 중요하다.

품위 있는 죽음을 위한 준비

■ **자신의 병에 대해 공부하자.**

내 몸을 지켜주는 주체는 나 자신이다. 누가 내 대신 내 몸을 지켜주겠는가? 자신의 병에 대하여 외면하지 말고 적극적으로 알아보는 자세가 필요하다. 자신의 병에 대하여는 어느 정도까지는 알아 두어야 한다. 가정 의학백과, 인터넷 등의 통하여 기본지식을 쌓아두고 그 지식을 바탕으로 전문 의사에게 진단을 받아 보는 것이 좋은 방법이다. 무엇보다도 병은 조기 발견이 중요하므로 가급적 매년 정기검진을 하고, 자신의 신체에 관한 정보의 체계적 관리를 위하여 파일을 따로 만들어 자료를 모와 두는 것이 필요하다.

■ **의사에게 설명을 요구하자**

우리나라의 의료문화를 보면, 의사가 환자의 상태를 환자 본인이 아닌 가족에게만 설명하고 가족은 환자에게 감추는 사례가 많다. 이런 상황에서 자기 자신의 질병을 제대로 알려면 무엇보다 의사에게 정확한 사실을 알려줄 것을 분명히 요구해야 한다. 의사는 환자 본인이 설명을 요구할 때는 거절하지 않고 설명 해 줄 것이다. 왜냐면 환자는 자신의 병의 상태를 알 권리가 있다. 환자가 사실을 있는 그대로 아는 것은 존엄과 관계되는 기본적인 인권이다. 이는 생의 남은 시간을 의미 있게 보내기 위해서라도 환자가 자신의 죽음이 여정에 대하여 알아야 하기 때문이다.

보통 의사는 전문적인 용어로 설명하기 때문에 이해가 되지 않을 수도 있을 것이다. 이때에는 이해가 될 때까지 자세히 물어보는 것이 좋다. 의사는 많은 환자를 대하다 보면 시간이 부족한 경우가 많으므로 미리 질문지를 작성하여 체계적으로 물어보는 것이 좋다. 일반적으로 의사에게 물어볼 개략적 사항은 아래와 같으나 각자의 증상에 따라 다를 수 있으므로 의문사항 전반에 대하여 메모하여 물어 보는 것이 좋다.

- 나의 정확한 병명
- 현재의 병의 상태 및 진행 예정
- 선택 가능한 치료의 종류
- 각 치료의 목적, 방법, 예후

- 각 치료 방법들의 예상 후유증, 합병증 등과 그 발생 비율
- 아무 치료도 받지 않았을 때의 예후
- 주의하거나 지켜야 할 사항

가족과 함께 '만약의 경우'와 '죽음'에 대해 대화를 하자.

하루하루 살아가다 보면 가족이 모여 대화할 기회가 쉽지 않다. 그러나 평소 건강할 때, 기회 있을 때마다 가족이 모이면 함께 '만약의 경우'와 '죽음'에 대하여 각자의 생각을 이야기 할 수 있는 기회를 갖는 것은 참 중요하다. 평상시에 가족에게 나의 건강에 무슨 일이 있으면 숨기지 말고 말해달라고 부탁 해 주는 것이 필요하다.

평상시에 수술여부, 치료방법, 치료병원, 장례방법 등에 대하여 가족과 함께 대화를 해두는 것이 필요하다. 대화를 하는 것도 중요하지만 '사전의료의향서'나 '유언장' 등과 같이 서류로 남기는 것이 나 자신과 가족을 위하는 길임을 알아야 한다.

■ **나에게 맞는 의료 시설을 찾자**

말기 환자가 병원을 찾는 이유는 병원에 가면 내가 필요로 하는 많은 도움을 받으리라고 생각하지만 병원이라는 시설은 치유치료를 목적으로 하는 곳이므로 죽음을 준비하는 환자에게는 맞지 않을 수도 있다. 이때를 대비하여 완화치료를 잘하는 기관이나 의사에 대하여

많은 정보를 알아 두는 것이 좋다. 필요하다면 의사나 가족에게 부탁하여 나에게 잘 맞는 시설을 찾는 것이 중요하다. 저자의 경우 여러 시설을 알아보고 직접 방문한 후 각 시설에 대하여 어머니에게 설명을 한 후 어머니가 선택한 시설에서 편안한 죽음을 맞이할 수 있었다.

■ 사전의료의향서를 작성하자

나의 마지막 생명을 어떻게 해 달라는 요청을 서류로 남기는 것이다. 만약 서류가 없다면 자신의 생각과 관계없이 인공호흡기, 심폐소생술 등 자신이 원하지 않는 죽음을 맞이할 수도 있다.

대부분의 큰 병원에서는 이 책의 부록에 있는 '사전의료의향서'가 준비되어 있다. 각 병원에 따라 사용하는 양식에 조금씩 차이가 있으나 내용은 거의 비슷하다. 이 서류를 작성하여 서명하고 사인을 해두면 된다. 공증을 하지 않아도 그 효력을 발생한다. 이 문서를 작성하느냐 않느냐는 환자의 자유다. 만약 이 문서를 작성해 두었다가 필요할 경우 의사에게 제시하면 된다. 의사는 환자의 진료차트에 끼워두게 된다. 그리고 환자가 무능력 상태에 빠지면 의사는 이 '사전의료의향서'에 맞게 의료조치를 취하게 될 것이다.

■ 마지막 하고 싶은 일이 있으면 의료진이나 가족에게 부탁하자

의료인과 가족의 이해부족으로 죽음이 임박한 환자의 외출을 불허하는 경우가 있는데 이것은 환자의 심리를 고려하지 않은 조치로 의료진과 가족이 협의하여 필요한 조치를 한 후 허락하는 것이 바람직하다. 말기 환자의 경우 자신에게 주어진 시간이 얼마 남지 않았다는 것을 알 경우 하고 싶은 것이나 정리할 것이 참 많다. 실제 저자 어머니의 경우 담당 의사의 협조를 얻어 매주 외출 허가를 받아 자신이 가고 싶은 곳을 방문하고, 하고 싶은 일을 하시고는 아주 만족 해 하셨다. 자신이 거주하시던 집에도 여러 차례 방문하여 마지막 정리를 하고, 가족에게 남기는 것을 다 전해 주시고는 "내 할 일을 이제 다 했다"라고 하시면서 아주 편안해 하였다.

죽음의 공포와 불안

　죽음에 대한 공포나 불안은 만인에게 공통된 것이다. 그러나 막연히 두려워만 할 것이 아니라 죽음의 실체를 잘 이해하고 대처한다면 과잉 공포나 불안을 해소하는데 도움이 될 것이다. 대다수 사람들은 공포와 불안을 단지 부정적인 감정으로 이해하는 경우가 많은데, 죽음에 대한 공포에는 생명에 닥친 위험을 회피하고자 하는 측면과 창조성을 배양하는 적극적인 역할을 맡고 있는 측면도 있다. 또한 공포에는 위험을 미리 감지하고 생명을 단축시키는 뜻한 사태를 피고하자 하는 일종의 신호 기능이 있다.

　죽음에 대한 공포는 지금까지 깨닫지 못했던 잠재적 능력을 일깨워 주는 자극제가 되기도 한다. 인간은 사후에도 존재하는 영속성을 위해 무엇인가를 만들고 후세에 남기려고 한다. 그러나 대부분의 사람들은 생명의 유한성을 깨닫고 있으면서 자신 속에 감춰진 미개발된 가능성을 그대로 방치한다. 죽음에 대한 공포가 인생의 유한성에 대해 자각하는 계기를 만들어 주고 창조성을 발휘하는 강력한 영력(靈力)으로 작동하는 경우도 있다.

- **고통에 대한 공포**

죽음을 앞에 둔 고통에는 정신적, 사회적, 영적 그리고 육체적 고통이라는 네 종류가 복잡하게 얽혀 있다. 죽음을 앞둔 사람은 사랑하는 사람과의 이별 그리고 지금 소유하고 있는 모든 것을 잃는다는 것으로부터 커다란 정신적 고통을 받는다. 가족의 장래가 걱정되지만 아무것도 할 수 없다는 무기력감 또한 말기 환자들에게 의 커다란 고통이 될 수 있다. 의술이 발달한 오늘날에 는 고통의 90퍼센트 정도는 완화할 수 있으므로, 고통을 참지 말고 의료진과 협의하여 적절히 대처 하는 것이 필요하다.

- **고독에 대한 공포**

'사람들로부터 버림을 받는다.' 혹은 '홀로 죽음을 맞이하는 것은 아닌가?' 하는 공포는 죽음을 앞둔 많은 사람들에게 나타나는 공통된 고통이다. 가족 등 보호자가 죽어가는 사람과 함께 있는 것만으로도 많은 위안이 될 수 있으므로 환자에게 마지막에 혼자가 아니라는 확신을 주는 것이 좋다.

- **존엄을 잃는다는 것에 대한 두려움**

　인생의 마지막에 가서 가족이나 친구들에게 자신이 병들어 쇠약해진 모습을 보이고 싶지 않은 사람이 많다. 의료인이나 가족은 환자가 인간으로서의 존엄성을 침해 받지 않도록 세심한 배려를 해야 한다.

- **가족이나 사회에 부담을 준다는 것에 대한 공포**

　우리 문화의 통념 중 하나가 '타인에게 폐를 끼치지 않는다.' 는 것을 미덕으로 생각하다 보니, 가족이나 사회에 짐이 된다는 것을 고통스럽게 생각한다. 그러나 죽는 순간까지도 가족과 주변 사람들로부터 도움을 받은 것도 마지막 사랑을 실천하는 것으로 생각할 수 있도록 하면 부담이 줄어들 수도 있다.

- **미지의 세계를 눈앞에 둔 심리적 불안**

　죽음은 일반적인 지식으로는 예견도 학습도 할 수 없기 때문에 혼란에 빠지는 사람도 있다. 이러한 불안은 '죽음 준비교육' 에 의해 상당히 완화될 수 있다.

- **불안한 인생과 관련된 죽음에 대한 불안**

　젊었을 때 삶과 죽음에 대한 굴절된 감정들은 나중에 죽음에 대한 강한 불안과 연결되는 경우가 있다. 스위스의 심리학자 칼 융(carl gustav jung)은 그의 저서 "심리의 구조"에서 삶과 죽음을 향한 감정에 대해 죽음을 단순히 끝이라고 생각하지 말고 인생목표 중의 하나로 받아들일 것을 제안하고 있다.

- 인생을 미완성인 채로 죽어야 한다는 불안

자신이 살아오면서 벌여놓은 과제를 완전히 마무리에 하지 못한 채 죽어감에 대한 불안이다. 주위 사람들은 환자가 일궈놓은 인생의 업적에 대하여 긍정적 평가를 할 수 있도록 도움을 주는 것이 필요하다.

- 자기 소멸에 대한 불안

죽음에 의해 자신이 완전하게 소멸된다는 생각을 하면 인간 모두가 느끼는 불안은 자연스러운 것이라 할 수 있다. 죽음이 끝이 아니라고 믿게 하고, 사후에 대한 희망을 갖게 해주는 것이 불안을 덜어주는 좋은 방법이다.

- 사후의 심판이나 벌에 대한 불안

사후 세계를 믿는 사람 중에 사후 심판에 의해 지옥으로 가는 게 아닌가 하고 불안해하는 사람도 있다. 그러나 많은 종교가 말하듯이 사후에 만나는 신은 자비의 신이며, 진심으로 회개하면 신이 받아들여 준다는 것을 이해할 필요가 있다. [36]

죽음에 대한 공포를 극복하는 길

죽음에 대한 공포를 완전히 제거하는 것은 불가능하지만 다음과 같은 준비를 한다면 과도한 불안과 공포를 완화 시키는데 도움이 될 것이다.

- **죽음 준비교육**

죽음에 대한 공포에는 여러 유형이 있음을 '죽음 준비교육'을 통해 배움으로써 자신이 생각하고 있는 공포를 냉정하게 분석할 수 있게 된다면 과도한 죽음의 공포나 불안을 줄일 수 있을 것이다.

· **건전한 유머**

건전한 유머 감각을 갖는다면 우울한 감정을 순화시키는 데 도움이 될 수 있을 것이다. 또 유머에 가득 찬 온화한 미소는 죽음에 대한 공포로 인해 고통을 느끼는 사람들에게 위로를 줄 수 있다.

· **영원한 생명에 대한 희망**

종교를 믿는 사람들은 죽음에 대한 공포를 극복하기 위한 가장 중요한 것은 사후 영원한 생명에 대한 희망이다. 죽음이 끝이 아니라 영원한 행복으로 가는 첫걸음이라고 생각한다. 실제로 신앙의 믿음으로 희망과 기쁨을 가지고 죽음을 맞이하는 사람도 많다. 이는 자신의 신앙을 굳게 믿는 사람은 죽음을 맞이할 때 죽음에 대한 공포와 불안을 극복하고 평화로운 죽음을 맞이하는 것으로 보인다. 신앙의 종류에 관계없이 죽음을 앞둔 사람들에게는 종교가 큰 힘이 되고 있음은 수많은 의사와 학자들이 말하고 있는 주지의 사실이다.[37]

자신의 죽음에 대해 알 권리

• 진단결과를 알려야 하나, 알리지 말아야 하나?

모든 환자들은 자신의 질병이 어떠한 것인지? 질환의 초기뿐 아니라 말기에 이르기까지 치료에 관한 전 과정과 그에 따른 결정이 누구에 의해 어떻게 내려져야 하는지 알아야 한다. 자신의 운명에 대하여는 자신이 알아야 할 권리가 있기 때문이다. 또 치료 과정에 대한 모든 판단은 환자와의 논의를 통하여 환자의 의견이 존중되는 쪽으로 내려져야 한다. 그러기 위해서는 환자에게, 정상적인 신체 기능들이 질병에 의해 어떻게 변해 가는지를 알려주어야 한다. 환자들에게 질환에 대한 상세한 정보를 제공해 주어야 정확한 판단을 내릴 수 있는 근거를 마련해주어야 한다. 물론 암 등 많은 부분의 질환에는 일반인인 환자들이 쉽게 이해하기 어려운 부분이 있다. 하지만 아무리 어려운 내용이라고 할지라도 환자를 무시해서는 안 된다.

- **자신의 죽음에 대해 아는 것은 인간의 기본적인 권리이다.**

내 몸의 상태가 어떠한지 얼마를 더 살 수 있는지에 대해 본인이 알아야 하는 것은 누구도 침범할 수 없는 생명에 관한 본인의 문제이며 권리이다. 누구도 타인의 기본적인 인권을 빼앗을 수 없다. 환자는 내 생명에 대해 정확하게 알아야 할 권리가 있고 의사는 환자의 몸 상태를 정직하게 알려주어야 할 의무가 있다.

- **사실대로 이야기해야 환자와 가족, 의사간에 신뢰관계를 형성할 수 있다.**

처음부터 정직하게 사실에 근거한 신뢰관계를 형성해야 치료나 죽음을 준비하는 일을 정상적으로 할 수 있기 때문이다.

- **사실대로 이야기해야 환자가 심리적으로 안정을 취할 수 있다.**

대다수의 사람들은 분위기로 자신의 상황을 이미 다 알고 있다. 많은 경우 환자와 가족, 의사가 사실대로 말하지 않으므로 해서 서로에게 상처를 주는 경우가 많다. 서로 속이고 있다고 느끼면 오히려 과대한 피해망상을 하게 될 수도 있다. 실제 상황보다 더 나쁜 쪽으로 상상하게 때문에 더 두려워하고 심리적으로 불안하게 된다. 환자의 심리적 안정을 위해서라도 사실대로 정직하게 이야기해주는 것이 좋

다.

- **환자에게 남은 인생을 정리할 수 있는 기회를 주어야 한다.**

죽음을 맞이한 사람은 인생의 마무리하고 정리해야 할 일들이 많다. 재산도 정리해야 하고 인간관계도 정리해야 한다. 누구나 나에게 남은 시간이 얼마 남지 않았다는 것을 알게 되면 남은 인생을 정말 아름답고 의미 있게 마무리 하고 싶어 한다.

죽음을 앞두고 남아 있는 삶이 그 동안 살아왔던 삶보다도 더 의미 있고 아름다운 삶이 될 수도 있다. 우리는 하루하루를 소중하게 생각하지 않고 그냥 살아갈 수도 있으나, 사실 오늘 하루는 어제 죽은 어떤 사람이 그렇게도 살고 싶어 했던 하루이다. 죽음을 앞둔 사람의 인생은 하루가 일 년 같고, 하루가 십 년 같은 것일 수도 있다. 삶은 길이에 있지 않고 그 삶의 의미에 있다.

죽음을 앞둔 사람이 해야 할 중요한 것 중의 하나가 용서와 화해이다. 죽음을 앞두고 죽어가는 자와 남은 자가 용서하지 못할 것이 없다. 거기에서 얻는 기쁨과 평화는 보통 때는 느낄 수 없는 귀중한 것이므로 기회를 뺏으면 안 되는 것이다. 의사와 가족은 진단결과를 사실대로 이야기하여 환자가 인생을 마무리 할 수 있는 기회를 주어야 한다. [38]

- **누가 알려야 하나**

치료의 가망이 없다는 진단결과를 환자에 알려야 하는데, 누가 알려야 하는 것도 아주 중요하다. 대부분 가족이나 의사가 하게 된다. 물론 경우에 따라 차이가 있을 수 있지만 의사가 하는 것이 좋다. 의사가 하는 것이 공식적인 의미도 있고, 환자는 의사가 하는 말에 대하여 그 만큼 신뢰하기 때문이다.

가족이 이야기할 때는 그 사람을 원망하고 불필요한 오해를 할 수도 있다. 그러므로 가족들은 의사에게 진단 결과를 사실 그대로 솔직하게 환자에게 이야기해 달라고 부탁하는 것이 좋다. 의사는 진단결과에 대하여 의학적 소견을 정직하게 이야기하는 것이 좋으며, 그때 가족들은 진심으로 위로해 주는 것이 좋다. 그래서 환자들의 심리적 안정을 위해서 의사가 공식적으로 이야기해 주는게 좋다.

유언장

■ **유언장이란**

유언장은 내가 떠난 후 가족 등 남은 사람들에게 내가 남긴 물질적, 정신적 자산의 처리 방식 및 내가 부탁하고 싶은 사항에 대하여 나의 생각을 정리 기록하는 것이다. 이 유언장은 내 인생을 정리하기 위해서만이 아니라 남은 가족의 혼란을 막기 위해서도 아주 중요하고 꼭 필요한 것이다.

유언장 작성은 말기 질환이나 사고로 다시는 건강을 회복할 수 없을 때도 중요하지만 각자 자신의 인생에서 언제 어디서 무슨 일이 일어날지 모르므로 육체적으로나 정신적으로 건강할 때 각자의 생각과 철학을 담아 써두는 것이 좋다. 유언장은 한번 써서 끝나는 것이 아니라 주기적으로 내용을 점검하고 필요시에는 내용을 바꾸거나 보완하여야 한다. [39]

유언장을 쓸 때는 형식적이고 감상적으로 쓰는 것보다 실제적이고 아주 구체적으로 쓰는 것이 좋다. 유언장을 제대로 작성하지 않고 갑자기 돌아가신 후 고인의 가족들이 유산 분배나 유품 배분 문제로 가족들이 갈라서는 것을 가끔 볼 수 있다. 유언을 하는 방식에는 구두나 서면 등 여러 방식이 있으나 우리 민법에서는 유언에 대하여 자세히 규정하고 있으므로 법 규정에 맞게 유언장을 작성하여 가족 간에 문제가 생기지 않도록 하여야 한다. 그리고 유언장을 작성하여 보관하는 장소에 대하여도 가족에 알려주어야 한다.

■ **유언장의 내용**

유언장 작성 내용은 민법 규정에 맞게 작성하면 유효하나 각자의 삶이 다른 만큼 쓰고 싶은 내용도 많이 다를 것이나 일반적인 내용은 다음과 같다

임종방식과 희망하는 임종장소가 있다면 밝혀 두어야 한다. 시신 기증이나 장기기증을 하기로 등록 했다면 자세한 정보를 기록해 두어야 한다. 본인이 원하는 장례방식, 제사 및 추모 방식과 만약 가입

해둔 상조회사가 있다면 이에 대한 정보를 기록해 두어야 한다. 유산과 유물의 처리에 대하여 구체적으로 확실하게 해두는 것이 좋다. 유산 중 기부했거나 기부를 희망하는 경우 법적으로 하자가 없도록 구체적으로 밝혀두어야 한다. 물적 유산인 부동산 및 동산에 대하여 구체적으로 리스트를 작성하여 확실하게 작성해 두어야 한다. 또한 채권 및 채무 관련 자료도 빠짐없이 기록해 두어야 한다. 주민등록증, 보험증서, 부동산등기권리증 등은 별도로 증명서 목록을 만들어 두면 좋다. 가족이나 친구 등에게 남기고 싶은 말이 있으면 유언장에 기록하고 나의 장례식에 초청하고 싶은 사람이 있다며 이름과 연락처를 기록해 둔다. 유언장의 "예시"는 부록에 있다.

■ **재산상속**

재산상속은 유언장 내용 중 가장 예민한 사안 중의 하나이다. 애초부터 사람은 누구나 물질에 욕심이 있다 보니 재산상속 문제로 형제간에도 다툼이 일어나는 경우가 종종 있다. 이로 인하여 형제간에 싸움이 일어나는 것은 부모의 입장에서도 좋지 않은 일이다. 그러므로 재산상속과 관련한 다툼이 일어나지 않게 하기 위해서는 자신의 의지를 남기는 것이 꼭 필요하다.

재산상속에 자신의 의지를 담은 유언장을 남김으로써 다툼을 최소화 할 수 있다. 물론 유언장을 남기더라도 재산상속에 불만을 가진 상속자들이 소송을 할 수도 있겠지만, 합리적으로 상속재산이 분배되고 유언장에 명시된 내용이라면 크게 문제가 될 일은 없다.

유언장이 존재하지 않을 경우 재산상속에 있어서 상속 우선순위에 따라 분배되는데 이 과정에서 기여도가 들어가게 되므로 그 부분에서 상당히 시끄러워 질 가능성이 있다.

■ 상속순위

• 상속 1순위 – 직계비속 및 배우자

상속순위 1순위에는 누구나 예상하듯이 피상속인의 배우자 및 자녀들이 포함된다. 자녀의 경우 양자도 포함되며, 자녀가 사망한 경우 그 자녀의 상속인도 상속 받게 된다. 배우자의 경우에는 직계비속과 같은 상속순위에 속하며, 직계존속까지도 없을 경우에는 단독 상속인이 된다. 배우자는 자녀 또는 부모와 공동 상속할 때 자녀나 부모 몫의 50퍼센트를 더 받는다.

• 상속 2순위 – 직계존속

상속순위 2순위는 상속순위 1순위와는 달리 위로 올라가게 된다. 즉 부모가 상속순위 안에 들어가게 된다. 여기서 상속순위는 친가와 외가는 구분이 없고 부모가 없을 시 조부모까지 포함된다.

이 이외에 상속순위 3순위(형제 및 자매)와 상속순위 4순위(4촌 이

내의 방계혈족) 상속이 있다.

■ 재산상속에서 유언장의 효력

재산상속에 있어서 법적 효력을 갖기 위해서는 본인이 직접 유언 전체, 작성일자, 주소, 성명을 기재하고 날인을 해야 한다. 이런 절차를 거치는 이유는 재산상속에 있어 유언장의 진위를 명확히 하기위하여 하는 것이다. 그리고 진위가 명확히 밝혀진 유언장이어야 법적인 효력이 있으며, 그렇지 않을 경우 협의 또는 법정에 들어가게 된다.

재산상속에 있어 상속순위나 다른 것보다 일반적으로 유언장이 우선한다. 싸움 중에 가장 안타까운 싸움이 재산상속 싸움이다. 이를 예방하기 위해서는 재산상속에 대한 유언장을 남기는 것이 최선의 방법이다. [40]

■ 유언의 법적 요건

유언에 관한 민법 규정은 다음과 같으므로 법에 맞게 작성하여 유효한 유언이 되도록 하여야 한다.

제1060조(유언의 요식성) 유언은 본법의 정한 방식에 의하지 아니

하면 효력이 발생하지 아니한다.

제1065조(유언의 보통방식) 유언의 방식은 자필증서, 녹음, 공정증서, 비밀증서와 구수증서의 5종으로 한다.

제1066조(자필증서에 의한 유언) 자필증서에 의한 유언은 유언자가 그 전문과 연월일, 주소, 성명을 자서하고 날인하여야 한다.

제1067조(녹음에 의한 유언) 녹음에 의한 유언은 유언자가 유언의 취지, 그 성명과 연월일을 구술하고 이에 참여한 증인이 유언의 정확함과 그 성명을 구술하여야 한다.

제1068조(공정증서에 의한 유언) 공정증서에 의한 유언은 유언자가 증인 2인이 참여한 공증인의 면전에서 유언의 취지를 구수하고 공증인이 이를 필기 낭독하여 유언자와 증인이 그 정확함을 승인한 후 각자 서명 또는 기명날인 하여야 한다.

제1069조(비밀증서에 의한 유언) ① 비밀증서에 의한 유언은 유언자가 필자의 성명을 기입한 증서를 엄봉 날인하고 이를 2인 이상의 증인의 면전에 제출하여 자기의 유언서임을 표시한 후 그 봉서표면에 제출 연월일을 기재하고 유언자와 증인이 각자 서명 또는 기명날인 하여야 한다. ②전항의 방식에 의한 유언봉서는 그 표면에 기재된 날로부터 5일 내에 공증인 또는 법원서기에게 제출하여 그 봉인 상에 확정 일자 인을 받아야 한다.

제1070조(구수증서에 의한 유언) ① 구수증서에 의한 유언은 질병 기타 급박한 사유로 인하여 전4조의 방식에 의할 수 없는 경우에 유언자가 2인 이상의 증인의 참여로 그 1인에게 유언의 취지를 구수하고

그 구수를 받은 자가 이를 필기 낭독하여 유언자의 증인이 그 정확함을 승인한 후 각자 서명 또는 기명날인 하여야 한다. ②전항의 방식에 의한 유언은 그 증인 또는 이해관계인이 급박한 사유의 종료한 날로부터 7일 내에 법원에 그 검인을 신청하여야 한다. ③제1063조 제2항의 규정은 구수증서에 의한 유언에 적용하지 아니한다.

■ 유언의 철회

유효하게 성립된 유언을 그 효력이 발생하기 전에 유언자가 장래에 그 효력이 발생하지 못하도록 하는 행위를 유언의 철회라 한다. 유언이 철회되면 처음부터 그 유언이 없었던 것과 같은 효과를 발생한다. 유언의 철회는 자유이며 이러한 철회권은 포기할 수 없다.(민법 제1108조2항)

유언의 철회에는 유언자가 유언 또는 생전행위(生前行爲)로 자신의 유언을 철회하는 것으로, 유언증서를 파기하거나 이전의 유언과는 다른 유언을 하는 임의(任意)철회와, 전후의 유인이 시로 지촉되는 경우나 유언 후의 생전행위가 유언과 저촉되는 경우 등은 그 저촉된 부분의 전 유언이 철회된 것으로 보는 법정(法定)철회가 있다.

비탄 극복

■ **상실로 인한 비탄**

우리의 인생은 만남과 이별의 연속이다. 삶을 살아가면서 많은 이별이 있지만 그 중에서도 사랑하고 가깝게 지냈던 사람과의 사별 체험은 자기 자신이 죽음에 직면한 것과 같은 인생의 가장 큰 시련이다.

로스 박사가 말하는 "죽어가는 과정"의 여러 단계를 환자가 겪어가면서 죽음을 수용하는 것처럼 환자의 가족도 사랑하는 사람의 죽음을 예견되는 시점에서 '비탄'을 준비해야 한다. 머지않아 실제로 사별의 고통에 직면한 뒤에 찾아오는 충격을 극복하고 다시 일어서야 하기 때문이다.

우리는 사랑하는 사람을 상실한 큰 슬픔이 또 다른 죽음의 원인이 되는 모습을 오래 전부터 많이 봐왔다. 우리 주변에도 암, 뇌졸중, 심장병 환자들 중에는 비탄을 겪는 과정을 슬기롭게 극복하지 못하여 발병한 경우를 어렵지 않게 볼 수 있다. 상실을 맞기 전에 "죽음 준비 교육"을 받을 기회가 있다면 좀 더 슬기롭게 비탄을 극복할 수 있을 것이다.

■ 상실로 인한 비탄을 겪는 12단계

알폰스 데컨 박사는 많은 환자와 그들의 가족과 남겨진 가족을 상담하여 비탄을 겪는 과정을 12단계로 분류하여 제시하고 있다. 그러나 상실을 체험한 사람 모두가 이 12단계를 겪는 것도 아니고 그 순서대로 진행되는 것도 아니다.

- **정신적인 타격과 마비상태**

사랑하는 사람의 죽음을 맞으면 일시적으로 현실 감각이 마비상태에 빠져, 분별력이 일시에 급격하게 떨어지게 된다. 이것은 몸과 마음의 충격을 조금이라도 완화하고자 하는 생명의 자연스러운 현상이다. 그러나 너무 오래 이 상태가 지속되지 않도록 해야 한다.

· 부인(否認)

사랑하는 사람이 죽었다는 사실을 감정적으로 받아들이지 않을 뿐만 아니라 이성적으로 인정 하지 않게 된다. 저 사람이 죽었을 리가 없다. 반드시 건강한 모습으로 다시 돌아올 것이라는 식으로 굳게 생각하게 된다.

· 패닉(panic)

가까운 사람의 죽음과 관련한 두려움 때문에 극도의 패닉 상태에 빠진다. 비탄을 겪는 초기에 나타나는 현상으로 가능한 빨리 벗어나는 것이 좋다.

· 부당함에 대한 분노

충격에서 어느 정도 벗어나면, 슬픔과 함께 부당하게 고통을 감내할 수 없다는 분노가 격렬하게 솟구친다. 암처럼 투병기간이 긴 경우는 분노의 감정이 약하고 비교적 부드럽게 지나가나, 갑작스럽게 맞는 사고사 일 경우는 더욱 강한 화로 분출하게 된다.

· 적의와 원망

남겨진 사람은 주변사람과 죽은 사람에 대해 적의와 원망을 하게 된다. 불합리한 행동이나, 어떻게 할 수 없는 감정이므로 당하는 대상자는 이런 해동에 대하여 과민하게 대응하지 말고 이해와 동정심으로 대하는 것이 좋다.

• **죄의식**

　비탄의 감정을 상징하는 반응으로 남겨진 사람이 과거 자신의 행동을 후회하고 책망하게 되는 것이다. 죽은 사람에게 더 잘 했더라면 하고 후회하면서 자기 자신을 질책하게 되는 것이다.

• **공상과 환상**

　공상을 통하여 죽은 사람이 계속 살아 있는 뜻한 착각을 일으켜 실제 생활에서도 그렇게 행동하는 것이다. 예를 들면 교통사고로 죽은 아들을 몇 년 동안 집에 두고 침대에 아들의 잠옷을 준비해두고 매일같이 돌아오기만을 기다리는 어머니가 그 예이다.

• **고독감과 우울**

　장례식이 끝나고 점차 찾아오는 사람이 줄어들게 되면 극복하기 힘든 고독감에 빠지게 된다. 대인 기피증이 생기고 혼자 있는 시간이 점점 많아진다. 비탄과정의 일부이긴 하지만 가급적 빨리 벗어나려는 본인의 노력과 주위의 도움이 필요하다.

• **정신적 혼란과 무관심**

　하루하루 생활의 목표를 잃어버린 공허함으로 아무것도 할 수 없는 상태에 빠지게 된다. 이 상태가 오래 지속되면 정신과 치료를 받거나 전문가의 도움을 받을 필요가 있다.

- **포기와 수용**

죽은 사람은 더 이상 이 세상에 있지 않다는 것을 인지하고 죽음을 받아들이고자 하는 노력을 하는 단계다. 수용이란 운명에 따라 흘러보내는 것이 아니라, 사실을 적극적으로 받아들이는 것이다.

- **새로운 희망**

그 동안의 비탄 과정을 극복하고 얼어붙었던 마음을 녹이는 희망의 빛이 나기 시작하는 단계로, 잃었던 웃음과 유머도 되살아나고 새로운 생활을 시작한다.

- **회복의 단계**

비탄을 극복한다는 것은 사랑하는 사람을 잃어버린 예전으로 돌아가는 것이 아니라, 고통스런 경험을 통하여 보다 나은 성숙한 삶을 살아가는 단계로 나아가는 것을 말한다. [41]

죽음은 마지막 성장의 기회

■ **죽음은 성장의 기회**

죽음이 어떻게 성장에 도움을 줄까? 죽은 사람에게도, 뒤에 남겨진 사람에게도 어떻게 성장의 기회가 될까? 사실 죽음을 바라보는 시각에는 다양한 생각과 감정이 있겠지만 성장을 기대하는 마음을 갖기는 쉽지 않다.

그러나 시선을 조금 바꾸어 보면 죽음을 예측하고 맞이하는 과정에도 삶에 작용하는 그 어떤 더 뚜렷한 성장 동력을 발견할 수 있다는 것을 알 수 있다. 하루하루 일상을 살아가면서 인생의 성장을 잊고 살아가는 사람들조차도 삶에는 지금과 또 다른 무엇이 있다는 것을 생각하고 짐작한다. 지금 그 이상의 것, 그것이 바로 성장이다. 즉 진정한 자신이 되는 것, 동시에 더욱 완전한 인간이 되는 것 그것이 바로 성장이다. 모순처럼 들리겠지만 성장을 향한 가장 생산적인 길 가운데 하나가 바로 죽음이다. [42]

어쩌면 죽음은 우리에게 시간의 유한성을 깨닫게 해 줌으로써 그 시간이 다 가기 전에 이곳에서 우리 각자 자신이 하고픈 바를 바르게 행하도록 가르쳐주고 있는지도 모른다. 어쨌든 죽음의 의미를 먼저 이해하고 깨달은 사람들을 곁에서 보면 그 덕택에 더 잘 살아가는 것을 볼 수 있다.

죽음을 정면으로 마주하기는 무척 힘들기에 가급적 피하고 도망치고 싶은 유혹에 빠질 수도 있다. 그러나 죽음이 우리 삶에 다가올 때 당당하게 맞설 용기가 있다면, 그 때에는 자신의 죽음이든 사랑하는 사람의 죽음이든 정면으로 마주하면서 그 만큼 성장하게 될 것이다.

물론 민감한 감정을 지닌 인간이 죽음과 부딪혔을 때 슬픔과 절망으로부터 벗어날 수야 없겠지만, 다른 이들과 함께 서로의 경험을 나누면서 노력한다면 죽음을 좀 더 생산적인 방향으로 해결할 수 있을 것이고, 나아가 스스로의 죽음을 받아들이는 수준에 점점 더 가까이 다가설 수 있을 것이다.

자살

■ **자살이란?**

자살은 스스로 목숨을 끊는 행위를 말한다. 사람들이 스스로 자신의 목숨을 끊는 이유는 우울증, 약물 중독, 불명예, 통증 등 다양하며, 그러한 고통이나 절망에서 벗어나기 위하여 자살하거나 자살을 시도한다. 일종의 현대병이라고 할 수 있다. 자살은 생을 중도에서 잘라 버린다는 것뿐만 아니라 생의 특질을 극도로 제한하는 행위이다. 그로 인한 개인과 사회의 손실은 너무도 크다. 또 자살은 우리로부터 재능과 열정을 송두리째 앗아가는 행위이며, 인류문화를 서서히 파괴해 가는 가장 경계해야 할 대상이다.

자살은, 어느 누구든지 어떤 이유가 어찌되었던 죄이며 결코 정당화 될 수 없다. 칸트의 말처럼 "생명은 결코 수단이 되어서는 안 된다." 어떤 경우에도 생명이 목적을 위한 수단이 되어서는 안 된다. 그 이유는 생명은 우주의 근본이다 목적 그 자체이기 때문이다.[43]

인간의 존엄성은 모든 가치의 기본이자 출발이다. 그래서 죽음의 질은 문명화의 수준을 나타내며, 수단적 죽음이 많을수록 그 사회의 후진성과 야만성을 나타내는 지표가 되기도 한다.

자살은 자신의 짊을 남은 유가족에게 떠넘기는 이기적 행동이며, 억울하고, 어려운 가운데서도 열심히 사는 많은 사람들의 삶을 욕되게 하는 무책임한 행동이다, 우울증, 스트레스, 경제적 압박 등 힘들고 고통스럽다고 자살한다면 우리나라 국민 중 살아남을 자가 얼마나 될까?

■ **우리나라 자살의 실태**

2010년 우리나라의 자살자 수는 15,500여명으로 전체 사망자(255,000여명)와 교통사고 사망자(6,000여명)와 비교해 보면 자살자 수는 아주 많다. 매일 42.6명이 자살하고 있다. 이렇게 많은 자살자로 인하여 우리나라의 자살률은 인구 10만 명당 33.5명으로 (OECD 평균 12.8명) OECD국가 중 자살률이 가장 높다. 또 65세 이상의 노인의 자살은 더 심각하다. 2010년 자살 중 28.1%(4378명)가 65세 이

상 노인이었다. 노인 자살률은 10만 명당 81.9명으로 전체 평균 자살률(33.5명)의 2.4배나 된다.

남성 평균 자살률은 43.3명, 여성은 20.1명으로 조사됐다. 남녀 간 자살률 성비는 10대에 1.31배로 가장 낮고, 60·70대 남성은 여성보다 3배 이상 높았다. 이는 노년에 홀로된 남성들의 자살이 많다는 것을 말해주고 있다.

연령대별로 보면 10대부터 30대까지 가장 활동이 왕성해야할 시기의 사망원인 1위도 역시 자살이었다. 10대의 자살 사망률은 5.5명, 20대는 24.3명, 30대는 30.5명으로 각 나이 대에서 자살로 인한 사망이 교통사고와 암을 앞질렀다. 20대의 자살로 인한 사망은 전체 사망의 47.2%, 30대는 36.7%를 차지했다.[44]

이와 같은 높은 자살률은 우리 사회의 당면 문제로 제기되고 있다. 특히 노인의 자살 원인이 경제적 빈곤, 신체적 질병, 사회적 고립으로 조사되고 있어 사회적 안전망 확충은 시급한 과제로 대두되고 있다. 자살로 인한 사회 경제적 손실은 한해 평균 약5조원으로 추정되고 있어, 이제 자살은 단순한 개인의 문제가 아니라 국가 경제가 달린 문제가 되었다.[45]

자살 방지에 대한 문제 이제는 강 건너 불이 아니라 내 발등의 불이 된 현실이다. 어느 누구의 책임이라 탓할 것이 아니라 우리 모두가 풀어나가야 하는 국가 안위에 관한 문제다.

■ 왜 자살하는가?

사람들은 왜, 어떤 때에 자살을 생각할까? 사람들은 보통 더 이상 견딜 수 없는 상황에 처하거나, 갑자기 가까운 사람이 죽으면 자신도 모르는 사이에 죽고 싶다고 생각하게 되는 듯하다. 저 사람이 자살하다니, 도저히 짐작 가는 일이 아무것도 없다. 전날까지도 평소와 같았는데 … 이렇게 말하는 사람들이 많이 있다. 그러나 주의 깊게 살펴보면 자살을 생각하는 사람들은 자살 전 자살을 암시하거나 예고하는 언행을 한다. 이런 사람들은 자신의 주변 상황과 관련 희망이 없다거나, 자살에 대해 직, 간접적으로 언급하고, 고립을 자초하고, 식욕부진을 보인다고 한다. 주변에 다음의 증상을 보이는 가족이나 친지가 있다면 관심과 주의를 기울여 관찰하고 보살펴 주어야 할 것이다. 자살을 생각하는 사람들은 다음과 같은 징후를 보이는 경우가 많다.

- 자살에 대해 이야기한다.
- 주변을 정리하는 행동을 한다.
- 몸을 돌보지 않거나 자해를 한다.
- 행동이 갑자기 변한다.
- 술이나 약물을 복용한 후 자살 도구가 주위에 있는 경우
- 환경에 갑작스런 변화가 있거나 소중한 사람을 잃은 경우
- 만성 질환으로 고통을 받는 경우

■ 자살을 방지 하기위한 방안들

• 친구나 가족들의 관심과 도움

모든 우울증 환자가 꼭 그런 것은 아니지만 우울증과 자살이 상호 관계가 큰 것으로 보고 있다. 어느 경우에나 방치된 상황에 대한 절망도의 정도가 자살하기를 원하느냐의 여부와 깊은 관계가 있다. 그러나 같은 환경에 처하더라도 미래도 대한 희망을 계속 유지하느냐, 아니냐는 개인차가 크다. 자신이 처한 상황을 직시하고 거기에서 어떤 희망을 발견하느냐 여부가 인생을 갈림길이 된다고 볼 수 있다. 무엇보다도 가족과 친구들의 적극적인 관심과 도움이 필요하다.

• 자살은 다른 사람의 행복을 깰 수 있다.

자살은 한 사람의 죽음으로 그치지 않고 주의 사람들에게 큰 파문을 일으킬 수 있다. 자살을 결심한 사람은 자신의 고뇌와 절망에 빠져 그 밖의 일은 전여 생각하지 못한다. 그렇지만 아무리 자신의 고민이 크다 해도 다른 사람의 행복을 짓밟는 권리는 어느 누구도 없다.

우리 모두는 사회 구성원으로써 책임과 의무를 지닌 존재로 이 세상에 존재한다. '자기 생명이니까. 자기 마음대로 할 수 있다.'고 생각하는 사람들도 있으나, 이는 자신의 행위가 가족이나 주위 사람에게 얼마나 커다란 영향을 미치는지는 생각하지 못한 처사이다. 이런 자기 중심적인 논리는 결코 바람직하지 않다.

- **어린이의 고민을 들어 줄 누군가!**

'왕따'를 당하는 대부분의 어린이는 부모나 교사에게 아무리 이야기해도 소용이 없다거나, 어른들은 의지할 게 못된다고 생각하고 있다. 불신으로 가득 찬 황량한 벌판에 우두커니 서 있는 어린이의 기분을 생각하면, 어른들은 그에 대한 책임과 반성을 하지 않을 수 없다.

어린이의 자살은 학교나 가정에 한정되지 않고 현대사회를 살아가는 우리 모두의 공동 책임이다. 어린이의 경우 자신을 객관적으로 바라볼 수 없으므로 훌륭한 상담자가 필요하다. 힘들어하는 어린이 곁에서 같은 눈높이로 편안하게 이야기를 들어주고 조언해 주는 참된 인생의 멘토가 필요하다.

- **고령자를 위한 복지정책**

고령자의 경우, 정년퇴직이나 실업, 배우자나 가까운 친구의 죽음 등이 계기가 되어 살려는 의욕을 잃고 더 이상 자신은 이 세상에 필요 없는 존재라는 생각을 하는 경우가 흔히 있다. 병약하거나 경제적으로 궁핍하여 자살을 생각하는 경우도 있고, 주변 사람들에게 무시당하면 스스로 불치병에 걸렸다고 생각하기도하고 노인성 우울증이 심해지는 경우도 있다. 우울증 증세가 있을 경우 가급적 빨라 정신과 의사의 도움을 받는 것이 필요하다. 병약하거나 경제적 자립이 어려운 노인을 위하여 국가적 차원에서 새로운 노인 복지정책을 수립해야 한다. 노령화 사회와 노인 자살 방지를 고려한 노인 복지정책의 시행이 시급하다.

• 인간다운 애정과 따뜻한 보살핌

자살을 생각하는 사람 대부분은 결코 마음 깊은 곳에서부터 죽고 싶다고 바라는 것은 아니다. '죽고 싶다'고 생각하는 다른 한편으로 '더 살고 싶다', '어떻게 좀 도와 달라'라고 바라는 것이다. 감당하기 힘든 현실을 자기 혼자 어떻게 할 수가 없고 그곳으로부터 도망치기 위해 자살하는 수밖에 없다고 골똘히 생각하는 것은 대체로 깊은 고독감과 절망감이 그 근저에 자리 잡고 있기 때문이다. 자살이라는 과격한 행동으로 사람들의 주의를 끌고 동정 받으려는 생각이 무의식 중에 숨겨져 있다. 고독의 한가운데서 인간다운 애정과 따뜻한 공감을 필사적으로 갈구하는 절규가 무시당할 때, 당사자는 이제 자기 생명을 끝내는 수밖에 없다고 생각하게 된다. 이때 절실한 메시지를 마음으로 공감하면서 들어주는 일이 자살을 막는 길임과 동시에, 자살이 가족이나 주위 사람에게 야기하는 커다란 충격이나 비탄을 방지하는 최선책이다.

• 자살방지 예방교육

학교에서 자살 예방교육을 위한 교육을 실시하는 것도 앞으로의 큰 과제이다. 우선 교사들을 대상으로 '죽음 준비교육'을 실시함으로써 청소년 자살 예방에 대한 관심을 높이는 것이 필요하다. 중·장기적으로는 초등학교에서부터 대학교까지 '죽음 준비교육'을 실시할 필요가 있다. 그리고 노인 복지차원에서 노인들을 위한 다양한 '평생 죽음 준비교육'을 실시하여야 한다.

• **자살에 대한 언론의 역할**

자살을 미화한 언론 보도의 영향을 받은 팬들 사이에, 한때 자살이 마치 전염병처럼 유행 한 적도 있었다. 언론은 자살 보도를 할 때 신중을 기하여야 한다. 언론에서는 자살을 보도할 때, 자살방법을 구체적으로 자세히 기술하거나 자살자의 과거행동을 미화해서 보도하지 않아야 한다. 또 자살 미수의 경우 뇌장애라든가 전신마비와 같은 장기간 지속되는 후유증이 남을 가능성을 있음을 알려주고, 우울증에 효과적인 치료법도 있음을 알려주는 등 자살을 방지하는 사회적 역할에 앞장서야 한다.[46]

호스피스는 무엇인가?

■ 호스피스는 무엇인가?

　현대의학으로 치유불가로 판정 받은 말기 환자들에게 질병으로 인한 신체의 통증 완화뿐 아니라 정신적, 사회적, 영적 간호(care)를 제공함으로써, 남은 삶의 마지막을 평안하게 맞이할 수 있게 하며, 사별 후 가족들이 갖는 고통과 슬픔을 잘 극복할 수 있도록 돕는 전인적 돌봄(holistic care)을 의미한다. 호스피스는 단지 '죽어가는 장소' 또는 '죽음을 준비하는 장소'의 의미가 아니라 말기환자들에게 다양한 방식으로 도움을 주는 프로그램을 총칭하는 것이다.

호스피스 '정토마을'을 운영하고 있는 '능행 스님'은 호스피스를 이렇게 표현하고 있다.

"호스피스는 심한 폭풍우 속에서 우산 하나로 함께 걷다 보면 두 사람 다 비에 흠뻑 젖게 된다. 마치 우산이 없는 것처럼. 함께 비를 맞아도 좋으리. 다정히 누군가와 함께 있다면 그 느낌 하나로 따스함이 충만할 것이다. 폭풍우를 멈추게 할 힘이 있는 것도 아니고, 비를 완전히 맞지 않게 해줄 수 있는 것도 아니다. 다만 죽음의 폭풍우를 함께 걸으며 동행해 주는 이들, 바로 호스피스 활동을 통해 헌신의 꽃을 피우는 사람들이다. 미지의 세상을 향해 여행을 준비하는 그대를 배웅하기 위해 내가 그 자리에 있겠습니다. 마지막 걸음까지 동행이 되어 드리리라." [47]

■ 호스피스 완화의료 대상자

• 일반 호스피스 완화의료 대상자

호스피스 대상자는 임종에 가까운 환자들로서 의사의 진단결과 더 이상 의료적인 치료가 불가능한 환자와 그 가족들이다.
- 통증완화 및 증상관리를 주목적으로 하는 환자
- 수술, 항암요법, 방사선요법을 시행하였으나 더 이상의 의료적 치료효과를 기대하기 어려운 환자.
- 주치의나 호스피스 담당의사가 호스피스 진료를 추천하여 환자

및 보호자가 동의한 환자.
- 예상 기대여명이 6개월 미만인 환자
- 환자와 가족이 의사의 진단을 받아들이고 예후를 논의하여 통증 및 증상완화를 위한 비치료적인 간호를 받기로 한 환자. [48]

- **국립 암센타 호스피스 완화의료 대상자**
- 암환자 개인의 입원동의서와 호스피스 완화의료가 필요하다고 본 의사소견서로 선정된다.
- 환자와 가족이 진단과 예후를 알고 있으며, 호스피스 철학과 내용에 동의하는 자.
- 의식이 없거나 치매 등으로 본인의 직접 판단이 곤란한 경우 가까운 친권자의 동의가 필요하며, 환자가 직접 판단이 곤란한 상황의 발생 이전에 의사를 명시한 경우 이와 상반되어서는 안 된다.
- 호스피스 완화의료는 예상기대수명이 6개월 미만인 환자로서 다음의 경우
- 적극적인 항암치료(수술, 약물요법 등)의 시행이 환자의 경과에 더 이상 도움을 줄 수 없다고 판단되며, 환자의 전신상태가 악화되는 말기암환자
- 단 완화의료의 대상자는 예상기대수명이 6개월 미만이 아닐지라도 진행된 시기의 암환자 중 통증 및 증상완화가 필요한 환자 [49]

■ 호스피스의 특징

• 호스피스의 간호를 받기 시작하는 시기

말기환자로서 수술, 항암, 방사선 요법을 시작했으나 치료효과를 기대하기 어렵다는 의사의 판정을 받았을 때나, 질병이나 통증 등의 증상으로 인하여 신체적, 정신적으로 고통을 받고 있어 전문적인 도움이 필요할 때 시작하면 된다.

• 호스피스 프로그램

호스피스는 팀을 이루어 통증을 경감시키거나 수면장애, 복수, 호흡곤란, 변비 등 제반 증상들을 완화시키는 신체적인 간호와 삶의 과정에서 겪었던 다양한 문제점(가족 간의 갈등, 사회적 갈등, 영적 갈등 등)을 풀어나가기 위한 상담을 해주고, 죽음이 삶의 일부분으로서 긍정적으로 받아들이도록 도와준다.

• 호스피스와 일반병동의 차이점

일반 병동(암일 경우) 치료는 치유치료 즉 종양을 제거하는 등 적극적 치료이나, 호스피스는 종양 자체에 대한 치료가 아닌 암으로 인해 유발되는 통증 등 고통스런 증상들을 치료해 주는 완화치료이다.

• 호스피스의 통증 완화 방법

통증완화에 사용하는 진통제의 이해를 돕기 위해 정확한 설명을

해주고, 환자가 겪고 있는 질병으로 생기는 통증을 잘 표현하도록 격려해준다. 자주 환자를 방문하여 관찰과 질문을 통하여 통증 양상을 잘 파악하고, 각 환자에게 맞는 최적의 통증 조절 요법을 찾아내어 시행함으로써 통증을 최소화하도록 노력한다. 현대의 호스피스에서는 환자가 겪고 있는 고통의 90% 정도는 완화할 수 있다.

- **말기 환자가 겪는 정신적, 신체적 변화를 어떻게 풀어갈까?**

각 호스피스 시설에서는 정해진 일시에 가족지지모임 등을 통해 가족들이 궁금해 하는 환자들의 변화에 대해 듣고 대답하는 시간을 갖기도 하며, 또 가족들과의 잦은 면담을 통해 환자의 현 상태, 병의 진행과정과 예후에 대해 이야기 해준다.

- **환자의 정신적 고통 완화**

말기 환자는 자신의 지난 과거를 돌이켜 보고 가족과 주변 사람들에게 준 상처에 대하여 가슴 아파하게 된다. 이때에는 죽기 전에 용서하고 화해할 수 있도록 격려하고 도와준다.

- **호스피스에는 언제까지 있어야 할까?**

환자가 불편해했던 증상이 완화되어 자신의 원하면 퇴원해 가정간호를 받을 수 있고, 또 환자와 가족이 집에서 임종을 원하면 퇴원이 가능하다.

- **호스피스에서 임종 시 주는 도움**

호스피스에서는 죽음의 시기를 늦추거나 당기지 않는다. 환자가 임종을 알리는 여러 신체적 증상에 대해 가족에게 설명하고, 가족과 함께 환자의 죽음의 과정 동안 함께 있어 준다. 그리고 임종 전 후에 필요한 조치와 준비에 대하여 조언을 해준다.

- **호스피스에서는 임종 후 가족에게 주는 도움**

사랑하는 사람을 떠나보내고 남은 가족들은 큰 사별의 고통을 느끼게 마련이다. 그래서 주기적으로 위로의 서신을 보내어 슬픔에 대하여 정상적 과정 중의 하나임을 설명해주고 이를 극복하는 방법에 대해 조언을 해준다. 정기적으로 사별모임을 마련하는 등 사별을 겪은 가족들이 만나 서로의 아픔을 나누고 서로 위로하고 극복할 수 있는 기회를 제공한다.

- **호스피스 이용은 종교에 제한이 있을까?**

호스피스에는 종교의 제한이 없다. 각자 자신의 믿는 종교지도자를 초대하여 종교의식을 치를 수 있다.

장례(葬禮)

■ 장례란?

사람이 태어나고 죽는 것은 인생사에 있어 가장 큰 중대사다. 그 중 장례는 세상을 떠난 사람을 보내는 절차인 동시에 남은 사람의 슬픔과 아픔을 표현하는 과정으로, 시신을 처리하고 이에 따르는 제반 의례절차를 말한다.

장례식은 슬픔과 성장을 위한 의미 있는 시간으로 마지막 작별 인사를 하는 시간이다. 또 진정한 애도를 시작하는 시간으로 그 준비과정과 절차에 적극적으로 참여함으로써 죽음을 현실로 만드는 시간이다. 그로 인해 다시 한 번 성숙해 지는 시간이기도 하다.

죽음이란 감정적인 차원에서 리허설을 할 수 없고 훗날 재연 역시 불가능하므로, 상을 당한 사람의 성장을 도울 수 있도록 장례 과정을 잘 계획하고 실행하여야 한다. 장례식은 사랑하는 사람들이 서로 건네는 사회적, 심리적, 철학적 요구를 수용할 수 있는 매우 소중한 기회다.

최근 우리의 장례문화는 사랑하는 이가 죽었다는 현실을 직접 대면하지 못하도록 유가족에게 보호막을 쳐둔다. 장례절차에서 유가족은 참관만하고 적극적인 준비와 활동은 다른 사람 손에 맡기고 있다. 그러나 이런 보호 장치는 오히려 슬픔을 은폐하고 고통을 더욱 확대시키며 나아가 죽음 이해를 더욱 어렵게 하고 있다.

저자 어머니의 죽음과 장례에서 경험한 바에 의하면, 죽음과 장례에서 단순한 구경꾼을 넘어 참여자가 될수록 훨씬 더 많은 삶의 지혜를 얻을 수 있다.

자기 자신이나 사랑하는 가족의 죽음을 앞두고는 관련 자료나 전문가의 도움을 받아 장례 계획을 세우 두는 것이, 떠나는 사람이나 보내는 사람 모두에게 꼭 필요한 배움의 기회임을 인식해야 한다.

■ 장례 계획

장례에 대한 준비 없이 갑자기 죽음을 맞으면 당황하여 다른 사람의 생각대로 장례를 치르게 될 수밖에 없을 것이다. 이로 인하여 비경제적인 장례를 물론 남은 가족 간에 불화의 원인이 되기도 한다. 이러한 문제를 방지하고 돌아간 분과 남은 자 모두가 바라고 화합하는 장례를 위하여 평소 자신이 생각하고 바라던 장례방식이 있다면 기록해서 남겨두는 것이 좋다. 그것이 장례계획이다. 자신이나 사랑하는 사람의 장례계획을 위해서는 다음의 장례 계획 수립 시 고려사항과 부록 '엄마의 장례계획서'를 참고하면 도움이 될 것이다.

■ 장례 계획 수립 시 고려 사항

- 임종 장소 : 자택, 요양기관, 병원, 호스피스, 기타
- 장례식 장소 : 자택, 전문장례식장, 병원장례식장, 종교시설, 기타
- 장례 의식 : 전통장례, 현대식 장례, 각 종교 의례에 의한 장례, 건전가정 의료 준칙에 의한 장례 등
- 장례 방법 : 매장(선산, 공원묘지, 공동묘지 등), 화장(납골묘, 납골당, 산골, 수목장, 화초장, 바다장, 산천장 등)
- 꽃 장식 : 제단, 조화, 운구차 등의 장식 및 국화, 장미 등의 꽃 종류와 색깔
- 음악 : 종교음악, 국악, 클래식, 기타
- 수의 : 수의, 관복, 한복, 평상복, 기타

- 염습 방법 : 염습 방법 및 희망하는 염습자가 있으면 지정, 염습 시 기도문 또는 음악
- 관에 넣고 싶은 물건
- 영정 사진 : 유무를 파악하고 사전 준비
- 장례식장 운영 : 조문객 접대 등
- 노제 : 유무 및 장소, 추도사 유무 및 추도사 할 사람 지정
- 추모 방법 : 전통 제례, 종교식, 49제, 100일, 기일 등

죽을 때에 죽지 않도록
죽기 전에 죽어두어라.
그렇지 않으면 정말 죽어버린다.

− 엥겔스 −

PART 7

죽음 이후의 저편

Well-dying

죽음 이후의 저편 세계

■ **죽음 이후 세계**

우리는 매일매일 잘 살기 위해 쉼 없이 노력한다. 공부하고, 운동하고, 사랑도 한다. 그러나 그 끝은 무엇인가? 바로 죽음이다. 그렇다면 죽음은 모든 것의 끝인가, 아니면 죽음 너머 또 다른 세계가 있는 것일까?

현대를 살아가는 많은 사람들은 죽음 저편을 과학적으로 증명할 수 없다고 하며, 죽음 이후의 사후 세계를 인정하지 않으려 한다. 그러나 인간이 지각하고 느낄 수 있는 영역은 이미 밝혀진 대로 극히 제한적이고 좁은 영역 안에 갇혀 있다. 인간이 볼 수 없는 물체와 색채

들은 얼마든지 있다. 우리가 들을 수 없는 소리, 우리가 맡지 못하는 냄새, 우리가 맛볼 수 없는 맛, 그리고 우리가 느낄 수 없는 감정들이 수없이 많다. 또한 인간은 자신이 일상적으로 갖고 있는 의식만이 의식의 전부라고 믿는데 그 뒷면에 또 다른 의식 세계들이 있다.[50]

괴테는 인간정신의 본질적 불변함을 역설하며 죽음을 다음과 같이 말했다. '죽음이란 해가 지는 때와 똑 같다. 우리의 눈으로부터 벗어나 볼 수 없게 되더라도 태양은 지평선을 향해 조금도 변함없이 빛을 발하고 있다. 이와 마찬가지로 생명을 죽은 뒤에도 아무런 변화 없이 계속 존재한다.'

사후 세계를 어떻게 바라보느냐에 따라 사람들이 죽음에 대하는 태도와 방향이 달라질 것이다. 인류가 이 지구상에 탄생된 이래 수많은 철학, 종교, 신학 등이 해답을 찾고자 하였으나 모두가 허사로 그 뜻을 이루지 못했다. 그런데 문제는 완전히 죽었다가 다시 살아온 사람이 없다는 데 문제가 있다. 우리는 사후 세계를 볼 수는 없지만 죽음 저편에 사후 세계가 있음을 증명한 여러 사례들을 우리가 사후 세계를 알고 믿는데 도움이 되리라 믿는다.

■ 죽음 이후 신의 존재를 우리는 왜 볼 수 없을까?

"코끼리의 몸통 위를 기어 다니는 개미는 코끼리의 실체를 완전히 파악할 수 없다. 그 이유는 개미는 2차원이고 코끼리는 3차원으로,

개미는 코끼리의 실체를 부분적으로는 포착할 수는 있으나 완전한 파악은 불가능하다."

"이를 죽음 이후 신과 인간의 관계에 적용하면 어떻게 될까? 현대 물리학의 연구 성과는 우주를 11차원까지 파악했다고 한다. 만일 신이 존재한다면 그 너머의 차원에 존재할 것이다. 이에 비하면 인간은 단지 3차원에 지니지 않는다. 그렇다면 3차원적 인간이 11차원 한참 너머에 있는 죽음 이후 신의 존재를 어떻게 인식할 수 있을까 하는 것이다.

죽음 이후 신이 아무리 자신의 존재를 증명하고 자신의 존재를 드러내 보인다고 하더라도 3차원 세계에 있는 인간은 그 한계로 인하여 신의 존재를 있는 그대로 인식할 수 없게 될 것이다.[51]

철학이 보는 사후세계

이슬람교 성인 라비아 알 아다위는 "신의 존재를 설명하는 자는 거짓말을 하는 것이다. 그의 존재 속에서 네가 지워져버리고 그리고 그의 존재 속에서 네가 여전히 존재하는 어떤 것의 진정한 형태를 어떻게 묘사할 수 있겠는가?"

카를 힐티는 "설명하지 못하는 것이 신의 본질이다. 그렇지 않으면 신은 신이 아니며, 신을 설명할 수 있는 인간은 인간이 아니다.

아우구스티누스는 "인간은 유한하다. 하지만 신은 무한하다. 유한한 것은 결코 무한한 것을 밝혀낼 수 없다. 따라서 유한한 인간은 결코 무한한 신을 밝혀낼 수 없다."

베이컨은 "단적으로 말해서 신은 철학의 문제가 아니라네. 신은 철

학 바깥에 존재하기 때문이지. 철학의 대상은 인간과 우리 눈에 보이는 자연에 한정되어야 한다는 뜻이야. 알지도 못하고, 보이지도 않는 것에 대해 논한다는 것은 없는 돈으로 집을 사겠다는 생각과 다를 바 없다네." 라고 말했다. [52]

파스칼은 인간의 불멸성과 사후의 생명에 대해 신앙을 전제로 하지 않은 채 독자적으로 사색했다. 그는 우선 사후의 생명을 믿는가, 믿지 않는가라는 결단을 하나의 도박으로 보는 것이 가능하다고 했다.

만일 누가 사후의 생명의 존재를 믿었는데도 실제로 존재하지 않을지라도 특별히 손해 볼 것은 없다. 그러나 사후 생명이 존재함에도 불구하고 이를 믿지 않았기 때문에 손에 넣을 수 있었는데도 넣을 수 없게 된다면 다시 복원할 수가 없다. 그 사람은 영원히 모든 것을 잃을 것이다. 사후 생명을 믿으면 모든 것을 손에 넣는 것이 가능하다. 죽은 뒤 사후 생명이 없다 해도 잃게 되는 것은 아무것도 없기 때문에 사후의 영원한 생명을 믿는 쪽에 도박을 걸어야 한다.

스위스 심리학자 융은 사후 생명의 존재를 믿는 편이 정신 위생상 중요한 역학을 한다고 말했다. 의사의 입장에서 말하면 나는 죽음을 지향하는 목표를 설정하는 것이 정신위생상 유익하다고 생각한다. 죽음을 불길한 것으로 여기는 것은 인생의 후반기를 무의미하게 만들어버릴 수도 있다는 점에서 건강하지 못하고 병적이라고 믿는다. [53]

종교가 바라보는 사후 세계

불교에는 업보 사상이라는 것이 있는 데, 업(業, karma)이란 중생이 몸과 입과 뜻으로 짓는 선악의 소행을 말하며, 그것이 선업이냐 악업이냐에 따라서 응보(應報)의 대가가 있다고 한다. 이 세상은 환(幻, maya)으로서 사람들은 그 환의 속박 안에서 여러 가지 형태의 색욕과 욕망 속에 빠져들어 감각적인 생활을 한다고 한다. 그러면서 행위와 말과 뜻으로 업인(業因)을 쌓고 그에 대한 응보로서 영원한 윤회(輪廻)의 수레바퀴 속을 도는 숙명을 벗어날 수 없다는 것이다. 불교는 이 업(業)이 우주를 지배하고 있다고 한다. 결국 인간은 이 윤회의 굴레 안에서 악업과 선업에 대한 책임을 질 수밖에 없고, 죄 많은 인간은 그 질곡을 벗어날 수 없다는 것이다

구약성경의 상선 징벌에 대한 믿음도 업보 사상과 비슷하다. 유다인은 의인은 보상을 받을 것이며 악인은 벌을 받을 것이라고 믿고 있었다. "악인들은 그들의 그릇된 생각 때문에 벌을 받을것이라고 믿었다."(지혜3,10) "의인들은 영원히 산다. 주님이 친히 그들에게 보상을 주시면 지극히 높으신 분이 그들을 돌봐주신다."(지혜 5,15) 이것이 구약성경의 믿음이었으며 이후 유대교의 믿음이 되었다.

따라서 동서를 막론하고 죄인은 죗값을 피할 길이 없고, 그러기에 죄인에게 미래는 곧 '심판의 때요 '좌절' 의 때일 수밖에 없다는 것이다.[54]

티벳 사자의 서

■ '티벳 사자의 서' 의 역사

　서기 8세기경 인도 나란다 불교대학의 교수이자 신비과학에 통달했던 파드마 삼바바(연꽃위에서 태어난 자)는 티베트왕의 초청을 받아 티베트를 방문하게 된다. 그는 석가모니의 가르침을 전파하는 중 사악한 악령과 귀신을 만나게 되나, 그들을 제압하고 불교를 믿게 했다. 그리고 그는 인도에서 가지고 간 신비한 경전들을 티베트 어로 번역하고, 또 자신이 직접 인간의 삶과 죽음의 비밀과 인간의 저 너머의 세계로 안내하는 비밀의 책을 집필했다. 그가 쓴 책들은 모두 100권이 넘었고, 각 권의 분량은 수백 장에 이르렀다.

하지만 파드마 삼바바는 그 비밀의 책들을 바로 세상에 공개하지 않았다. 그로부터 약 600년 지난 1350년경, 그의 제자들이 그 숨겨진 비밀 경전들을 어둠 속으로부터 꺼내기 시작했다. 숨겨진 비밀을 찾아낸 자들을 '테르퇸'이라 한다. 그것은 티베트 어로 '보물을 찾아내자는 자'라는 뜻이다. 현재까지 찾아낸 경전은 65권이고 그 나머지는 아직 찾아내지 못하고 있다.

■ '티벳 사자의 서'의 출간

〈티벳 사자의 서〉는 테르퇸 중에서도 가장 뛰어난 인물인 릭진 카르마 링파가 티베트 북부지방의 한 동굴에서 찾아낸 비밀의 책이다. 릭진이 이 책을 찾아냈을 때 그 원제목은 〈바로도 퇴돌〉이었다. 바르도Bardo는 '둘do 사이bar'라는 뜻이다. 그것은 낮과 밤의 사이, 곧 황혼녘의 중간 상태를 말한다. 이 세계와 저 세계의 틈새다. 그래서 티베트에서는 사람이 죽은 다음에 다시 환생하기까지 머무는 사후의 중산 상태를 바르도라고 부른다. 인간이 그 상대에 머무는 기간은 49일로 알려져 있다. 그리고 퇴돌Thos-grol은 무든 뜻인가. 그것은 '듣는 것으로 thos 영원한 자유에 이르기grol'의 뜻이다. 그러므로 이 책은 제목은 〈사후 세계의 중간 상태에서 듣는 것만으로 영원한 자유에 이르는 가르침〉이라고 번역된다.

1919년 옥스퍼드대학 교수이자 영적 지도자인 에반스 웬츠가 동양

의 지혜를 배우기 위하여

　티베트를 방문하여 이 신비한 경전을 마주하게 되었다. 그는 현지에서 머물며 영적 지도자인 라마 카지 다와삼둡의 제자가 되어 변역에 착수하게 되었다. 이 〈티벳 사자의 서〉는 라마 카지 다와삼둡이 번역하고 에반스 웬츠가 편집을 하였다. 그것을 1927년 영어로 출간하여 서구 세계에 알려지게 되었다. 이 책은 출간 되자마자 폭발적 관심을 받으며 세계적인 베스트 셀러가 되었다.

　그 후 이 책은 많은 다른 언어로 번역되어 출간되었으며, 사후 세계 죽음과 윤회의 비밀을 푸는 귀중한 자료로 전 세계의 수많은 독자로부터 사랑을 받고 있다.

■ 죽음의 의식

　죽음의 징후들이 나타나면 시신을 흰 천으로 덮는다. 그리고 이때 어떤 사람도 시신을 건드리지 않는다. 죽음의 과정은 육체로부터 의식체를 완전히 분리하는 것으로 끝이 난다.

　이때의 의식체를 바르도체라고 하는데 이는 사후세계의 중간 상태인 바르도에 머물러 있을 때 갖는 몸을 말하며, 중음체 또는 중음신이라고 부르기도 한다. 흔히 그것을 영혼이라고 하고 또는 의식체라고도 한다.[55]

대개 의식체를 분리하는 과정은 포와라고 부르는 영적 스승이 맡는다. 포와는 도착하자마자 사자의 머리맡에 앉는다. 그는 애통해하는 모든 가족과 친척들을 내보내고 방문과 창문을 닫는다. 그리고 아미타바의 서쪽 극락 세계로 사자의 영혼을 인도하는 신비한 염불이 포함되며, 이때 사자는 카르마가 허락할 경우 사후의 중간 상태에서 곧바로 탈출해 영원한 자유에 이른다.

치파라고 하는 점성학에 정통한 영적 스승은 사자가 임종한 시간을 근거로 시신을 만질 수 있는 자와 시신의 처리 방식, 장례 시기와 방식과 적합한 의식을 알아내가 위해 임종 점성(臨終 占星)을 뽑는다. 그리고 시신을 앉은 자세로 묶는다. 이것은 태아 자세라고도 하는데, 이생으로부터 죽음 너머의 생으로 태어남을 의미한다. 그런 자세를 취한 시신은 그 후 사자실(死者室)의 한쪽 구석에 안치된다.

마지막 처분을 위해 시신을 집에서 옮긴 뒤에는 사자의 초상물을 시신이 놓였던 방의 구석에 둔다. 이 초상물 앞에도 바르도의 49일이 끝날 때까지 계속해서 음식을 차려 둔다. 사자의 초상물은 그가 생전에 입던 옷을 의자나 나무토막 같은 것에 입혀서 만든다.

〈티벳 사자의 서〉를 읽어 주는 것을 포함해서 장례 의식이 사자의 집에서나 죽음의 장소에서 행해지고 있는 동안에 다른 승려들은 사자의 영혼이 아미바타의 서방 극락정토에 도달하는 것을 돕기 위해 밤낮 교대로 염불을 외면 예불을 올린다.

사자에게 〈티벳 사자의 서〉를 읽어 주는 승려들은 장례식이 끝난 뒤에도 49일간의 바르도 기간이 끝날 때까지 매주 한 번씩 사자의 집으로 돌아간다.

첫째 날부터 열넷째 날까지는 〈초에니 바르도〉 편을 읽고 또 읽어주고, 열네 째 날부터는 〈시드파 바르도〉 편을 읽어 준다. 이 의식은 49일 동안 행해진다.

장례 의식의 마지막에 창쿠 곧 초상화는 격식을 갖춰 버터 등잔의 불꽃에 태운다. 이것은 사자의 영혼에게 마지막 작별을 고하는 것이다.

■ 사후세계 또는 바르도

바르도 Bardo는 글자 그대로 '사이bar'와 '둘do'을 뜻한다. 두 상태 사이, 다시 말해 죽음과 환생 사이가 바르도이다.

• 치카이 바르도

죽음을 맞이한 순간부터 3일 반이나 4일 동안, 대부분의 경우 의식체는 자신이 육체로부터 분리되었다는 것을 알지 못한 채 기절 상태 또는 수면 상태에 빠지게 된다. 이때 최초의 투명한 빛이 사자 앞에 나타난다. 그 빛은 모든 존재의 근원으로부터 밝아오는 순수한 빛이다. 그러나 사자는 자신의 카르마 때문에 그것을 인식하지 못하고 흐릿하게 인식한다.[56]

- **초에니 바르도**

첫 번째 바르도가 끝났을 때 사자는 자신에게 죽음이 일어났다는 사실을 깨닫게 되며, 이는 '존재의 근원을 체험하는 바르도'라고 부른다.

- **시드파 바르도**

"환생의 길을 찾는 바르도"이다. 이 바르도는 의식체가 인간계나 다른 세계, 또는 천상의 극락세계에 환생함으로써 막을 내린다.

하나의 바르도로부터 다음의 바르도로 넘어가는 것은 탄생의 과정과 비슷하다. 의식체는 기절 상태에 빠졌다가 깨어나면서 다음의 바르도로 넘어가며 이것은 세 번째 바르도가 끝날 때까지 계속된다.

두 번째 바르도에서 그가 기절 상태에서 깨어날 때, 그의 앞에는 상징적인 환영들이 하나씩 시작한다. 그가 이 세상에서 육체를 갖고 있을 때 행한 행위들이 카르마의 환영들로 출몰하는 것이다. 이 바르도 단계에서 사자는 자신이 죽었음에도 불구하고 여전히 육체를 갖고 있다는 착각에 빠질 가능성이 크다. 그러나 자신이 그런 몸을 갖고 있지 않다는 것을 깨닫는 순간, 사자는 육체를 소유하려는 강렬한 욕망을 갖기 시작한다. 그리하여 그는 몸을 찾게 되고, 환생의 길을 찾는 세 번째 바르도에 들어가게 된다. 그리고 마침내 그는 자신의 카르마가 선호하는 결정에 따라 이 세상이나 다른 어떤 세상에 환생을 하고 그것으로써 사후세계는 끝이 난다.

임사 체험

■ 임사 체험

　죽음에서 돌아온 사람이 없기 때문에, 인간은 죽음 이후에 벌어지는 일들에 대해 알지 못한다. 사후세계가 실제로 존재하는지, 죽음을 맞이한 사람들은 어디로 가는지. 죽음 이후 육신이 천천히 분해되고 소멸되어간다는 것은 분명한 진리이지만, 육신 이외의 영혼의 사후 세계가 있는지에 대해서는 여러 문화와 종교에서 다양하게 상상이 되어왔다.

　하지만 거의 죽음에 이르렀다가 살아 돌아온 사람들이 들려주는 '임사체험(臨死體驗, Near Death Experience)'의 이야기를 통해 죽음의 실체에 대하여 조금은 엿볼 수 있다. 임사 체험은 시작과 중간, 마지막이 있는 여행이며, 그 마지막이 이 세상으로의 복귀이다. 간혹 그 여행은 '유체이탈 경험'으로 시작하며, 시커먼 터널을 지나 밝은 빛 속으로 여행을 할 때가 가끔 있다. 그런 경험을 하는 사람이 이동해 들어가는 영역은 일반적으로 구조가 잘 짜여 있으며 문화적 영향을 강하게 받는다.

그 곳에서 그 사람들은 죽은 친척이나 친구들, 그리고 간혹 천사 같은 존재들과 서로 교류한다. 이때 친구, 천사들의 역할은 우선 그 사람들을 환영하여 안심시키는 것이고, 그 다음에는 그 사람들에게 아직은 자기들과 함께할 때가 아니기 때문에 돌아가야 한다는 것을 암시한다. 그곳이 그들로서는 더 이상 나아갈 수 없는 마지막 지점이라는 것도 알게 된다. 죽음을 경험하고 살아 돌아온 사람들은 그 수가 많고, 그들 대부분은 죽음 이후에 삶이 있다는 확신을 가지고 있다.

임사 체험자의 임사 사례는 수없이 많이 소개되고 있으나, 여기에서는 임사 체험 및 생사학의 대가인 로스 박사와 무디 박사의 체험과 연구를 소개하고자 한다.

■ **퀴블로 로스의 〈사후생〉**

인간의 육체적 죽음은 나비가 고치에서 벗어 날 때와 같다고 볼 수 있다. 죽음은 그저 '한 집에서 더 아름다운 집으로 옮겨가는 것'이다.

고치(몸)가 회복 불능의 상태가 되면 나비(영혼)가 태어난다. 고치에서 나비로 변화는 첫 단계를 거치면 두 번째 단계로 접어든다. 첫 번째 물질적 에너지를 받았다고 하면, 두 번째 단계는 정신적 에너지를 받는다.

첫 번째 단계에서 옆 사람과 소통하려면 깨어있는 의식, 즉 뇌의 작용이 필요하다. 그러나 뇌를 포함한 몸(고치)이 손상되는 순간부터 깨어있는 의식은 없다. 고치에 손상이 생기면 호흡할 수 없고 맥박도 뛰지 않으며 뇌파도 측정되지 않는 상태가 될 때 나비는 고치를 떠나 버린 것이다. 고치에서 벗어나자마자 죽음은 정신적 에너지를 받는 두 번째 단계에 이른다.

영혼이 육체를 떠나자 말자 몸에서 빠져 나온 곳이 어디든 간에(병실이나 사건 현장) 죽음을 맞는 장소에서 일어난 모든 일을 자각할 수 있다. 이때부터 과거와는 다른 새로운 인식으로 그 현상들을 받아들인다.

혈압이나 맥박이 뛰지 않고, 호흡이 멈췄거나 뇌파가 측정되지 않는 동안에도 우리는 이 새로운 인식을 받아들인다. 이때 우리는 우리가 사고를 당한 장소의 주변에 있는 사람들이 말하고 생각하고 행동하는 것을 모두 정확히 알게 된다. 예를 들어 '고속도로에서 충돌한 차에서 당신을 구할 때에 어떤 기구가 사용되었다.' 라는 것을 나중에 깨어난 다음에 상세하게 말할 수 있을 것이다. 심지어 충돌한 차의 번호판이나 뺑소니 운전자의 얼굴까지도 정확히 기억할 수 있다.

많은 사람들이 수술하는 동안 유체이탈을 체험하는 데, 이때 수술 중인 의사들을 지켜본다. 의료진이나 간호사들은 모두 이 사실을 인지해야 한다. 환자를 수술하는 동안 의사와 간호사들은 의식이 없는 환자가 들어도 좋은 이야기만 해야 한다. 의식불명인 사람이라도 모든 말을 들을 수 있다.

유체이탈을 체험하고 되돌아온 시각 장애인들은 당신에게 당신이 지니고 있던 보석이 어떤 색깔을 띤 어떠한 보석인지 자세히 말할 수 있다. 게다가 당신이 입었던 스웨트나 넥타이의 모양, 색깔까지도 말할 수 있다.

임사 단계에서는 공간 감각이나 거리 감각이 없다. 영혼은 육체를 떠나면 시간과 공간이 없는 곳에 존재하게 된다. 또 거리 개념도 없다. 멀리 떨어져 사는 사람이 어느 날 갑자기 자신의 눈앞에 나타났다고 보고하였는데, 하루쯤 지나면 수백, 수천 마일 떨어져 사는 어제의 그 사람이 죽었다고 알려 주는 전화가 울리거나 전보가 배달되는 경우가 있다.

이 단계에서는 자신의 몸이 온전해지고 사랑하는 사람을 만난 후 우리는 죽음이란 단지 또 다른 형태의 삶으로의 변화라는 것을 이해하게 된다. 이 순간 육체적인 형태가 더는 필요 없어서 육체를 떠나온 것뿐이다.

그 다음 당신은 육체를 빠져 나와 영원한 존재의 형태로 바뀌기 전에 물질세계에서 있었던 일들이 모두 그대로 남아있는 단계로 통과한다. 그 단계는 터널을 뚫고 가거나 물을 통과하는 것, 다리를 건너는 것과도 같다. 이때 모든 사람은 자신이 상상했던 천국을 만난다.

여기에서는 다리 혹은 산길을 지난 후에 그 끝에서 당신은 빛에 에워쌓인다. 이 빛은 흰색보다도 더욱 하얗다. 이 빛은 말할 수 없이 밝아서 당신은 그 빛에 가까이 다가갈수록 말로 표현할 수 없는 장엄한 조건 없는 사랑이 감싸는 것을 겪게 될 것이다. 임사 체험을 한 사람이라면 짧은 순간 이 빛을 경험할 수 있다. 그리고 되돌아와야 한다.

죽었다가 다시 깨어난 사람들이 이야기를 들어보면 이런 변화를 거친 후에 모든 인간은 텔레비전 스크린과 유사한 어떤 것 앞에 서게 된다. 여기에서 당신은 판결을 내리는 신에 의해 심판을 받는 것이 아니라 평생 해왔던 모든 행동과 말, 모든 생각을 되돌아보게 됨으로써 당신이 당신 자신을 심판하는 기회를 만나게 되는 것이다.[57]

■ 레이먼디 A 무디 주니어 〈다시 산다는 것〉

무디 박사는 자신이 수집한 임사체험 150여 건으로 이에 대한 연구를 진행하고 그 결과를 다음과 같이 발표했다. 임사체험을 한 사람들이 겪은 일련의 사건들은 우리의 경험밖에 존재하기 때문에 이들이 자신에게 일어난 일을 표현하는데 언어의 어려움을 말하고 있었다. 경험자들은 한결같이 자신의 경험을 형언할 수 없는 무엇, 즉 표현 불가능한 것으로 특정 지었다. 많은 사람들이 "제가 말하려는 하는 것은 표현할 낱말이 없습니다."라거나 "그 말들은 이것을 묘사하

는데 적합하지 않습니다."라고 말했다.

한 체험자는 이런 어려움을 다음과 같이 아주 간명하게 표현한다. '내 환자였던 한 여성은 다른 의사와 내가 막 수술을 하려던 차에 심장마비를 일으켰습니다. 나는 그녀가 동공이 확대되는 것을 보았습니다. 우리는 한동안 그녀에게 심폐소생술을 시도했으나 별 효과가 없어서 그녀가 사망했다고 생각했습니다. 나는 함께 있던 다른 사람에게 "한 번만 더해보고 안되면 포기합시다." 라고 말했다.

그러나 그 후 그녀의 심장이 뛰었고 그녀는 다시 살아났습니다. 나는 그녀에게 자기의 '죽음'에 대해 무엇을 기억하는지 물었다. 그녀는 내가 '한 번만 더해보고 안되면 포기합시다.' 라고 말한 것을 제외하면 별로 기억나는 게 없다고 말했다.'

임사 체험자들은 그 경험을 한 후로 죽음을 두려워하지 않게 되었고 무섭다는 느낌도 사라졌다고 한다. 체험자들이 죽음이 두렵지 않은 이유는 임사체험 이후 육신은 죽어도 영혼은 죽지 않는다는 점에 어떠한 의심도 하지 않기 때문이다. 그들에게 이것은 추상적인 가능성이 아니고 자신이 경험한 엄연한 사실이기 때문이다.

- **임사체험 과정**

무디 박사는 임사 체험자들의 사례를 분석하여 공통된 요소들을 분석하여 다음과 같은 9개의 특별 과정으로 정리했다. 이것은 임사 체험자들이 본 사후 세계의 공통된 모습이다.

1. 죽음을 인식함 : 죽은 사람은 자신이 죽었다는 것을 깨달아 알게

된다.

2. 평화롭고 유쾌한 기분 : 더 이상 육체적인 감각을 느끼지 못한다. 치명적인 사고를 당한 자라도 전혀 아픔을 느끼지 못한다.

3. 유체이탈(幽體離脫) : 사람의 영혼이 육체에서 빠져 나와 허공을 떠다닌다. 그리고 그는 볼 수 없는 사건들을 생생하게 묘사할 수 있다. 영혼은 공중에 떠 있었으며 자신을 인공호흡 시키는 광경을 지켜 볼 수도 있었다.

4. 터널 통과 : 매우 빠른 속도로 터널을 지나고 있다는 느낌을 받게 된다. 죽은 후 죽었다는 것을 인식한 뒤 과감하게 터널을 지나 영계(靈界)로 들어갔다.

5. '빛의 사람' 들을 보거나 만남 : 터널을 통과한 뒤에는 빛으로 이루어진 것처럼 보이는 죽은 친척들을 보게 되는 경우가 많다.

6. 특별한 '빛의 존재' 가 맞아 줌 : 많은 경우 터널을 통과한 직후에 만난 영적 안내자가 여기 해당한다. 그는 영계 곳곳으로 안내해 주었으며, 죽은 자의 과거를 반성하게 해 준다. 또 다른 체험자들은 정원이나 숲 속 같은 곳에 '빛의 존재' 를 만났다고 말한다.

7. 인생의 재검토 : 살아온 인생을 처음부터 끝까지 돌이켜보면서 그 인생의 유쾌한 측면과 불쾌한 측면을 모두 평가할 수 있다. 이것은 주로 영적 안내자와의 만남을 통해 이루어진다.

8. 이승으로 돌아옴 : 대다수 체험자들은 이승으로 돌아오고 싶지 않았다고 한다. 하지만 '빛의 존재' 들은 돌아가라고 강요했다고

했다.

9. 인격의 변화 " 체험자들은 대부분 자연 같은 사물이나 가족을 더 이상 당연한 것으로 받아들이지 않고, 감사하고 긍정적으로 보게 되었다. 그러나 대부분의 체험자들이 부정적인 변화라고 여기는 변화도 경험한다.[58]

빙의(憑依)

■ **빙의란?**

　육신을 잃은 혼백(영혼)이 고혼이 되어 갈 곳을 찾지 못하고 우주 법계를 떠돌다가 혼백이 머물기에 적합한 장소나 사람을 만나게 되면 미혹하고 싸늘한 영체를 그곳에 숨기게 된다. 그로 인해 영체(靈體)가 들어간 장소는 흉지(凶地), 흉가(凶家)가 되게 마련이고 그곳에 사는 사람 또한 귀신에 홀린 상태가 되어 평소와는 전혀 다른 사람으로 돌변하게 된다. 또한 사람의 몸에 유착되면 유착된 사람은 발작을 일으키거나 광폭한 성격으로 변하여 심지어 폐인이 되기도 한다. 그러한 외롭고 차갑고 고통스러운 영혼들이 오갈 데 없는 귀신이 되어 인연 따라 들러붙어 이상한 현상을 일으키는 것을 가리켜 주로 '빙의'라 말한다.

우리가 죽으면 육신의 죽음으로 끝나지만 영혼은 다른 형태로 어떤 형태로 사람이나 사물에 나타나는 것을 보여주는 것이다. 즉 사후 세계가 존재함을 우리에 보여주고 있다.[59]

■ 빙의로 나타나는 현상

빙의로 나타나는 형태로 빙의된 귀(鬼)의 종류, 대상에 따라 다양한 형태로 표출되나 일반적 현상을 다음과 같다.
- 형체가 없는 무엇에 의하여 스스로 자신을 지탱할 수 없어 남에게 기대어 의지 하고자 하는 현상을 보인다.
- 어떤 강한 힘에 지배되어 자신의 생각과 의지대로 행동하지 못하고 타(他)의 힘에 지배되어 비정상적으로 움직이는 현상을 보인다.
- 예기치 않은 뜻밖의 현상이나 형체(공동묘지나 상엿집, 시체 등)를 목격하였을 때 일시에 음습한 기운 즉 음기(陰氣)나 귀기(鬼氣)가 엄습하여 온몸에 전율을 느끼면서 등골이 오싹해지거나 간담이 서늘해진다. 또는 머리가 쭈뼛해지며 사지에 힘이 쭉 빠지고, 온몸이 오그라들며 다리가 후들거려 꼼짝달싹 못하고, 귀에서는 이상한 소리가 들리며 헛것을 보고 헛소리를 내는 등의

이상 현상을 보인다.
- 자기 몸 안의 정기(精氣)보다 강한 사기(邪氣)나 살기(殺氣)가 충만한 곳에 갔을 때, 순간 정기가 이에 눌려 어지러운 현기증을 느끼게 된다. 이런 장소에 오래 머무르게 되면 정기를 빼앗기고 사기(邪氣)나 살기(殺氣)가 충만해져 자신도 모르는 사이에 정심(正心)이 탐심(貪心), 역심(逆心)으로 바뀌어 올바른 사고력과 판단력을 상실해 공명정대하지 못하게 된다.

그로 인해 항상 의(義)보다 이(利)를 먼저 생각하고 배신과 모반을 일삼는 비굴한 짓을 하고, 바르고 얌전했던 성품과 성정이 갑자기 포악무도해지거나 광기 어린 행동을 보인다.[60]

환영(幻影)

■ **환영(幻影)이란?**

환영(幻影)의 사전적 의미는 눈앞에 없는 것이 있는 것처럼 보이는 것 또는 사상(寫像)이나 감각의 착오로 사실이 아닌 것이 사실로 보이는 환각 현상을 말한다. 그러나 죽음을 앞둔 사람들에게 나타나는 환영은 죽은 사람의 환영, 즉 말하자면 귀신이 살아있는 사람에게 보이는 것으로, 보통 그 사람에게 어떤 정보를 주기 위해서 나타나는 것을 말한다. 그들에게 죽음이 임박했다는 것을 알려주거나, 그들이 죽음 이후에 밟게 될 과정을 무난히 거치도록 도와주기 위해서 나타나는 것이다. 환영에 대한 국내의 연구 논문이나 자료는 거의 없다. 여기서는 죽음 이후 사후세계의 전문가인 피터 펜웍이 밝힌 일부 내용을 소개하고자 한다.

■ 환영(幻影)으로 나타나는 사람

　죽음을 앞둔 사람에게 나타나는 환영에 대한 연구를 체계적으로 한 사람은 칼리스 오시스(karlis osis)와 얼렌드 해럴드슨(erlendur haradsson)이었다. 그들의 연구 결과에 의하면, 보통 죽음을 앞둔 사람이 다음 생으로 순조롭게 넘어가도록 도우러 오는 사람은 죽은 친척이나 친구가 많았다. 그 뒤 연구를 더 진행하여 환영에 나타나는 여행 동반자의 모습에 문화적 차이가 있다는 것을 알아냈다. 미국의 조사에서 가장 흔하게 나타나는 환영은 죽은 친척과 친구들이었으나, 인도인들에게 가장 흔하게 나타나는 환영은 죽음의 신이 보내는 사자(死者)인 '얌두트(yamdoot) 같은 종교적 인물이었다. 서양의 경우 기독교 초기에는 환영으로 죽은 친척과 친구가 많았으며, 20세기 이후에는 친구나 가족의 환영이 나타나는 경우가 많아졌다.

　종합하여 보면 죽음을 앞둔 사람에게 가장 흔하게 나타나는 환영은 보통 죽은 친척들이며, 죽어가는 사람과 밀접한 접촉을 가졌던 사람인 경우가 많았다. 그들의 목적은 그 사람이 죽음의 과정을 잘 거치도록 돕는 일인 것처럼 보인다. 환영들은 거의 언제나 죽음을 맞는 사람을 따뜻하게 대하며 죽음을 위한 영적 준비를 제공하는 것 같다.

■ 환영의 발생 및 특성

환영은 보통 의식이 명쾌한 상태이거나 약간 손상된 상태에서 나타난다. 간혹 이 과정이 더 깊어 질 수도 있다. 그런 경우에는 그 방문객이 방에 나타날 뿐 아니라, 죽어가는 사람이 그들과 함께 중간 세계까지 여행할 수도 있다.

죽음을 앞둔 사람이 맞는 환영은 방안에 있는 모든 사람이 보는 것은 아니고, 누군가가 그 방으로 들어오거나 말을 해도 그 환영은 쉽게 사라진다. 그런 경험을 한 사람들은, 특히 그 환영이 사랑과 빛으로 연결되어 있을 경우에 대단한 위안을 느낀다. 죽어가는 사람과 정서적으로 밀접하게 연결된 누군가가, 심지어 죽어가는 사람으로부터 멀리 떨어져 있고 그 사람이 아프다는 사실조차 모르고 있을 때에도 그 사람의 죽음을 자각한다는 보고도 많다. 이런 경험들은 짧은 시간 동안 지속되며 죽어가는 그 사람이 방문하는 형식을 취할 수도 있다.

죽음을 앞둔 사람이 나타날 때는 비록 그 사람이 살아가는 동안 어떤 외상을 입었다 하더라도 예전의 온전한 모습으로 돌아가 있다. 많은 경우 삶의 절정기 때의 모습으로 나타난다는 것이다. 말을 하는 경우는 드물고, 단지 자신이 죽어가고 있으며 모든 것이 괜찮다는 암시를 줄 뿐이다. 환영들은 거의 언제나 죽음을 앞둔 사람들이 대단한 기쁨과 관심의 반응을 보이고 있다. 즉 죽음을 앞둔 사람이 갑자기 기분이 좋아지거나 평화롭고 유쾌해진다.

■ 환영(幻影)의 구분

죽음의 자리에서 보는 환영은 혼란스럽지 않다. 대부분 의식이 깨어 있는 상태에서 일어나며, 더욱이 무의식에 빠져 있더라도 죽기 직전에 잠시 제정신으로 돌아와 환영을 보게 된다. 더구나 제정신으로 돌아오는데 그치지 않고, 이성적일 뿐만 아니라 그 순간 자신의 의식이 동시에 걸치고 있는 두 개의 세계도 잘 구분한다는 것이다.

죽음을 앞둔 사람은 보통 대단한 에너지로 기쁨이 가득한 마음으로 그 방문객을 맞이한다. 지금까지 보고되고 있는 공통점은 혼동이나 병적인 정신작용, 기대나 위로에 대한 암시를 전혀 보이지 않는다.

이 경이로운 경험들을 입증하거나 설명할 뇌 메커니즘을 현대과학으로 증명하기는 어렵다. 우리는 죽음을 맞이하는 사람이 겪은 그 경험을 인정하고, 그 경험들이 그들과 그들을 떠나보내고 슬픔에 잠길 가족들에게 무한한 가치를 지닌다는 점을 인정하는 것이다.

초월적이고 신비적인 경험에서 나온 증거는 의식이 하나의 통일체이며 우주의 기본 요소라는 것이다. 뇌의 작용과 의식이 연결되어 있는 방식은 아직 과학이 더 깊이 고민해야 할 문제다. 이제 우리는 이 이론을 죽음의 과정에 적용할 수 있다.

죽음을 며칠 앞두고 나타나는 환영이 나타나는 시기는 심리적으로 힘이 외부 세계에서 멀어지는 한편, 죽어가는 자아의 내면세계로 더

가까이 다가간다. 죽은 가족들의 방문은 매우 강력해서 언제나 대단한 즐거움과 인식의 재결합으로 이루어진다.

　죽은 사람들은 죽어가는 사람을 거둬들이거나 죽음의 과정을 잘 통과하도록 돕기 위한 목적을 갖고 왔다고 말한다. 그들이 방안으로 들어올 때도 있고 방밖에서 기다렸다가 죽음 직전에 가까이 다가오는 경우도 있다.

　죽은 가족은 죽어가는 사람을 데리고 가겠다고 말하고, 죽어가는 사람은 여행을 나설 것이라고 말한다. 죽어가는 사람이 자신이 갈 영역을 묘사하는 것을 보면 언제나 빛과 사랑, 기쁨과 동정이 가득하다.[61]

영혼의 과학적 탐구

다양한 영혼관의 핵심은 우리 의식의 일부 양상인 어떤 것이 신체의 경계 밖으로 확장할 수 있으며 육체가 죽은 뒤에도 영혼은 살아 있을지도 모른다는 것이다. 이 경험들을 과학적 방법으로 측정하거나 테스트하는 것을 불가능하다. 그러나 영혼을 측정하는 많은 노력이 있었고, 그 노력들을 분석해 보면 객관적인 개념과 주관적인 개념을 뒤섞을 때 일어나는 어려움이 잘 들어나고 있다.

실제로 미국 메사추세스 병원에서는 임종직전의 말기결핵 환자를 3시간 40분간 동안 체중의 변화를 관찰한 적이 있다. 그 결과 숨을 거두는 순간 그 혼자의 몸무게가 1.25온즈(35그램) 줄어든 사실을 알게 되었고, 2년 반 뒤에도 임종직전의 다섯 환자를 똑 같은 방법으로

조사 해 보았더니 역시 영혼의 평균무게는 1온스(28.4그램)였다. 최근 스웨덴의 룬데박사팀이 정밀 컴퓨터 제어장치로 그 실험의 진위를 검정해 보았더니 임종 시 환자의 체중 변동은 21.26214그램 이었다고 보고했다.[62]

하와이 무당 16명에게 자신과 감정적으로 밀접한 친구를 한 사람씩 고르도록 했다. 말하자면 무당 본인이 멀리서도 치유를 할 수 있겠다고 판단한 사람이 실험 대상이 된 것이다. 그런 뒤 그 친구들을 f MRI(피의 흐름〈기능〉과 뇌의 구조를 촬영하는 방식)로 촬영할 수 있도록 준비를 했다. 무당들은 그 친구들로부터 멀리 떨어져 있었고, 친구들은 자신이 치유를 받고 있는지 그렇지 않은지에 대해 아는 바가 전혀 없는 상태였다.

무당들은 정해진 스케줄에 따라 친구를 '치유' 하거나 치유하지 않게 했다. 그리고 설치되어 있던 f MRI 장비로 혈중 산소 및 뇌의 각 지점을 통과하는 혈류를 측정했다. 그 시험 결과를 분석한바 무당들이 치유를 하던 시간에 혈액의 흐름 변화가 뚜렷하게 나타났다. 그리고 그 변화는 뇌의 감정 부위(전대상회, 안와전두피질 등)에 집중하여 나타나는 경향을 보였다.

이 실험은 어떤 사람이 감정적으로 깊이 연결되어 있는 다른 사람들에게 보내는 치유의 에너지가 다른 사람의 뇌 활동에 실제로 변화를 줄 수 있다는 점을 보여주고 있는 것이다. 물론 이 이론을 죽음의 과정에 적용하고 증명하는 것은 더 연구하고 발전시켜야 하겠지만,

이 시험은 영혼을 과학적으로 탐구하는 다양한 방법 중의 한 사례이다.[63]

죽음을 찾지 말라.
죽음이 당신을 찾을 것이다.
그러나 죽음을 완성으로
만드는 길을 찾아라.

— 함마슐트 —

부록

Well-dying

사전 의료 의향서

본인 는(은) 앞으로 질병이 진행되어 소위 말기라고 부르는 상황에 처하게 될 경우를 대비하여 미리 가족과 의료진에게 심폐 소생술과 연명치료에 대하여 다음과 같이 요청하고자 합니다.

나는 향후 질환이 진행하면, 자신의 상태에 대하여 현명하게 판단하고 치료에 대한 올바른 결정을 내리기 힘들 정도로 의식이 나쁜 상황이 발생할 수 있음을 알고 있습니다. 또한 일부 침습적인 시술 및 심폐소생술의 경우 생명연장 및 증상완화의 목적을 달성하지 못한 채 고통만 증가시킬 수 있음을 알고 있습니다. 심폐소생술 및 다른 연명 시행여부는 나의 생명에 대한 가치관을 반영하여 결정되는 것이 적절하며, 원하지 않을 경우 이 같은 시술을 거부할 수 있음을 알고 있습니다. 내가 올바른 판단을 할 수 없는 상황이 발생하였을 때, 가족과 의료진들은 현재 내가 작성하는 사전의료의향서를 통하여 심폐소생술 및 연명치료에 대한 나의 가치관을 반영하여 줄 것을 요청합니다. 나는 내 가치관에 근거하여 내가 원하는 대로 인간적이고 존엄한 임종을 맞이하길 희망합니다. 나의 의도가 나의 가족과 의료진에게 구체적이고 왜곡없이 전달되어, 평소의 소망대로 존엄한 임종을 맞이할 수 있도록 치료를 진행하여 주십시오. 또한 이상의 내용이 타인에 의해 변경되지 않고 표기한 대로 법적인 효력을 유지하기를 희망합니다.

연명치료종류(해당사항에 O표 해주십시오)	원합니다	원하지 않습니다
중환자실 입원이 필요한 적극적인 연명치료		
1. 심폐소생술 (심장마사지, 강심제, 인공호흡 등)	( )	( )
2. 인공호흡기	( )	( )
3. 혈액투석	( )	( )
큰 고통이 따르지 않는 검사, 처치 및 기타사항 (예: 혈액검사, 혈압상승제, 항생제, 수혈 등)	( )	( )
( )	( )	( )

    나는 사전의료의향서를 작성하는 것이 나에 대한 모든 의료행위를 포기하는 것은 아니라는 것을 잘 이해하고 있고, 진통제치료와 같이 고통을 경감시키고 삶의 질을 향상시키는 기본적인 의료는 계속 된다는 것을 이해하고 있습니다.

    나의 생명에 대한 가치관을 가장 잘 반영할 수 있는 대리인으로

    (이름: , 관계: , 대리인 연락처:)를 지정하며, 여기에 기술되지 않은 사항이 발생한다면, 의료진은 나의 대리인과 상의하여 결정해 주기를 바랍니다. 나는 언제든지 이 의향서를 내 가치관의 변화에 따라서 자의로 폐지할 수 있음을 이해하고 있습니다. 또한 이 사전의료의향서는 누구의 강요도 아닌 나 자신의 자율적인 선택에 의해, 맑은 정신 상

태에서 그 내용의 의미를 잘 파악한 상태하에 이루어진 것임을 밝혀 두며 이에 서명합니다.

20   년   월   일

이 름 : (서명)

주민등록번호 :   －

주 소 :

전화번호 :

※본 '심폐소생술 및 연명치료에 대한 사전의료의향서' 는 서울대 병원의 양식을 참고하였습니다.

존엄사 선언서(living will)

내가 불치의 병에 걸렸을 때나, 사망의 시기가 가까워지고 있는 경우를 대비해서 나의 가족과 친척 및 나를 치료하고 있는 의료진들에게 다음과 같은 희망을 남기며 반드시 내 요구에 따라 줄 것을 요청합니다.

이 선언서는 나의 정신이 건강한 상태에 있을 때게 작성했음을 밝힙니다. 또한 나의 정신이 건강한 상태에 있을 때에 내 스스로가 이것을 파기하든지 또는 철회하는 문서를 작성하지 않는 한 유효함을 밝힙니다.

1. 나의 병이 현재의 의학으로는 불치의 상태이고, 이미 사망시기가 가까워지고 있다고 진단된 경우에는 헛되게 사망 시기를 연장시키는 일체의 행위를 거부합니다.
2. 단, 이 경우 나의 고통을 완화시킬 수 있는 조치는 최대한 실시하십시오. 그 때문에 (예: 마취 등의 부작용 등) 사망 시기가 빨라져도 나는 전혀 상관 없습니다.
3. 내가 수개월 걸쳐, 이른바 식물인간 상태에 빠진 경우에는 일체의 생명유지 조치를 취하지 않기를 원합니다.

이상 나의 존엄사 선언이 충실하게 실행될 수 있도록 노력해 주신 분들에게 깊은 감사의 말씀을 드립니다. 그리고 그 분들의 나의 희망에 따라 행하

신 모든 일들의 책임은 나 자신에게 있다는 것을 밝힙니다.

20   년   월   일

성   명 :   (서명)

주민등록번호 :   －

• 환자 대리인

환자 명 : 관계 :   (서명)

주민등록번호 :   －

주 소 :

전 화 :

• 보 호 자

환자 명 : 관계 :   (서명)

주민등록번호 :   －

주 소 :

전 화 :

• 환자가 직접 서명하지 못하는 사유

의사 기입 :

의사 :   (서명)

의료 대리인 지정서

(내가 원하는 것들에 O표를 하고, 원하지 않은 것들에 X표시를 하였습니다)

1. 나는 내가 의사 무능력 상태에 빠졌을 때 아래의 사람을 나를 대신해 나에 대한 의료조치를 선택할 대리인으로 지정합니다.

   이름 :_____ , 관계 : _____

   위 사람이 대리인 역할을 하기 어려운 경우 다음의 순서대로 대리인이 되어 주기를 바랍니다.

   이름 :_____ , 관계 : _____

   이름 :_____ , 관계 : _____

2. 다른 사람들과의 협의 필요성 여부

   ☐ 나는 대리인이 나의 상태에 대해 다른 가족들 또는 _____와(과) 상의하여 결정하기를 원합니다. 하지만 다른 가족들 또는 _____와(과) 의견이 일치하지 않을 경우 최종 결정권은 대리인이 갖기를 원합니다.

   ☐ 나는 대리인이 다른 사람들과의 의논 없이 혼자서 결정하기를 원합니다.

3. 대리인의 권한

   ☐ 나의 건강 상태에 대한 정보들을 병원과 의사에게 요구하고 검토할 권

한을 갖습니다.

□ 나의 의료 정보에 대한 공개 여부를 결정할 권한을 갖습니다.

□ 나를 병원이나 호스피스 시설 등에 입언시키거나 퇴원시킬 권한을 갖습니다.

□ 생명유지장치를 포함하여 나에 대한 치료를 중단하거나 보류하는데 동의할 권한을 갖습니다.

대리인의 권한은 다음 사항에 대해 제한되기를 원합니다.

4. 대리인의 판단 근거

- 대리인은 내가 남긴(□ 특정 조치 요청 □ 가치관 표명) 문서에 근거해서 결정을 내려야 합니다.
- 대리인은 다른 경로로 나의 바람을 알게 되었을 때 이에 근거하여 결정을 내려야 합니다.
- 대리인은 (□ 나에게 최선의 이익이 될 것 □ 내가 바랐을 것)을 기준하여 결정을 해야 합니다.

작 성 자 :　　　　　　　　　(인 또는 사인)

주민등록번호 :

작 성 일 :　　　　년,　　월,　　일

작성 장소 :

사랑의 장기기증 희망등록 서약서

※ □에는 해당되는 곳에 √표시를 합니다.

신청인	성명		주민등록번호	
	전화번호		휴대전화	
	주소			
	E-mail			
	정보수신 여부	□ E-mail　　□ 문자메시지　　□ 우편물		

신청내용	기증 형태 (중복 선택 가능)	□ 뇌사시 장기등(신장, 간장, 췌장, 췌도, 심장, 폐, 소장, 각막) 기증 □ 사후 각막 기증　　　　　　　□ 생존시 신장기증
	장기등 기증희망자 표시 여부	운전면허증에 장기등기증희망자라는 사실을 표시하기를 원하십니까? □ 예　　　□ 아니오　　※운전면허증 신규발급, 갱신, 재발급 시 표시할 수 있습니다.
	법정대리인의 동의 (미성년자의 경우)	성명　　　　　　　주민등록번호 관계　　　　　　　서명

후원신청		
후원금액	□ 월 5천원　□ 월 1만원　□ 월3만원　□ 월 5만원　□ 기타(월　　원)	
후원방법	□ 자동이체(CMS)　　소식지 수신형태　□ 우편　□ E-mail　□ 받지않음	
예 금 주		예금주 주민등록번호　□ 상동
출금은행		계좌번호
이 체 일	□ 5일　□ 10일　□ 15일　□ 20일　□ 25일	

장기등 이식에 관한 법률 제15조 제1항 및 같은 법 시행규칙 제7조에 따라 위와 같이 신청합니다.
미성년자인 경우, 동의인이 법정대리인임을 증명하는 서류 1부 첨부.
정신질환자·지적장애인인 경우, 본인 동의능력을 갖추었다는 의사 소견서 1부 첨부.

본인은 숭고한 사랑의 정신을 바탕으로 사랑의장기기증운동본부를 통하여 신체의 일부를 이웃을 위해 나누고자 하며, 이 사실을 가족에게 알려 훗날 이 서약이 지켜지도록 하겠습니다.

20　　년　　　월　　　일　　성명:　　　　　(서명)

● 사랑의 장기기증 등록 안내　　　　　● 운전면허증 장기기증 의사표시 안내

상단의 등록서를 작성하여 발송해 주시면 됩니다. 접수된 등록서는 전산에 입력되며 주소지로 장기기증 등록증과 스티커가 발송됩니다.

운전면허증 장기기증 의사표시에 동의하신 분은 2주후 경찰청 산망에 등록되어 운전면허증을 갱신하거나 재발급 받으실 때 '장기기증' 의사가 표시됩니다.
문의 02-363-2114(내선2)

※위의 등록서약서를 인쇄하신 후 작성하셔서 팩스 또는 우편으로 보내주시기 바랍니다.
우편 : (120-723) 서울 서대문구 충정로3가 464 충정타워 7층 (재)사랑의장기기증운동본부
팩스 : (02)363-3163

유 언 장

◆ 이 름 :　　　　　　(인)
　주민등록번호 :　　　　－
　주 소 :
　작 성 일 :

◆ 임종 장소 : 자택, 병원, 요양기관, 호스피스 , 기타
◆ 장례식 장소 : 자택, 병원장례식장, 전문 장례식장, 종교시설, 기타
◆ 장 례 : 전통장례, 현대식, 불교식, 천주교식, 기독교식, 원불교식, 건전 가정의례준칙, 기타
◆ 상조회 가입 : 가입한 상조회가 있으면 상조회사 및 연락처와 증서 보관 장소를 기록한다.
◆ 장례 방법 : 매장, 납골당, 납골묘, 화장 후 납골당, 납골묘, 화장 후 산골(산천장, 바다장, 공원장), 자연장(수목장, 화초장)
◆ 음 악 : 국악, 종교음악, 클래식, 기타 등 희망하는 음악을 기록
◆ 수 의 : 수의, 관복, 한복, 평상복, 기타
◆ 추모 방법 : 추모나 제사 방식에 대한 희망을 기록(전통전례, 불교식, 천주교식, 기독교, 기타)
◆ 시신기증이나 장기 기증 : 시신이나 장기를 기증을 하기로 서약하였다면 서약 증서의 보관 장소를 기록한다.

◆ 사전 의료 지시 여부 : 만약 혼수상태가 되어 의료행위 수용여부를 결정할 수 없을 경우 연명치료 및 완화의료에 대한 자신의 의견을 기

록한다. 자세한 내용은 사전의료의향서에 있으니 그대로 할 것을 희망하며 동 서류의 보관 장소를 기록.

◆ 장례식에 초대할 사람 : 나의 장례식에 꼭 초대하고 싶은 사람의 이름과 연락처를 기록

◆ 재산상황 및 상속 : 부동산, 금융자산, 채권, 채무에 대하여 리스트를 작성하고 처리 방법을 기록한다.
  ▷ 부동산 : 주택, 토지, 상가, 임야 등
  ▷ 동산 : 현금, 유가증권 , 주식 ,등
  ▷ 귀금속 및 귀중품
  ▷ 채권 및 채무
  ▷ 저작권 및 지적재산권 등

◆ 나눔 및 사회 환원 : 기부 등 사회 환원에 대하여 구체적으로 기록한다.

◆ 증명서 목록 : 유사시 가족이 알 수 있도록 증명서 목록을 만들고 보관 장소를 기록한다.
주민등록증, 운전면허증, 건강보험증, 장기기증 서약서, 연금증서, 상조회 증서, 보험증서, 신용카드, 부동산 등기권리증, 차량등록증, 은행금고 보관증서, 채권 및 채무 관련 서류 등

◆ 남기고 싶은 말 : 평소에 하지 못한 이야기를 가족이나 친구, 친척 등에 남기고 싶으면 기록.

엄마의 장례 계획서

망자 유차덕 안나(1922년 6월 10일생)
　　　　장남 - 정혁규, 정OO, 며느리 - 장OO, 이OO
　　　　딸 - 정OO, 정OO, 정OO, 사위 - 최OO, 백OO, 허OO
　　　　손자 - 정OO, 정OO, 심OO, 심OO, 최OO, 백OO, 허OO
　　　　손녀 - 정OO, 정OO, 심OO, 최OO, 백OO, 백OO, 허OO

1. 분야별 책임자

- 조문객 안내 및 접대 : 큰 사위 (사촌 및 친척)
- 회계, 행정 : 둘째 사위
- 장례 예식 : 막내 사위, 연령회
- 장지 총괄 : 사촌 동생 OOO
- 노제 준비 : 사촌 형 OOO
- 화장장 관련 : 사촌 동생 OOO

2. 병원

- 주치의 경남의료원 3내과 주OO과장 (전화번호 :)
- 간병인 강OO (전화번호 :)

3. 장례 개요

- 장례식장 : 진주의료원 영안실 특실 전화 : 055-771-7900
- 장례일정 : 3일장
- 장례방식 : 제반 의식 천주교식, 화장 및 수목장

- 장지 : 진주시 사봉면 사곡리 우곡 선영
- 발인 : 장소 – 진주의료원 장례식장, 의례 – 천주교식, 주관 – 문산성당 연령회
- 장례미사 : 주례사제 – 문산성당 주임신부, 삼계성당 주임신부
- 장소 : 문산성당 대성전
- 화장: 장소–진주공설화장장(상조회사 직원 사전 협의)
- 노제 : 사봉면 사곡리 우곡마을 입구
- 자택 방문 : 거주하던 집(고인사진)
- 우곡 마을 회관 방문(고인사진)
- 장지 : 수목장 및 연도, 장소 : 우곡 선영(불물재)

4. 첫째 날

- 병원 정산 및 행정 절차 준비 – 사망진단서 5매 발급(진주의료원)
- 영정사진 및 어머님 옷 준비 (사봉 및 부산 숙모 사전 연락 및 확인) 엄마가 쓰던 성경 및 기도문, 묵주 등 준비
- 어머님 대모님 및 성당 연령회 회장 및 총무 연락(대모님 전화 :)
- 수시(연령회장, 숙모 및 상조회사 협조)
- 상조 회사 연락(1588-4645), 계약자번호(S81-2010-051162929) 장례 전반에 대하여 연령회 및 상조회사와 협의
- 진주의료원장례식장과 협의하여 장례식장 확정(제단 및 꽃 등)
- 제단 꽃 장식 : 4단+추가 양측,
- 장례식장 음악 :조수미 나가거든, 장사익 하늘 가는 길, 인순이 아버지, 조성우 그리운 어머니, 김영임 회심곡, 성가 말씀 안에 살리라, 주만 바라 볼찌라.
- 상주 및 조문객 접대 음식 – 장례식장 지급요청

- 화장장 예약(상조회사) – 진주공설 화장장(055?759?3672)
- 부고 : 상주들–각자 부고, 공통–신문 부고
- 상복(각자 준비 된 상복 확인 OO상조와 협의)

  남자 : 검정 양복에 흰 와이셔츠 및 완장

  여자 : 직계상주–상하 흰옷, 손녀 – 엄마 준비 해둔 상복 이용
- 사전 준비 : 속옷 및 양말, 치약 칫솔, 손수건

5. 둘째 날

- 염습(연령회장과 협의) – 음악(성가 및 준비 된 음악)
- 입관 – 연령회장과 사전 협의(묵주, 사전 준비한 편지 등 준비)
- 성복 – 입관 시 성복하고 참례
- 조문 – 아침부터 조문
- 연령회 기도 : 가족, 문산 성당 교우 및 각 단체, 삼계성당 교우 및 각 단체
- 수목장 현장 확인 : 큰상주 집안 동생과 현장 확인 및 수목장 계획 및 장지 준비
- 도시락 준비 : 장례미사, 화장장, 노제를 고려하여 수량 및 도착시간 확인(현장 배송)

6. 셋째 날

- 발인 :
- 발인 시간 : 08:30분 방식 : 천주교식

  주례사제와 사전 협의(문산 성당 연령회)
- 운구 (사촌동생 및 손자), 영정 : 큰 손주 정OO, 혼백 : 작은 손자 정OO
- 장례식장 정산(둘째 사위 백OO)

- 장례미사
- 주례사제 : 문산성당 주임신부, 삼계성당 주임신부
- 장소 : 문산성당 대성전, 시간 : 09:30
- 미사 참여자 식사준비
- 화장장 : 장소 – 진주공설화장장, 시간 11:30
  기도는 문산성당 연령회 및 장요안나대모님, 작은 사위 허00 사전 협의
- 장지 현장 정비
작업자 2인 사촌동생이 책임지고 현장 준비(12:00까지 완료)
- 노제 (우곡마을 입구)– 14시 도착예정
  노제 음식 준비(돼지고기, 떡, 명태, 김치, 술, 유과, 과일 등)
  현장 준비 : 우곡 내 집안에 사전 준비 협조 의뢰(현장 조문 가능토록 문상소 준비)
  노제 축문 : 큰상주 정혁규 준비(앰프 및 배경음악 사전 확인)
- 장지 전례
- 장지 현지 전례(막내 사위 허00 연령회장과 사전 협의)
- 현장 전례 및 조화 준비
- 하관 : 15:00 예정
- 수목장 장례 마무리 : 16:00 예정
- 장례 마무리 회의
- 전체 식구들 집에 돌아와 회의 (16:30)
- 저녁 연도(전체 가족)

1. 넷째 날(재우)
- 문산 성당 새벽 미사 참석
- 산소(수목장)에서 연도

2. 닷새째 날(삼우제)
- 문산 성당 미사
- 산소(수목장)에서 연도
- 집안 정리(유품 정리)
- 장례를 위하여 협조하여 주신 분 인사
- 성당과 협의하여 100일 기도 협의

3. 추모
49제 및 백일제 는 전 가족 문산 성당 새벽 미사 참석

노제축문(路祭祝文)

아흔의 나이테, 백일 간의 이별여행

아들 정혁규 짓고 낭송함

어머님! 당신의 이름 유차덕 안나
넓은 가슴으로 세상을 품고
사랑으로 만인을 받아들인 당신은 거인이었습니다.
당신은 가진 것은 많지 않았지만
내가 가진 작은 것을 이웃에게 나눌 줄 아는 참 부자였습니다.
가슴에 하느님을 모신 진정한 거인이었습니다.
어머님께서 저희 가슴에 새겨주신 값지고 귀한 것들
고맙습니다. 감사합니다.

어머님! 당신이 열일곱 색시로 굼실 땅을 처음 밟으신지 어언 칠십삼 년!
그 동안 함께 했던 굼실의 이웃, 친구, 자식들, 아우들 당신은 기억하시나요?
오늘 여기 다 와 있습니다.

이제 우리들 곁을 영원히 떠나시는
당신의 길 잠시 붙잡아
이곳 굼실 땅 동네 앞 길섶에 재려
영전에 맑은 술 한잔 올리고
소회하려 하니 들어나 주십시오.

어머님 당신이 태어났던 그때는 너 네 할 것 없이

어찌 그리도 어려웠지요.

한학자인 문화류씨 류경렬의 큰딸로,

아래로 여동생 셋, 남동생 하나 동기가 있었지요.

일제 치하 기묘년 아버님 정환수와 백년 가약 맺고 처음 굼실 땅을 밟으셨지요.

불같은 성미 시부모와 어린 시동생 둘, 시누이 둘

매끼마다 끼니걱정, 어찌 그렇게도 어려웠던지?

결혼 석달만에 남편을 일본으로 징집 보낸 어린 새색시의 한 많은

팔년 세월, 어찌 말로 다하겠소?

사랑했던 사람이 태평양 바다에서 맹장 수술하고, 배 파산하여

겨우 생명 부지하여 돌아 왔건만 궁핍은 여전 했지요

어렵지만 오손 도손 살아 보려 했건만 갈 길 바쁜 남편 정환수는

계축년 사월 매정하게 먼저 떠났지요.

그때 나이 오십 하나 어려운 살림살이 그래도 육 남매 잘 키웠지요.

되돌아보니 참 일도 참 많았네요.

시부모 님 두 분, 모시다 돌아가시고

시동생 넷 결혼 시키고,

당신 자식 여섯 다 결혼 시키고

임자년 큰딸 경임이 보천 심씨댁으로 시집보내고

을묘년 둘째 딸 경순이 남해 최씨댁으로 시집보내고

신유년 큰 아들 혁규 장가보내고, 넷째 경희, 다섯째 정규,

막내딸 은숙이 까지 다 결혼 시키고

어찌 세월은 그렇게도 빨리 갔을까?

당신이 금년 유월 그믐날 찾았던 점지미,

한참을 헤매다, 아는 이 한 사람 재종동서 만났지요.

서로 흐르는 눈물 닦으며, 올케, 살아 있어서 고맙다.
형님, 이렇게 찾아와서 고맙소.
당신의 부산 올케, 만나 한 마지막 식사
그래 올케! 수고 많았네. 우리 집에 시집와서 수고 많았네, 고맙네.
그때 당신의 눈가에 맺힌 이슬 기억합니다.

당신이 시집 올 때 함께 했던 이웃 사람들 모두 떠나고
그렇게도 많던 응달 쪽 이웃집들 모두 떠나고
크고도 컷던 굼실마을,
한집 두 집 떠나 절반에도 못 미치네요
구십 평생 함께 했던 모던 추억 가슴에 새기고
당신이 그리던 천당 하느님 품에서 영원하시길 빕니다.

사람을 사랑하고 베풀기를 좋아하시던 당신!
여기 남은 우리는 그 아름다웠던 모습들을 가슴에 새기고
마음에 담아두어
모적넘 고개나 새령 고개 길을 지날 때는
언제라도 당신의 향기를 기억하며, 웃으면서 말하겠지요.
"당신과 함께한 날들이 참 즐거웠다"라고
"같이한 시간 속에서 많이 행복했다"라고

응석바지 세월 지나고, 철들어 어머님 곁 떠나 사십 년의 시간
가까이 했던 지난 백일
이 못난 불효 철들게 해주셔 고맙습니다.

항상 나는 괜찮다 하시던 어머니, 이 불효는 어찌 몰랐을까?

그렇게 좋아하시는 삼천포의 회
"올해 먹은 회가 평생 먹은 것보다 많이 먹은 것 같다" 하시던 말씀
바다를 보시고 참 좋아하시던 그 모습,
오십여 년 동안 가고 싶지만 갈 수 없었던 친정
왜 진작 못했을까? 왜 모시고 가지 못했을까?
어머님 고맙습니다.
이 불효에게 어머님과 함께 할 수 있는 시간을 주셔서
정말 고맙습니다.
이 불효가 어머님 휠체어를 밀수 있는 시간을 주셔서 정말 감사합니다.

이젠 감내하기 힘들었던 병마의 고통도
세상사 무거운 죄 짐도 모두 벗었으니
이 술 한잔 드시고 향내 맡으며
맑은 영혼으로 하늘에 오르시어
천국의 복락 누리고 또 즐기세요.
즐기면서 천국의 문 여러 두고 우리들을 지켜보시고
당신이 우리들에게 일러준 것들을 다 이루며 살아가려 하오니
천국의 영험으로
우리들을 지켜 주시기를 바라나이다.
하느님 나라에서 다시 뵈올께요.
어머님 편안히 잘 가십시오.

신묘년 구 월 스무이틀날

불효자 혁규

각주

1) 오츠슈이츠, 〈죽을 때 후회하는 25가지〉, 21세기 북스, 2010
2) 엘리사베스 퀴블러 로스, 〈인생수업〉 이레, 2006, P21
3) 한국불교신문 인터넷사이트 http://buddhistlife.co.kr
4) 우회종 〈죽음, 삶의 끝인가 새로운 시작인가〉, 운주사, 2011, p276
5) 한국종교학회, 〈죽음이란 무엇인가〉, 창, 2009, p52
6) 김태곤, 〈한국무속연구〉, 집문당, p473, 1981
7) 김인회, 〈한국무속사상연구〉, 집문당, p261, 1987
8) 김태동, 〈품위 있는 죽음과 생명 상담〉, 한들출판사, p52
9) 이은봉, 〈한국인의 죽음관〉, 서울대학교출판부, p157, 2000
10) 김태동, 〈품위 있는 죽음과 생명 상담〉, 한들출판사, p56
11) 알폰스 데컨 〈죽음을 어떻게 맞이할 것인가〉, 오진탁 옮김, 궁리, 2002 p139
12) 소칼린포체, 〈티베트의 지혜〉, 오진탁 옮김, 민음사, 1999, p98
13) 유효종, 〈죽음에서 삶을 묻다〉, 사피엔스, 2010, p44
14) 셔원 B 눌랜드, 〈사람은 어떻게 죽음을 맞이하는가〉, 세종서적, P12
15) 엘리사베스 퀴불러 로스 〈인생 수업〉, 이레, 2006, p19
16) 엘리사베스 퀴불러 로스 〈생의 수레바퀴〉, 이레, 2008, p317
17) 혜민스님, 〈멈추면 비로소 보이는 것들〉, 샘앤파커스, 2012, p52
18) 엘리사베스 퀴불러 로스 〈상실 수업〉, 이레, 2007, p290
19) 딕 티비츠 〈용서의 기술〉, 알마, 2008, p27
20) 틱 낫한 〈화〉, 명진출판, 2002, p81
21) 중앙일보, 〈서울대명의 "말기암 환자 치료 중단 권하면〉 2012,3,3
22) 유효종, 〈죽음에서 삶을 묻다〉, 사피엔스, 2010, p139
23) 중앙일보, 〈서울대명의 "말기암 환자 치료 중단 권하면〉 2012,3,3
24) 정극규, 각당복지재단 제85호 〈삶과 사랑과 죽음〉 2011, 12 p20
25) 평화신문, 〈영원한 지금 - 죽음을 준비합시다, 죽음 준비교육〉, 2009,11,5
26) 오츠슈이치, 〈후회 없는 죽음을 위해 꼭 알아야 할 것들〉 21세기북스, p240
27) 보건복지부 생명윤리과 〈연명치료 관련 사회적 협의체 논의 결과〉, 2010,10,14
28) (재)사랑의 장기기증운동본부(http://www.donor.or.kr)
29) 매기 캘러년, 〈마지막 여행〉 프리뷰, 2009, 이기동 옮김, p271
30) 매기 캘러년, 〈마지막 여행〉 프리뷰, 2009, 이기동 옮김, p280

31) 평화신문, 〈영원한 지금? 죽음을 준비합시다, 죽음 준비교육〉, 2009.8.30
32) 알폰스 데컨, 〈인문학으로서의 죽음〉, 인간사랑, p187
33) 알폰스 데컨, 〈인문학으로서의 죽음〉, 인간사랑, p200
34) 엘리자베스 퀴블러 로스, 〈죽음 그리고 성장〉 2010, 이레, 이주혜옮김, p336
35) 알폰스 데컨, 〈죽음을 어떻게 맞이할 것인가〉, 오진탁 옮김, 궁리, 2002 p138
36) 알폰스데컨, 〈인문학으로서의 죽음〉, 인간사랑, 2008, p48
37) 알폰스데컨, 〈인문학으로서의 죽음〉, 인간사랑, 2008, p53
38) 인명진, 〈죽음 그 마지막 성장과 축복〉, 갈릴리교회 p85
39) 한국죽음학회 〈한국인의 웰다잉 가이드라인〉, 대화문화아카데미
40) 블로그 http//:blog.naver.com/blogid=pch1286
41) 알폰스 데컨, 〈죽음을 어떻게 맞이할 것인가〉, 오진탁 옮김, 궁리, 2002 p29
42) 엘리자베스 퀴블러 로스, 〈죽음 그리고 성장〉 2010, 이레, 이주혜옮김, p238
43) 위키백과 http://ko.wikipedia.org/wiki/자살
44) 통계청 http://www.kostat.go.kr/
45) 2011년 국회입법조사처 자료
46) 알폰소 데컨 〈죽음을 어떻게 맞이할 것인가〉, 궁리, 2002
47) 능행, 〈이 순간〉, 휴, 2010, p179
48) 편한노인복지센타 http://cafe.daum.net
49) 국가암정보센타 사이트 http://www.cancer.go.kr
50) 파드나삼바바 〈티벳사자의 서〉, 정신세계사, 류시화옮김, P28
51) 차동엽, 〈잊혀진 질문〉, 명진출판사, P207
52) 차동엽, 〈잊혀진 질문〉, 명진출판사, P200 재인용
53) 알폰소 데컨 〈죽음을 어떻게 맞이할 것인가〉, 궁리, 2002
54) 차동엽, 〈잊혀진 질문〉, 명진출판사, P298
55) 파드나삼바바, 〈티벳사자의 서〉, 정신세계사, 류시화옮김, P73
56) 파드나삼바바, 〈티벳사자의 서〉, 정신세계사, 류시화옮김, P54
57) 엘리자베스 퀴블러 로스 〈사후생〉, 대교문화아카데미, 최준식옮김
58) 레이먼디 A 무디 주니어, 〈다시 산다는 것〉, 행간, 주진국옮김
59) 현오스님, 인터넷사이트 http://www.hyuno.org
60) 묘심화, 〈빙의〉, 물처럼, p104
61) 피터펜윅, 엘리사펜윅, 〈죽음의 기술〉, 부글, 정명진옮김
62) 이어령, 〈지성에서 영성으로〉, 열림원, p23
63) 피터 펜윅, 〈죽음의 기술〉, 부글, 2008, p270

사회복지법인각당복지재단
KAKDANG SOCIAL WELFARE FOUNDATION

A. 사회복지법인 각당복지재단 삶과죽음을생각하는회

삶과 죽음을 생각하는 회는 각당복지재단 산하에서 1991년 창립, 인간의 삶과 죽음의 의미를 추구 하면서, "죽음은 삶의 연장선상에서 마지막 성장단계이고 죽음교육은 삶의 교육" 으로 인식, 지난 20년 동안 죽음학 강연회, 세미나, 죽음준비교육지도자 프로그램, 웰다잉교육 전문강사양성, 슬픔치유프로그램을 실시해오고 있다.

1. 죽음의 철학, 죽음 교육의 필요성에 대한 공개 강연회 개최
죽음 관련 국민적 이해와 관심을 높이고 죽음을 친숙한 주제로 다룸으로 우리 사회를 보다 안정되고 건강한 사회로 이끌기 위해 일반대중을 위한 강연회를 연다.

2. 죽음준비교육 세미나 강연회 개최
죽음학의 학문적 연구와 발전을 위한 해외석학 및 전문가 초청의 학술 세미나를 연다. 삶과죽음을 생각하는 회의 창립기념일(4월2일)에는 우리사회에서 요구하는 죽음 관련 주제를 정하여 특별 강연회를 개최하고 있다.
해외에서 죽음학 관련 석학을 초청했다. 일본 상지대 교수 알폰스디켄 신부를 2회 초청했고, 미국 슬픔치유전문가 제이콥왓슨, 일본의 호스피스의사 야마자끼후미오박사 등 여러 전문가를 초청 강연회를 가졌다. 2010년, 제19회 창립기념강연회는 "죽음교육이 필요하다" 주제로 강연회를 가졌다. 2011년, 창립20주년 기념강연회는 "아름다운 마무리 어떻게 준비할까" 를 주제로 정진홍교수, 민영진박사, 김영운목사 세분의 鼎談으로 진행했다.

3. 죽음준비교육 지도자 양성 (2년 4학기제)
상담 전문가, 종교 교육기관 지도자, 일반인에게 2년 4학기 아카데미 과정으로 봄, 가을 각 학기 8주 과정으로 매주 월요일 각당복지재단 회관에서 열고 있다.
주요내용은 죽음의 의미와 철학분야, 죽음과 종교, 법률, 슬픔치유 상담분야, 죽음보살핌(호스피스)분야, 존엄한 죽음, 장례문화, 죽음 준비교육의 이론과 실제 등을 종합적으로 탐구하는 아카데미과정이다. 4학기동안 32개 강좌를 수료하고 논문을 제출한 수료생은 전문지도자 자격증을 수여한다. 2002년부터 실시, 2012년 상반기는 6-1학기로 10월 8일 개강한다.

4. 웰다잉교육 전문강사를 양성하고 웰다잉 강사뱅크를 운영, 강사를 파견한다.
"노인에게 죽음을 어떻게 교육할 것인가" 를 지도하는 전문강사 양성과정이다.

2007년 〈서울시 사회복지기금 지원 사업〉으로 웰다잉 전문강사 양성과정을 개설하여, 2012년 제6기 과정을 교육하고 있다. 웰다잉전문강사들은 웰다잉강사뱅크에 등록하고 노인복지기관 및 평생학습기관, 학교교육장까지 강사활동현장을 넓혀 나가고 있다. 또한 웰다잉강사 보수 심화교육을 지원하고 전국적으로 웰다잉전문강사 파견요청에 응하고 있다. 제6기 웰다잉강사양성교육은 9월19일 개강하여 11월 29일까지 매주 수요일 오전 10시부터 오후 5시까지 하루에 2개 강좌를 진행하고 영화감상 선정도서 독후감 제출, 매 강좌 마다 주제별 조별 토론이 있다. 웰다잉 전문강사들은 수료와 함께 웰다잉 감성캠프에 참여하여, 선배강사의 멘토링, 강의계획서와 강의안 작성, 5분 스피치 발표가 있다.

그동안 배출된 웰다잉강사는 350여명이다. 웰다잉강사들은 웰다잉교육에서 "품위있는 죽음/사전돌봄계획", "생명의 존엄성과 무의미한 연명치료중단"에 대한 강의를 한다.

각당 삶과죽음을생각하는회에서 전문가의 자문을 받아 사전의료지시서 양식(*자료2)을 만들어 사용해왔다. 2010년 12월부터는 생명윤리정책연구센터에서 전문가들과 몇 차례 심의 제작한 〈사전의료의향서〉서식을 사용하고 있다.

5. 2012, 웰다잉지도자양성과 웰다잉교육 전국 확대 지원사업

각당 삶과죽음을생각하는회는 2012년 생명보험사회공헌위원회 지원 사업으로 "전국 6개지역 웰다잉지도자양성과 웰다잉교육 확대지원"을 강릉 대전 대구 전주 울산 부산에서 실시하고 있다.

6. 우리나라 바람직한 임종 문화를 연구하고 선도한다.

7. 웰다잉 연극단 창단, "웰다잉 영화제" 개최

2009년 웰다잉연극단을 창단 〈춤추는 할머니〉,〈립스틱 아빠〉두편의 연극을 30회찾아가는 공연을 했다. 2010년에는 제2회 작품 〈행복한 죽음〉공연을 하고 있다.

아름다운 죽음문화정착을 위한 제1회 웰다잉영화제(2010년 9월1일~4일)를 열어 웰다잉 주제의 영화 8편과 주제별 특강 3회 및 "웰다잉문화 흐름과 방향"세미나를 열었다. 2012년에는 제3회 연극 "소풍가는 날/ 장두이 작/연출"을 6월11일 개막공연 후, 노인시설 교육기관등에서 찾아가는 공연을 하고 있다.

8. 독서모임 메멘토모리 운영 : http://cafe.daum.net/kadememntomori

2003년부터 매월 1회 죽음을 주제로 한 도서를 선정하여 읽고 토론한다.
2012년 10월 현재 삶과죽음 관련 도서 110권 째 읽는다.

9. 죽음학 전문서,교육교재 출판 및 뉴스레터(삶과사랑과죽음)를 격월로 발행한다.

사회복지법인 각당복지재단
TEL. 02-736-1928 FAX. 02-736-6588
http://www.kakdang.or.kr

당뇨 기적의 완치
예방부터 치료까지, 당뇨 생활의 필독서

암처럼 무서운 당뇨병의 공포, 한번 발생하면 평생 달고 사는 당뇨환자 500만명 시대에 이 책은 기본적인 당뇨 지식부터 평소에 우리가 갖고 있었던 사소한 오해까지, 체계적으로 알기 쉽게 당뇨를 소개하면서 정상적인 삶을 유지할 수 있는 당뇨 극복법을 제시한 책!

전국서점 판매중

김동철(생명공학박사) 지음
232쪽 | 12,000원

전국서점 판매중
☎ 1577-7217

당뇨 환자와 가족들을 향한 희망의 메시지!

제3세대 당뇨병 제품은 5장 6부의 기능을 정상화 함은 물론이고, 제2세대 원인으로 막힌 베타세포 구멍을 뚫어서 통하게 하면서 다시 이 구멍이 막히지 않도록 하는 것이 마지막 단계라고 하겠다. 이렇게 되면 당뇨병은 근본적으로 퇴치되는 것이다.

사례. 20대 같다는 말 실감나 바로 이런 것!

대구 가톨릭대 공대 김 모 교수님(남, 50세)은 3개월 섭취 후 정상혈당을 유지하면서 완전히 옛날로 회복되었다. 대부분의 당뇨 환자들은 신장의 염증으로 인한 발기부전 합병증세로 부부관계를 거의 할 수 없는 경우가 많은데, NTB-A추출물은 신장의 염증을 해소하여 문제점을 개선해주기 때문이다.

※전화로 주문하시면 자택으로 우송해 드립니다.